Petros Markaris

Zeiten der Heuchelei

Ein Fall für Kostas Charitos

ROMAN

Aus dem Neugriechischen von
Michaela Prinzinger

Diogenes

Die Originalausgabe erschien 2019 bei
Samuel Gavrielides Editions, Athen,
unter dem Titel ›Η εποχή της υποκρισίας‹

www.diogenes.ch
60/20/44/2
ISBN 978 3 257 07083 5

Für Fotini
und wie immer
für Josefina

Den Haien entrann ich
Die Tiger erlegte ich
Aufgefressen wurde ich
Von den Wanzen.

Bertolt Brecht,
Epitaph für
Majakowski

Inhalt

1

Der Abstand zwischen den beiden Türen beträgt circa zehn Meter. Dafür braucht sie genau zwanzig Schritte. Schon seit zwei Stunden macht sie dieselben zwanzig Schritte von hier nach da, während ihr Blick bei jeder Kehrtwendung zur Tür gegenüber springt.

Meine Augen folgen ganz fasziniert diesem Rhythmus. Ein Stück entfernt unterhalten sich leise Mania und Uli. Gern würde ich zu ihnen gehen, um meine Anspannung durch ein Schwätzchen zu lindern, nur traue ich mich nicht aus dem Sessel hoch. Meine Beine versagen mir bestimmt den Dienst. Das einzig Mobile an meinem Körper sind meine Augen, die wie gebannt Adrianis Schritten folgen. Sissis, der ebenfalls mitgekommen ist, ist nirgends zu sehen.

Plötzlich unterbricht sie ihr Hin- und Hergehen und steuert auf mich zu. »Das dauert aber lange! Schon über zwei Stunden«, äußert sie beunruhigt.

»Aber nein«, mischt sich Mania ein, die ihre Worte mitgehört hat. »Es sind genau eindreiviertel Stunden. Ich habe auf die Uhr geschaut, als wir sie in die Geburtsklinik gebracht haben.«

»Ob sie einen Kaiserschnitt machen?«, fragt sie besorgt.

»Warum sollten sie?«, wundere ich mich.

»Egal, was die Ärzte entscheiden, Fanis ist ja an ihrer Seite«, beruhigt uns Mania.

Das Gespräch wird unterbrochen, als Sissis mit einem Strauß roter Rosen erscheint.

»Bravo, Lambros! Keiner von uns ist auf die Idee gekommen, Blumen für die junge Mutter zu besorgen. Ein Glück, dass du daran gedacht hast«, lobe ich ihn.

»Sind die Rosen für den kleinen Lambros oder für Katerina?«, will Mania wissen.

»Für beide«, erwidert Sissis.

Er kommt nicht dazu weiterzureden, denn die Tür zu seiner Linken geht auf, und eine Krankenschwester erscheint: »Kommen Sie herein! Herzlichen Glückwunsch!«

Anscheinend haben meine Beine nur auf die frohe Botschaft gewartet, um ihre alte Spannkraft wiederzuerlangen, und ich schnelle sofort hoch. Alle eilen gemeinsam zur Tür – bis auf Uli, der sich diskret zurückhält. Ich weiß nicht, wo sich Adriani im Vordrängeln übt, aber sie ist immer die Erste. Die anderen respektieren das Vorrecht des Großvaters und lassen mich an zweiter Stelle eintreten.

Im Vorraum steht Fanis mit einem Baby im Arm. Es hat die Augen geschlossen und weint herzzerreißend. »Darf ich euch Lambros vorstellen?«, verkündet er heiter.

»Mein Junge, mein ganzer Stolz!«, ruft Adriani und nimmt Fanis das Kind aus dem Arm. Lambros weint immer noch. Adriani hebt ihn ein Stück in die Höhe, um ihn besser bewundern zu können.

»Komm schon, du musst doch nicht weinen. Du wirst von uns nach Strich und Faden verwöhnt, das garantiere ich dir«, besänftigt sie ihn und wendet sich an Fanis: »Er ist dir wie aus dem Gesicht geschnitten. Von unserer Tochter hat er gar nichts.«

»Urteilen Sie nicht voreilig, Frau Adriani. Im Lauf der Zeit wird er sich noch x-mal verändern«, sagt Mania.

Adriani wirft noch einen letzten Blick auf ihren Enkel, bevor sie sich anschickt, ihn mir zu übergeben. Ich aber weiche, am ganzen Leib zitternd, einen Schritt zurück. So groß ist meine Angst, ihn fallen zu lassen. Dabei erinnere ich mich, dass ich bei Katerina genau die gleiche Panik hatte.

»Gebt ihn doch mal den beiden Paten«, greift Mania ein, um mir aus der Verlegenheit zu helfen, und nimmt das Baby auf den Arm.

»Welchen beiden Paten?«, fragt Fanis.

»Die Patentante bin ich, weil ich ihn bei der Taufe halten werde, und der Patenonkel ist Onkel Lambros als Namensgeber«, erläutert Mania.

Sissis drückt Uli den Rosenstrauß in die Hand und tritt auf Mania zu, um seinen Namensvetter voller Stolz zu betrachten.

»Wie geht es Katerina?«, frage ich Fanis.

Die anderen verstummen und blicken verlegen drein, da sich alle begeistert auf das Neugeborene gestürzt haben und keiner sich Gedanken um die Mutter machte.

»Es geht ihr prima, es war eine leichte Geburt«, antwortet Fanis. »Ihr könnt zu ihr, wenn ihr wollt«, fügt er hinzu und deutet mit dem Kopf zur Tür im Hintergrund.

»Dann kommt das Baby in sein Bettchen, bis die Mutter aufs Zimmer verlegt wird«, sagt die Krankenschwester und nimmt es aus Manias Arm.

Adriani öffnet die Tür. Katerina liegt im Bett und lächelt uns an. Sie wirkt zwar ein wenig erschöpft, aber guter Dinge.

»Wie gefällt euch euer Enkel?«, fragt sie, immer noch lächelnd.

»Ein hübsches Kerlchen!«, ruft Adriani. Sie läuft zum Bett und umarmt ihre Tochter. »Glückwunsch zu eurem Sohn, Katerina! Er wird uns bestimmt sehr stolz und froh machen.« Die Stimme versagt ihr vor Rührung, und sie bricht in Tränen aus.

»Komm schon, Mama. Heute ist ein Freudentag! Was haben da Tränen zu suchen?«

»Es sind Freudentränen, mein Schatz. Du weißt ja gar nicht, wie sehr ich mir ein Enkelkind gewünscht habe.«

Sie tritt zur Seite, um sich die Tränen abzuwischen. Jetzt bin ich an der Reihe, Katerina zu umarmen. Doch ich komme gar nicht zum Süßholzraspeln, da uns die Krankenschwester unterbricht.

»Frau Ouzounidou wird jetzt auf ihr Zimmer verlegt. Sie können sie später dort besuchen«, erklärt sie uns.

»Der Nachname meiner Frau ist Charitou. Ouzounidis heißt nur mein Sohn«, korrigiert Fanis sie.

Die Krankenschwester wirft ihm einen schiefen Blick zu und presst ein »'tschuldigung« hervor.

Die ganze Gesellschaft plaudert im Vorraum weiter, alle im Flüsterton und mit demselben Lächeln im Gesicht.

»Wie geht es ihr?«, fragt Mania Adriani.

»Sie ist gut drauf. Es war eine leichte Geburt, wie Fanis schon sagte, und sie wirkt überhaupt nicht erschöpft. Jetzt bringt man sie ins Zimmer hoch. Ich bleibe heute Abend bei ihr.«

»Keiner bleibt bei ihr, nicht mal ich«, nimmt ihr Fanis den Wind aus den Segeln. »Sie braucht Schlaf, um sich zu erholen. Wenn sie etwas benötigt, ist ja das Krankenhauspersonal dafür da. Wir gehen ein Glas auf Lambros trinken.«

Alle, selbst Adriani, sind von dem Vorschlag angetan. »Wo gehen wir hin?«, frage ich Fanis.

»In ein Lokal hier in der Nähe. Es muss ja nichts Besonderes sein. Hauptsache, wir können dort die Ankunft des neuen Erdenbürgers feiern. Ein richtig schönes Essen machen wir dann später bei uns zu Hause.«

Er führt uns zu einem Restaurant am oberen Ende des Kifissias-Boulevards, und tatsächlich misst keiner von uns dem Menü große Bedeutung bei. Lambros' Geburt ist die Hauptsache. Erst einmal wünscht ihm jeder Glück und Gesundheit, bevor er seine Einschätzung zum Besten gibt, wie Lambros in der aktuellen gesellschaftlichen Situation aufwachsen und was er studieren wird. Kaum hat er die erste Muttermilch eingesogen, schicken sie ihn schon zum Masterstudium, denke ich mir.

Die Schlussfolgerung ist wenig originell: Wie schön die Kinder doch in der guten alten Zeit aufgewachsen sind und wie schrecklich es ihnen heutzutage ergeht.

»Ja seid ihr noch bei Trost?«, platzt Adriani irgendwann der Kragen. »Ich habt doch keine Ahnung, wie es damals war. Wisst ihr, was es heißt, von gekochten Wildkräutern, Linsen- und Bohnensuppe zu leben? Und barfuß zur Schule zu gehen, weil du nur ein Paar Schuhe hast und sie dir für Regentage und Schneefall aufheben musst?«

»Du hast ganz recht, Adriani«, stimmt Sissis zu. »Der

einzige Unterschied zwischen uns war, dass ihr von den Parteiführern das Heil erwartet habt und wir von der Revolution. Weder die Parteiführer noch die Revolution waren Heilsbringer, aber wir haben trotzdem durchgehalten.«

Plötzlich nimmt Uli Mania in den Arm und drückt ihr einen leidenschaftlichen Kuss auf den Mund. »Bekommen wir auch ein Kind?«, fragt er.

»Wie kommst du jetzt darauf?«, gibt Mania verdutzt zurück.

»Keine Ahnung. Vielleicht, weil hier so ganz anders darüber diskutiert wird als in deutschen Familien.«

»Nun, was sagt man denn in solchen Fällen bei euch?«, will Adriani wissen.

Uli denkt nach. »Keine Ahnung«, wiederholt er. »Kann sein, dass durch die unsichere Situation hier die Liebe in den Mittelpunkt rückt.« Erneut küsst er Mania und fragt sie noch einmal: »Also? Bekommen wir auch ein Kind?«

»Gern, lieber Uli, aber bitte nicht sofort. Noch ein Baby, und wir müssen die Kanzlei dichtmachen. Katerina ist uns da einfach zuvorgekommen.«

Alle lachen, und wir lassen den neuen Erdenbürger noch einmal hochleben.

»Heute Abend kann ich garantiert nicht einschlafen«, sagt Adriani, als wir zu Hause ankommen.

»Wieso?«

»Unser Enkelchen geht mir nicht aus dem Kopf.«

Doch kurz darauf ist sie schon ganz sanft eingeschlummert.

2

Auf der Fahrt zum Büro halte ich bei einer Konditorei an, um eine Schachtel Schokoladentrüffel zu holen. Das war Adrianis Idee. Als ich sie fragte, welche Süßigkeit ich meinen Kollegen auf der Dienststelle mitbringen sollte, war das ihr spontaner Rat.

»Warum kein Baklava?«, wunderte ich mich.

»Baklava ist etwas für Omas und Opas wie wir«, entgegnete sie. »Heutzutage versüßen sich alle mit Schokotrüffeln das Leben.«

Meinen üblichen Besuch in der Cafeteria überspringe ich diesmal und fahre direkt zu meinem Büro hoch. Dort öffne ich die Konfektschachtel und beginne meinen Rundgang im Büro meiner Assistenten.

»Zur Geburt unseres Enkels!«, erkläre ich beim Eintreten.

Alle springen auf, doch als Erste tritt Koula auf mich zu. Sie umarmt mich und küsst mich auf beide Wangen. »Wann ist er auf die Welt gekommen?«, fragt sie.

»Gestern Abend. Alles ist gutgelaufen.«

Dann folgen die Übrigen mit Glück- und Segenswünschen.

»Wie soll er heißen?«, fragt mich Askalidis.

»Lambros.«

Es folgt ratlose Stille, da keiner von ihnen etwas von meiner Freundschaft zu Sissis ahnt.

»Heißt denn der andere Opa Lambros?«, fragt Dervisoglou.

»Nein, der Name stammt nicht aus der Familie.«

»Warum wird er denn nicht nach Ihnen oder dem anderen Großvater benannt?«, fragt Dermitsakis mit einem Schokotrüffel im Mund.

Ich rufe mir die Argumente, die damals bei der Namensfindung angeführt wurden, wieder in Erinnerung. »Der andere Opa heißt Prodromos. Stellt euch mal vor, wie es für das Kind wäre, heutzutage Prodromos zu heißen! Kostas ist ein Allerweltsname, Lambros dagegen etwas Besonderes.«

»Jedenfalls ist es richtig, wenn die Kinder die Namen der Großväter und Großmütter weiterführen«, beharrt Dermitsakis.

»Sag mal, Nikos, bist du vielleicht Lambros' Taufpate?«, hält ihm Koula entgegen.

»Natürlich nicht.«

»Was kümmert's dich dann, wie die Eltern ihr Kind nennen?«

Dermitsakis wirft ihr einen schrägen Blick zu, hält aber den Mund.

»Mich hat man nach dem Großvater mütterlicherseits genannt. Und dieses ›Thanassis‹ geht mir total auf die Nerven«, erklärt Askalidis.

»Warum denn?«, will Dervisoglou wissen.

»Weil es mich an die Filme mit dem Komiker Thanassis Vengos erinnert, *Nimm deine Waffe, Thanassis!* und *Was hast du im Krieg gemacht, Thanassis?*. An der Polizeischule war ich für alle nur noch ›Vengos‹. Deshalb nenne ich mich jetzt Thanos, so lässt man mich in Ruhe.«

Alle reagieren amüsiert auf seine Geschichte, und die Anspannung von vorhin legt sich. Zum Abschied versieht man mich mit neuerlichen Glückwünschen, dann setze ich meine kleine Tour zur Feier des Tages fort. Jetzt sind Sonaras von der Abteilung für interne Ermittlungen, Vellidis von der Computerkriminalität und Karabetsos von der Antiterroreinheit an der Reihe. Doch statt mit der Schachtel Schokoladentrüffel von Büro zu Büro zu ziehen, rufe ich Stella an und bitte sie, alle in Gikas' ehemaliges Büro zu rufen, das als Besprechungszimmer dient. Nun, als Raum für Festlichkeiten macht es sich auch ganz gut.

Zunächst lasse ich Stella von der Süßigkeit kosten, dann trete ich in Gikas' Büro. Die drei Abteilungsleiter sitzen bereits erwartungsvoll auf ihren Stühlen.

»Das hier wird keine Dienstbesprechung, sondern ich möchte euch gern etwas ausgeben«, sage ich und hebe die Schachtel hoch. »Zur Geburt meines Enkels!«

»Hoch soll er leben! Viel Freude mit dem Kleinen!«, wünschen mir alle wie aus einem Mund.

»Jetzt als Opa, Kostas, brauchst du nur noch auf die Rente zu warten, um die Zeit mit deinem Enkelsohn zu genießen«, meint Vellidis.

»Mach mal halblang. Ich habe zwei Enkelkinder und denke nicht im Traum an die Rente«, hält ihm Sonaras entgegen. »Ich habe nicht vor, den beiden Hosenscheißern mein restliches Leben zu widmen.«

Da keine weiteren Themen anstehen, bringen wir die

Segenswünsche und das Verspeisen der Schokotrüffel rasch hinter uns. Als ich ins Büro zurückkehre, ist die halbe Schachtel noch voll. Kurz überlege ich, sie wieder mit nach Hause zu nehmen, aber das kommt mir knickerig vor. Erneut gehe ich mit der Schachtel zum Büro meiner Assistenten.

»Das ist für euch«, sage ich.

»Wir waren doch schon dran mit Glückwünschen«, erwidert Koula.

»Macht nichts, dann gratuliert ihr mir eben zweimal. Der neugeborene Lambros kann viele gute Wünsche vertragen.«

»Na, dann wollen wir mal nicht so sein«, sagt Dervisoglou und greift in die Schachtel, während Askalidis auflacht.

»Was ist so lustig?«, will ich wissen.

»Fotis ist ganz verrückt nach Schokotrüffeln. Schon allein bei ihrem Anblick bekommt er glänzende Augen.«

Ich lasse sie weiter das Konfekt genießen und kehre in mein Büro zurück. Dann blättere ich in meinen Unterlagen, um die Zeit totzuschlagen. Auf der Dienststelle ist absolut nichts los. Zum Glück tritt Koula herein und erlöst mich von der Langeweile.

»Dreitausendachthundert, holla, was für ein Wonneproppen!«, sagt sie.

»Woher kennen Sie sein Gewicht?«, frage ich verwundert, da nicht mal ich es weiß.

»Ich habe Ihre Frau angerufen, um zu gratulieren, und sie hat es mir gesagt.«

Sieh mal einer an, mir selber war es überhaupt nicht eingefallen, nach dem Gewicht meines Enkels zu fragen. »Na, dann auf Ihren baldigen Nachwuchs!«, sage ich und versuche damit, von meinem Versäumnis abzulenken.

»Danke, aber sagen Sie das lieber meinem Mann. Jedes Mal, wenn ich das Thema anspreche, will er nichts davon hören.«

»Wieso denn nicht?«

»Er fragt dann, wer das Kind aufziehen soll. Seine Eltern leben auf dem Dorf, meine Mutter ist schon verstorben …« Nach einer kurzen Pause spricht sie weiter. »Er hat recht, aber ich wünsche mir so sehr ein Kind.«

In diesem Moment schrillt das Telefon, und ich höre die Stimme des Vizepolizeipräsidenten. »Kapsidis hier, Herr Kommissar. Ich habe die gute Nachricht erfahren und wollte dem frischgebackenen Großvater gratulieren.«

»Vielen Dank, Herr Vizepolizeipräsident.«

»Sie haben Glück, dass der Enkel in einer ruhigen Phase auf die Welt kommt. So haben Sie Zeit für ihn.«

Wir beenden das Gespräch mit den neuerlichen Segenswünschen des Vizepolizeipräsidenten und meinen Danksagungen. Koula hat sich diskret zurückgezogen. Ich beschließe, Kapsidis' Rat zu befolgen und den Weg zur Geburtsklinik einzuschlagen.

Ich hole den Seat aus der Garage und stoße auf dem Kifissias-Boulevard auf einen Stau, der schon beim Theater Anesis beginnt, und fahre eine Ewigkeit im Schritttempo. Hinter der Ajias-Varvaras-Straße löst sich der Stau auf, und ich erreiche ohne weitere Verzögerung die Geburtsklinik.

Als ich die Zimmertür öffne, legt Adriani den Finger an den Mund.

»Sie schläft«, erklärt sie, als sie auf den Korridor hinaustritt.

»Wie geht es ihr?«

»Mutter und Sohn sind wohlauf.« Sie unterbricht sich, da eine Krankenschwester in Katerinas Zimmer treten will. »Sie schläft«, wiederholt sie ihr gegenüber.

»Wir müssen sie aufwecken. Wir bringen ihr den Kleinen zum Stillen.«

»Du hast Glück. Kaum bist du hier, bekommst du gleich deinen Enkel zu sehen.«

Katerina hat sich im Bett aufgesetzt und lächelt uns zu. Ich gehe zu ihr hin und küsse sie.

»Wie geht es dir, mein Schatz?«

»Gut, aber die Geburt hat mich anscheinend ermüdet. Ich will nur noch schlafen.«

Adriani hat ihre Diagnose noch vor den Ärzten parat. »Eine Geburt ist in jedem Fall anstrengend. Außerdem hast du bis kurz davor gearbeitet und zu wenig geschlafen.«

Das Gespräch wird durch das Eintreffen der Säuglingsschwester unterbrochen, die den Kleinen bringt. Er sieht anders aus als gestern Abend, da er gewickelt wurde. Die Säuglingsschwester überreicht ihn Katerina, und Lambros beginnt gierig an der Mutterbrust zu saugen.

»Ich will es ja nicht beschreien, aber er hat einen gesunden Appetit!«, meint Adriani.

»Wenn er so weitermacht, wiegt er bei unserer Entlassung fünf Kilo.«

»Ja freust du dich denn nicht darüber?«, hält ihr Adriani entgegen.

»Mama, ich will keinen dicken Sohn.«

»Bist du noch bei Trost? Vorrang hat jetzt, dass er groß und stark wird. An alles andere denken wir später.«

»Wenn er nach dir gerät, dann wird er sich noch gehörig verändern«, sage ich zu Katerina.

»Warum?«

»Weil du früher auch ein rundliches Mädchen warst, und jetzt bist du eine zarte Elfe.«

»Na toll, Papa, du baust mich auf!«, entgegnet sie amüsiert.

Da geht die Tür auf, und Sissis tritt herein.

»Du kommst genau richtig!«, lacht Adriani.

Sissis misst uns keinerlei Bedeutung bei. Schnurstracks geht er auf Lambros zu und mustert ihn.

»Wie geht's, Namensvetter?«, fragt er, aber der Namensvetter ist mit seiner Nahrungsaufnahme beschäftigt und beachtet ihn nicht.

»Siehst du das, Kommissar?«, meint Sissis zu mir. »Nicht mal Babys messen den Linken noch irgendeine Bedeutung zu.«

Katerina bricht in Lachen aus. »Onkel Lambros, wenn du ihn spazieren führst und ihm Eis oder Lollis kaufst, dann wird er dich bestimmt beachten.«

»Du hast recht, Katerina. Aber siehst du, ich versuche eben zu vergessen, dass die Revolution für mich auch eine Art Lolli war.«

Das Klingeln meines Handys unterbricht das Gespräch. »Wo sind Sie gerade, Herr Kommissar?«, höre ich die Stimme des Vizepolizeipräsidenten.

»In einem Termin ... mit meinem Enkel.«

»Tut mir leid, dass ich Sie ausgerechnet jetzt stören muss,

aber Sie müssen sofort nach Anavyssos fahren. Paris Fokidis wurde ermordet.«

»Der Hotelmagnat?«

»Genau, sein Auto wurde in der Hotelgarage in die Luft gesprengt.«

»Ich mache mich sofort auf den Weg.«

Alle sehen mir an, dass etwas passiert sein muss.

»Was ist los?«, fragt mich Adriani.

»Die einen werden geboren, die anderen sterben. Nur ist leider, wenn man mich informiert, jemand nicht einfach so gestorben, sondern einem Verbrechen zum Opfer gefallen«, entgegne ich und trete auf den Korridor, um den Einsatz zu organisieren.

Ich rufe Dermitsakis an, damit er meine Assistenten und die Einsatzfahrzeuge koordiniert. Außerdem soll er Dimitriou von der Spurensicherung anweisen, einen Sprengstoffexperten mitzunehmen.

3

Gemeinsam mit dem Transporter der Spurensicherung und dem Sprengstofftechniker fahren wir los. Kurz ging mir durch den Kopf, auch den Gerichtsmediziner zu benachrichtigen, aber ich ließ es bleiben. Das Opfer ist zwar ein bekannter Unternehmer, und es würde einen guten Eindruck machen, wenn unser Stab – als Signal, wie ernst wir den Fall nehmen – komplett anträte. Doch ich weiß, dass Stavropoulos, ein Neinsager aus Überzeugung, es bestimmt ablehnt. Doch selbst ich muss zugeben: Was sollte ein Gerichtsmediziner bei einem Sprengstoffattentat auch ausrichten? Es ist unwahrscheinlich, dass er am Tatort irgendwelche handfesten Aussagen machen kann.

Wir sind zu viert – Dermitsakis, Dervisoglou, Askalidis und ich – und starten vorneweg, um mit der Sirene den Weg freizumachen. Koula ist als Einsatzkoordinatorin im Büro zurückgeblieben.

Dervisoglou, der am Steuer sitzt, schlägt vor, die Straße nach Spata zu nehmen, um von Koropi über Vouliagmeni auf den Souniou-Boulevard zu fahren. Und tatsächlich: Abgesehen von der Strecke zwischen Koropi nach Vouliagmeni, auf der einige Wagen fast im Straßengraben landeten, um uns den Weg freizumachen, kommen wir ohne weitere Überraschungen oder Staus durch.

Auf meinen Knien liegt der Ausdruck von Paris Fokidis' Lebenslauf und beruflichem Werdegang. Den Lebenslauf lasse ich zunächst beiseite und wende mich den beruflichen Aktivitäten zu.

Er fing mit einem kleinen Hotel auf der Halbinsel Chalkidike an, von der er auch stammt, und brachte es zu einer ganzen Hotelkette, der Fokea SR Hotels. Eins davon, das Noufaro, liegt in Anavyssos in Attika, wo der Mord passierte. Die anderen drei liegen auf Sifnos und Kreta und in Xylokastro auf dem Peloponnes. Außerdem besaß er ein Reisebüro in London, vermutlich weil er seinen Hotels Gruppenreisen zuschanzen und zwei Fliegen mit einer Klappe schlagen wollte.

Das Noufaro liegt genau genommen nicht in Anavyssos, sondern in Palea Fokea. Am Eingang wartet der Streifenwagen des Polizeireviers Anavyssos bereits auf uns.

»Als Erstes hätte ich gern einen kurzen Bericht über den Stand der Dinge. Dann schauen wir weiter«, sage ich zu dem Polizeibeamten.

»Also, Herr Kommissar, zum Glück ist Nebensaison und das Hotel halb leer, sonst hätten wir zahlreiche Opfer zu beklagen gehabt.«

»Wann genau hat man Sie benachrichtigt?«

Er blickt auf die Uhr. »So gegen zwölf. Wir sind direkt zur Hotelgarage gefahren. Das Opfer, das werden Sie gleich sehen, ist völlig verstümmelt. Die anderen Wagen wurden nicht so schlimm getroffen, da Fokidis sein Auto an seinem eigenen Stellplatz weit entfernt von den anderen geparkt hat.«

Man muss unseren Streifenwagen von der Rezeption aus

entdeckt und den Direktor informiert haben, denn er steht schon am Hoteleingang bereit.

»Stratos Eleftheriou, Hoteldirektor«, stellt er sich vor. »Ich kann's überhaupt nicht fassen«, fügt er ganz aufgelöst hinzu.

»Gehen wir zuerst zum Tatort, alles Übrige besprechen wir danach«, sage ich zu ihm.

»Wir nehmen die Treppe. Den Fahrstuhl haben wir abgestellt, bis der Techniker uns bestätigt, dass alles sicher ist.«

Hinter der Garageneinfahrt stoßen wir links auf die Überreste eines BMW. Der Kofferraum wurde in die Luft gesprengt, die Windschutzscheibe ist zersplittert, und vom Fahrer ist nur noch eine unförmige Masse übrig.

Dimitrious Truppe und der Sprengstofftechniker umringen das Fahrzeug. Ich werfe derweil einen Blick auf die übrigen Wagen. Es sind nur ganz wenige, und sie stehen, wie der Kollege bemerkte, recht weit entfernt. Auf den ersten Blick scheinen sie nicht ernstlich in Mitleidenschaft gezogen zu sein.

»Die Garage nutzen wir mehr im Sommer, wenn viele Gäste mit eigenen oder gemieteten Fahrzeugen anreisen«, erläutert Eleftheriou.

»Wer hat ihn gefunden?«, frage ich.

»Es waren mehrere«, erwidert er. »Als man die Detonation hörte, sind die meisten Gäste aufgescheucht nach draußen gelaufen, während ich und das Personal zur Garage rannten, wo sich uns dann dieser Anblick bot.«

»Gehen wir in Ihr Büro, damit wir uns in Ruhe unterhalten können.«

Wir lassen Dimitriou mit seinem Team in der Garage zurück und gehen ins Erdgeschoss hoch.

»Um welche Uhrzeit ist Fokidis ins Hotel gekommen?«, frage ich Eleftheriou, als wir Platz genommen haben.

»Um zehn. Wir haben uns etwa eine Stunde lang über die Sommerplanung unterhalten. Danach hat er seinen Kontrollgang durch die Küche und die Zimmer gemacht. Er muss gegen zwölf gegangen sein, da das Frühstück schon abserviert war.«

»Kam er regelmäßig?«

»Je nach Jahreszeit. Normalerweise kam Herr Kornaros, der Leiter der Hotelkette, oder Herr Kelessidis, der Geschäftsführer. Aber jetzt liefen die Vorbereitungen für die Sommersaison, und das hat Herr Fokidis immer persönlich übernommen. Er war ständig in Griechenland und im Ausland auf Reisen. Er wollte im Bild sein über den Zustand der Hotels, über eventuelle Personalmängel und die Funktionstüchtigkeit der Küche. Das hat er nicht nur bei uns, sondern in allen Hotels so gehandhabt.«

»Hat er seinen Besuch vorab angekündigt?«

»Ja, gestern hat mich seine Sekretärin benachrichtigt.«

»Wo kann ich den Garagenleiter finden?«, frage ich Eleftheriou.

»Zu dieser Jahreszeit haben wir keinen Garagenleiter, Herr Kommissar. Den stellen wir immer nur zwischen Juni und September ein, wenn das Hotel voll belegt ist. In den übrigen Monaten bekommen unsere Gäste eine Karte für das Garagentor. Aber die meisten parken draußen, weil es genügend freie Plätze gibt. Ein Hotelmitarbeiter reinigt die Garage jeden Morgen, das ist alles.«

Der Täter muss bei seinen Recherchen herausgefunden haben, dass es keinen Garagenleiter gab. Alles andere war dann simpel. Er musste nur den geeigneten Augenblick abwarten, bis die Garage leer war. Den Sprengstoff und die zugehörigen Utensilien hatte er wohl in einem Rucksack dabei.

Ich habe keine weiteren Fragen an Eleftheriou. Den Rest werde ich aus den Vernehmungen in der Firmenzentrale erfahren.

»Informieren Sie Ihre Zentrale, dass man auf uns warten soll. Ich möchte alle heute noch befragen«, sage ich, bevor wir aufbrechen.

Dann gehe ich noch einmal in die Garage hinunter. Dimitriou und der Sprengstofftechniker sind immer noch mit dem Fahrzeug beschäftigt. Meine Assistenten drehen in der Zwischenzeit Däumchen, da sie auf Anweisungen warten. Inzwischen ist zu meinem Erstaunen auch Stavropoulos eingetroffen. Ich gehe direkt auf ihn zu, obwohl ich weiß, dass er mir nichts Weltbewegendes zu sagen haben wird.

»Ich bin ganz umsonst hergekommen. Aber ich bin selber schuld«, beginnt er. »Als mir Dimitriou von der Bombe erzählte, hätte ich mir ja denken können, dass ich nur noch Brei vorfinde. Wie Sie sich vorstellen können, kann ich nichts dazu sagen. Ich nehme ihn zwar mit zur Obduktion, aber das ist reine Formsache. Der Sprengstofftechniker wird Ihnen mehr sagen können.«

Ich lasse ihn das, was von Fokidis übrig geblieben ist, zum Krankenwagen bringen. Dimitriou und der Sprengstofftechniker warten ab, bis die Sanitäter fertig sind, um ihre Untersuchungen am BMW fortzusetzen.

»Wie wurde der Wagen in die Luft gesprengt?«, frage ich sie.

»Mit Dynamit«, antwortet der Sprengstofftechniker.

»Der Täter versteht etwas von seinem Handwerk«, ergänzt Dimitriou. »Er hat die Kabel so verbunden, dass die Sprengkraft der Bombe möglichst groß war. Mehr dazu kann ich erst sagen, wenn wir den Wagen im Labor untersucht haben, aber ich glaube nicht, dass wir dann zu einem anderen Ergebnis kommen.«

Nun wende ich mich meinen Leuten zu. »Einer von euch befragt das Personal an der Rezeption. Fragt nach, ob ihnen neben den üblichen Gästen eine oder mehrere unbekannte Personen aufgefallen sind, die das Hotel betreten haben, und ob sie nach dem Grund ihres Besuchs gefragt haben. Ebenso möchte ich eine Liste der Gäste des Hotels.«

»Das übernehme ich«, meldet sich Dermitsakis.

»Dann klappern die anderen beiden die oberen Etagen ab und befragen die Reinigungsfrauen. Uns interessiert, ob sie einen Unbekannten gesehen haben und ob er Erkundigungen eingezogen hat. Treffpunkt ist wieder hier, dann sehen wir weiter.«

Als sich die drei auf den Weg gemacht haben, schicke ich mich an, wieder ins Erdgeschoss hochzusteigen, um zur Bar zu gehen, die ich mir selbst vorbehalten habe. Kaum bin ich am Ende der Treppe angelangt, klingelt mein Handy.

»Wie stehen die Dinge, Herr Kommissar?«, höre ich die Stimme des Vizepolizeipräsidenten.

Ich gebe ihm anhand der wenigen Hinweise, die wir bis jetzt haben, eine erste Einschätzung der Lage, muss aber bald feststellen, dass er mich aus einem anderen Grund angerufen hat.

»Der Minister will uns sehen«, kündigt er mir an.

»Gern, aber ich brauche noch eine Weile. Wir sollten zuerst die Ermittlungen am Tatort zu Ende führen und dann die leitenden Angestellten in Fokidis' Firmenzentrale vernehmen. Nur so können wir uns ein klareres Bild verschaffen.«

»Verstehe. Ich werde das dem Polizeipräsidenten erklären, und er soll dann morgen früh ein Treffen mit dem Minister arrangieren«, sagt er abschließend.

Die Bar befindet sich am rechten Ende des Korridors. Davor liegt eine große Veranda mit Tischchen und Sonnenschirmen. Ich wundere mich, dass die Schirme aufgespannt sind. Es sind die ersten milden Sonnentage im Jahr, und man könnte sie eigentlich genießen, ohne dass man sich vor der Gluthitze schützen muss, aber es gehört wohl einfach zur Einrichtung.

Die Bar ist leer. Ich gehe auf den jungen Mann zu, der hinter dem Tresen steht. Er wirft mir einen Blick zu, setzt seine Arbeit jedoch unbeirrt fort und räumt weiter Tassen weg. Ich schicke mich an, meinen Ausweis hervorzuziehen, doch er winkt ab.

»Nicht nötig. Schon klar, dass Sie Polizist sind«, meint er.

»Ich werde Sie nicht lange von Ihrer Arbeit abhalten. Ist Ihnen vielleicht am Morgen jemand aufgefallen, der zum Kaffeetrinken hier war und kein Dauergast ist?«

Er zuckt mit den Schultern. »Ich kann nicht behaupten, dass ich alle Gäste kenne. Da müsste ich lügen. Der Einzige jedenfalls, der an der Bar Kaffee getrunken hat, war ein junger Mann in meinem Alter.«

»Hatte er etwas bei sich? Ich meine, eine Tasche oder einen Rucksack?«

»Nein. Er trug eine blaue Jacke, in der Hand hatte er nichts. Das Geld, mit dem er den Espresso bezahlt hat, hat er aus der Hosentasche gefischt. Ob jetzt ein fremder Gast auf die Veranda kam, kann Ihnen nur die Kellnerin sagen. Vor hier aus sehe ich nicht, was dort vorgeht.«

Die Kellnerin bedient auf der Terrasse gerade ein Ehepaar mit Kind. Ich warte, bis sie zurückkommt, und stelle mich vor.

»Ich möchte Ihnen ein paar Fragen stellen«, sage ich.

»Jetzt? Geht das nicht nach Dienstschluss?«

»Sprich ruhig mit dem Kommissar, Jota«, greift der junge Mann ein. »Ich übernehme in der Zwischenzeit die Bedienung.«

Ich gehe mit ihr zu einem Tischchen an der Bar. »Ich würde gern wissen, ob Sie heute jemanden bedient haben, der kein Hotelgast ist, sondern ein Außenstehender.«

»Die Einzigen, die ich heute bedient habe und die keine Stammgäste waren, waren ein Pärchen«, antwortet sie.

»Wie alt ungefähr?«

»Der Mann um die fünfzig, die Frau jünger.«

»Wie waren sie gekleidet?«

»Der Mann trug einen Anzug, aber ohne Krawatte. Die Frau hatte eine Hose an und eine Lederjacke. Sie wirkten beide wohlhabend.«

»Ist Ihnen aufgefallen, ob sie etwas bei sich hatten? Eine Tasche oder einen Rucksack?«

»Die Frau trug eine Tasche, der Mann einen Rucksack. Ich habe gesehen, wie er ihn beim Weggehen auf den Rücken genommen hat.«

»Wissen Sie vielleicht noch, um welche Uhrzeit sie kamen und wann sie gegangen sind?«

»Sie sind gegen elf gekommen und ungefähr eine Stunde geblieben.«

»Vielen Dank. Das war's auch schon«, sage ich zu ihr, und sie kehrt an ihre Arbeit zurück.

Wenn das der Mann war, der den Sprengstoff angebracht hat, dann kam er nicht allein, sondern in weiblicher Begleitung, vielleicht um weniger Aufmerksamkeit zu erregen.

Ich verlasse die Bar und kehre zur Rezeption zurück. »Ist Ihnen vielleicht ein Pärchen aufgefallen, das nicht im Hotel wohnt?«, frage ich die junge Rezeptionistin und gebe ihr eine Beschreibung der beiden.

»Mir ist eine Frau aufgefallen, die vor dem Fahrstuhl stand und sich am Handy unterhielt. Danach habe ich gesehen, wie sie mit einem Mann hinausging.«

»Wie lange danach?«

Sie hebt die Schultern. »Weiß nicht, ich hatte zu tun und habe sie nicht ständig beobachtet.«

»Trug der Mann einen Rucksack?«

Sie denkt nach. »Jetzt, da Sie es erwähnen … Ja, er hatte einen Rucksack dabei.«

Die Frau stand am Telefon Schmiere, um den Täter zu warnen, falls es nötig gewesen wäre. Vermutlich hatte jemand anderer die Örtlichkeiten in der Garage erkundet und ihnen die Informationen weitergereicht. Durchaus denkbar, dass es jemand war, der ein Zimmer gebucht und eine Garagenkarte erhalten hatte. Wir werden die Liste der Gäste durchsehen, aber ich bezweifle, dass wir damit auf einen grünen Zweig kommen. Wer auch immer der Mittäter war, er hat bestimmt kein Vorstrafenregister und wird uns eine glaubhafte Erklärung auftischen. Mit so vielen Tatbeteiligten riecht die Sache nach organisiertem Verbrechen.

»Das Personal in den anderen Stockwerken, die ich übernommen habe, hat nichts Auffälliges bemerkt«, berichtet Askalidis, der gerade bei mir eingetroffen ist.

»Auch Dervisoglou wird nichts finden«, antworte ich und erkläre ihm den Grund. »Sagen Sie Dermitsakis, er soll kommen. Wir müssen in der Firmenzentrale weitermachen.«

Aber das ist gar nicht nötig, denn er tritt gerade aus dem Fahrstuhl. »Der ist jetzt wieder in Betrieb«, erläutert er.

»Hast du die Liste der Gäste?«, frage ich ihn, worauf er sie aus der Jackentasche zieht. »Gib sie Thanos. Du und Fotis fahrt ins Präsidium zurück und versucht, mit Koulas Hilfe die Leute auf der Liste ausfindig zu machen«, erkläre ich Askalidis. »Gebt der örtlichen Polizeistation Bescheid, sie sollen euch einen Streifenwagen zur Verfügung stellen, damit ihr zurückfahren könnt. Dermitsakis und ich fahren in die Firmenzentrale weiter.«

Unterwegs informiere ich Dermitsakis über das Pärchen, die beide als Täter in Frage kommen.

4

Fokidis' Firmenzentrale liegt in einem der imposanten Geschäftssitze des Kifissias-Boulevards auf der Höhe des Psychiko-Viertels. Wir folgen derselben Route wie vorhin, ersparen uns aber die Sirene, damit ich Dermitsakis in Ruhe auf dem Laufenden halten kann.

Als ich fertig bin, schweigt er erst, um seine Gedanken zu ordnen. »Die Sache stinkt«, meint er dann. »Er war in irgendetwas verwickelt, und man hat ihn kaltgemacht. Hinrichtungen durch Autobomben werden nur von Profis durchgeführt.«

»Ja, aber worin könnte er verwickelt gewesen sein?«

»Geldwäsche«, antwortet er prompt. »Bei Verbrechen dieser Art ist das fast immer die Regel.«

Falls das stimmt, müssen wir die Abteilung für Wirtschaftskriminalität einschalten. Der Gedanke begeistert mich wenig, da ihr Leiter Koulakos ein eitler Besserwisser ist, der mir auf die Nerven geht.

»Warten wir ab, wie sich die Ermittlungen entwickeln. Dann sehen wir weiter«, erwidere ich vage.

Der Verkehr in Richtung Athen wird immer dichter, und Dermitsakis schaltet nun doch die Sirene ein. Das verurteilt uns zum Schweigen, da man mit einem heulenden Einsatzhorn auf dem Autodach nicht diskutieren kann.

Ich schließe die Augen und versuche, alle Gedanken aus meinem Kopf zu bannen. Dermitsakis' simple Theorie ist nicht ganz von der Hand zu weisen, aber es ist noch zu früh, um daraus Schlüsse zu ziehen.

Die Büros der Fokea SR Hotels erstrecken sich über zwei Etagen. In der Annahme, dass dort der Empfang liegt, fahren wir in die zweite hoch. In der Tat, da sind wir richtig, nur finden wir ihn leer vor. Die ganze Firma macht einen chaotischen Eindruck. Die Angestellten haben sich in Grüppchen zusammengerottet und unterhalten sich mit gesenkter Stimme.

Schließlich bemerkt eine junge Frau unsere Anwesenheit und stößt ihre Nachbarin an, die zur Rezeption kommt und uns ohne ein Wort forschend anblickt. Als wir uns vorstellen, beginnt sie herumzutelefonieren. Kurz darauf schickt sie uns zum Büro des Geschäftsführers in der dritten Etage. Ich weise Dermitsakis an, das Personal in der zweiten Etage zu übernehmen, und mache mich auf den Weg zum Geschäftsführer.

Pavlos Kelessidis ist in den Fünfzigern und empfängt mich mit Trauermiene im Stehen. Vielleicht ist er aufgrund einer Vorahnung passend zur Gelegenheit gekleidet – dunkler Nadelstreif, weißes Hemd und dunkelblaue Krawatte.

»Wir kommen gewiss ungelegen, doch wir möchten die Ermittlungen zügig vorantreiben«, sage ich einleitend. »Ich versuche mich so kurz wie möglich zu fassen.«

»Wir sind alle tief geschockt«, erwidert er. »Ich verstehe, dass die Ermittlungen aufgenommen werden müssen. Das wollen wir ja alle. Fragen Sie, und ich probiere, mich auf die Antworten zu konzentrieren.«

»Fangen wir mit dem Naheliegendsten an. Wissen Sie, ob Paris Fokidis in der letzten Zeit oder auch früher schon bedroht wurde?«

Kelessidis überlegt, bevor er antwortet. »Paris Fokidis war ein zurückhaltender Mensch«, sagt er nach einer kleinen Weile. »Alle Gespräche mit seinen Angestellten – ja selbst mit mir – drehten sich ausschließlich um das Unternehmen. Und ich war einer seiner ältesten Mitarbeiter. Er hat weder über seine Familie noch über sein Privatleben geredet. Selbst wenn er Drohungen erhalten hätte, hätte er sie höchstwahrscheinlich für sich behalten.«

»Hat er bei Ihnen einen besorgten oder verwirrten Eindruck hinterlassen?«

»Ganz und gar nicht, Fokidis war genau so wie immer.« Er hält kurz inne und fügt dann hinzu: »Außerdem sehe ich nicht ein, aus welchem Grund man einen Unternehmer wie Paris Fokidis bedrohen sollte.«

»Liefen seine Firmen gut?«, frage ich, um irgendeinen Anhaltspunkt zu finden.

»Hervorragend. Bisher hatten wir nur Hotels am Meer, jetzt wollten wir auch in den Skitourismus einsteigen. Wir planten einen Hotelbau im Wintersportzentrum am Pilion-Gebirge.«

»Können Sie mir etwas zu Fokidis' Familienstand sagen?«, frage ich, um das Thema zu wechseln.

»Er war geschieden und hatte zwei Kinder. Seine Exfrau ist Britin. Nach der Scheidung blieben sie nicht nur freundschaftlich verbunden, sondern auch Geschäftspartner. Julie leitet immer noch das Londoner Reisebüro des Unternehmens. Seine Söhne studieren in England. Im

Winter leben sie bei ihrer Mutter, im Sommer machen sie bei ihrem Vater Ferien. Manchmal kam auch seine Exfrau mit und verbrachte ihren Urlaub in einem der Hotels.« Nach einer kurzen Pause spricht er weiter. »Wie Sie sehen, führte Fokidis das Leben eines normalen, erfolgreichen Geschäftsmannes.«

Dem kann ich vorerst nicht widersprechen. Kelessidis' Aussage zumindest lässt mich keinen Makel, kein dunkles Geheimnis in seinem Privat- und Berufsleben erkennen.

Ich verabschiede mich von ihm und mache mich auf zum nächsten Termin, diesmal mit dem Leiter der Hotelkette. Ich erinnere mich, dass Eleftheriou den Namen Kornaros fallenließ. Auf meine Nachfrage zeigt mir Kelessidis' Sekretärin sein Büro am Ende des Korridors.

Der Vorraum ist leer. Ich klopfe an die Tür an seinem Ende und öffne sie. »Herr Kornaros?«, erkundige ich mich.

Der Mann unterbricht die Suche in seinem Büroschrank, wendet sich zu mir um und blickt mich an. »Ja?«

»Kommissar Charitos«, stelle ich mich vor.

»Kommen Sie herein, Herr Kommissar.«

Er deutet auf einen Stuhl und nimmt an seinem Schreibtisch Platz. »Es ist mir klar, weshalb Sie hier sind.« Er scheint gefasst und trägt keine betretene Miene wie Kelessidis zur Schau.

»Gerade habe ich mit Herrn Kelessidis gesprochen, aber ich wollte auch Ihnen ein paar Fragen stellen«, beginne ich.

»Gern«, antwortet er.

»Würden Sie mir ein Bild des Hotelbetriebs vermitteln? Herr Kelessidis hat mir natürlich gesagt, dass die Firma hervorragend läuft, aber Sie als Leiter der Hotelkette könnten mir bestimmt noch mehr Informationen geben.«

»Zunächst einmal stimmt Herrn Kelessidis' Aussage. Die Fokea-Hotels sind sehr beliebt. Im Sommer, von Mitte Juni bis Ende September, sind sie restlos ausgebucht. Den Löwenanteil der Gäste bilden Briten und Deutsche. In den letzten drei Jahren hatten wir auch ziemlich viele russische Gäste, vor allem auf Kreta. Aber es kommen auch Touristen aus Frankreich und Skandinavien zu uns.«

»Haben Sie auch Besucher aus afrikanischen oder asiatischen Ländern?«, will ich wissen.

»Nur sporadisch, die meisten davon besitzen die britische Staatsbürgerschaft. Reiche Araber oder Scheichs zählen nicht zu unseren Kunden.«

»Wir hätten gern eine Übersicht der Gäste aller Hotels vom Sommer bis jetzt.«

Er blickt mich neugierig an. »Glauben Sie, dass der Mörder unter den Gästen zu suchen ist?«

»Vorläufig glauben wir gar nichts. Es ist noch zu früh, um uns festzulegen. Aber im weiteren Verlauf müssen wir eventuell einige der Gäste befragen.«

Er bleibt stumm und blickt mich an. »Ich versuche, mir möglichst wenig anmerken zu lassen und einfach weiterzuarbeiten, Herr Kommissar. Aber ich kann nicht begreifen, wer einen Grund und ein Interesse haben könnte, Paris Fokidis umzubringen.«

»Wir vorläufig auch nicht. Wir hoffen, dass wir noch dahinterkommen. Dann werden Sie es auch erfahren.«

Er fährt fort, als hätte er mich gar nicht gehört. »Paris Fokidis war ein guter Mensch, Herr Kommissar. Das einzig

Schwierige an ihm war, dass er alles an sich gezogen hat. Er wollte alles kontrollieren, und das hat uns manchmal genervt. Ohne seine Zustimmung lief gar nichts. Wenn er auf Reisen war, hat er jeden Tag über Skype mit uns kommuniziert. Stellen Sie sich vor, die Firma hatte keinen Finanzdirektor, weil er persönlich die Aufsicht über die finanziellen Angelegenheiten behalten wollte.«

Er macht eine kurze Pause und fährt dann fort. »Aber er war ein großzügiger Mensch, und das nicht nur seinen Angestellten gegenüber. Seine Großzügigkeit beschränkte sich nicht auf Bonuszahlungen, die dem Führungspersonal ausgeschüttet wurden, wenn wir Gewinne machten. Denken Sie nur, er hat eine bestimmte Kapitalsumme für Stipendien an mittellose junge Menschen zur Verfügung gestellt, die eine Hotelfachschule absolvieren wollen. Die Stipendien wurden nach ausführlicher Prüfung der finanziellen Situation der Familien vergeben. Sie mussten tatsächlich mittellos sein. Die Begabtesten ließ er in den Hotels ausbilden und hat dann alle übernommen, die einen erfolgreichen Abschluss erreichten.« Er verstummt und blickt mich an. »Wer bringt so einen Mann um?«, lautet seine abschließende Frage.

»Es ist noch zu früh, um darauf zu antworten«, sage ich. »Wir tun, was in unserer Macht steht, um den Mörder zu finden.«

»Ich hoffe sehr, dass es Ihnen gelingt«, antwortet er und erhebt sich, um mir das Ende des Gesprächs anzudeuten.

Als ich in die zweite Etage hinuntergehe, stehen immer noch Grüppchen herum. So läuft es immer, sage ich mir: Die führenden Köpfe sitzen einsam in ihren Büros, da sie wissen, dass man sie nur schwer von ihrer Position verdrängen kann. Die kleinen Angestellten tummeln sich in Schwärmen wie die Fische und diskutieren, als könnten sie so die Angst vor dem Morgen verscheuchen.

Ich frage nach, wo sich Dermitsakis aufhält, und man antwortet mir, dass er sich von Büro zu Büro vorarbeitet. So nehme ich auf einem der leeren Stühle Platz, um auf ihn zu warten. Zum Glück taucht er auf, bevor ich Wurzeln schlage.

»Ich bin fertig«, verkündet er.

»Ich auch, dann nichts wie los!«

Wir steigen in den Streifenwagen. Als Dermitsakis starten will, halte ich ihn zurück. »Erzähl mir zuerst von deiner Ausbeute«, sage ich.

»Nichts Besonderes. Alle lobten ihn über den grünen Klee. Ob er jetzt tatsächlich ein so toller Mensch war oder ob sie dem Toten nichts Übles nachsagen wollen, wird sich noch zeigen.«

Wir haben es mit einem Mord zu tun, der eigentlich nicht hätte passieren dürfen. Wer hatte einen Grund, einen so perfekten Unternehmer zu töten? Und noch dazu mit einer Autobombe? Ich habe denselben Eindruck wie Dermitsakis. Keiner sagt etwas Schlechtes über Fokidis. Immerhin kam bei unseren Befragungen heraus, dass er es verstand, seine unterschiedlichen Aktivitäten sorgfältig zu verbergen. Deshalb behielt er auch persönlich die Firmenfinanzen in der Hand. Er duldete keinen neben sich, der hätte mitbekommen können, woher der Wind wehte.

Morgen muss ich, so überlege ich, mit leeren Händen zur Besprechung beim Minister gehen, und das passt mir ganz und gar nicht. Ich sollte mich mit Koulakos von der Abteilung für Wirtschaftskriminalität zusammensetzen, in der Hoffnung, dass er ein wenig Licht ins Dunkel bringt. Der Gedanke begeistert mich wenig, aber mir bleibt keine andere Wahl.

5

Ich beauftrage Stella, Koulakos in Gikas' ehemaliges Büro und unser derzeitiges Besprechungszimmer zu bestellen. Fünf Minuten später gibt sie mir Bescheid, dass Koulakos bei einem Termin sei und erst in einer halben Stunde zur Verfügung stehe.

Der Mord an Fokidis, der uns sowohl von Regierungsseite als auch durch die Medien gewaltig unter Druck setzen wird, plus mein Verdruss, dass ich heute Abend meinen Enkel nicht sehen kann, bringen das Fass zum Überlaufen.

»Sagen Sie ihm, ich will ihn innerhalb von fünf Minuten sprechen, die Angelegenheit duldet keinen Aufschub«, sage ich zu ihr.

Ich bin schon drauf und dran, in die fünfte Etage hochzufahren, als Koula mich zurückhält.

»Ich habe etwas gefunden, das Sie interessieren könnte«, erklärt sie.

»Schießen Sie los.«

»Fokidis hatte im Stadtteil Bachrami ein Studentenheim für Hotelfachschüler gegründet, deren Eltern sich die Ausbildung in Athen nicht leisten können.«

»Bravo, Koula. Gut, dass Sie mich darauf hinweisen. Suchen Sie weiter, Sie landen bestimmt noch den einen oder anderen Treffer.«

Als ich in den Fahrstuhl trete, kreisen meine Gedanken nur um Fokidis. Wer sollte einen Geschäftsmann töten, der so großzügig war, jungen Leuten ein Studium zu ermöglichen und zu finanzieren und sogar für ihre Unterkunft zu sorgen? Aus welchem Grund? Seine Konkurrenten können es nicht gewesen sein. Selbst ich weiß, dass man seine geschäftlichen Gegenspieler nicht körperlich, sondern durch Wettbewerb vernichtet. Daher müssen wir das Mordmotiv anderswo suchen.

»Er wartet drinnen schon auf Sie«, sagt Stella, als ich in den Vorraum betrete.

Koulakos sitzt am Konferenztisch. »Hast du vor, Kalif zu werden anstelle des Kalifen?«, fragt er gleich als Erstes.

»Was willst du damit sagen?« Ich wundere mich über seine Aussage, da ich die Anspielung nicht verstehe.

»Ich frage, ob du vorhast, Kriminaldirektor zu werden anstelle des Kriminaldirektors, weil ich unverzüglich antraben musste.«

Koulakos hat das seltene Talent, einem auf den Wecker zu gehen, sobald er den Mund aufmacht. Gegen ihn ist Stavropoulos der reinste Waisenknabe.

»Ich habe dich nicht herbestellt, weil ich den Vorgesetzten spielen möchte«, erkläre ich ihm ruhig. »Wir haben es mit einem verwickelten und gefährlichen Mordfall zu tun.«

»Ich weiß, Paris Fokidis.«

»Genau. Ich wollte deine fachliche Meinung einholen und fragen, ob du Informationen über Fokidis' Firmen und Aktivitäten besitzt, die uns nützlich sein könnten.«

Sogleich setzt er seine dienstliche Miene auf. »Wie du weißt, beginnen wir erst zu ermitteln, wenn eine Straftat vorliegt, die mit bestimmten Geldflüssen zu tun hat, oder eine Anzeige. Bis jetzt gibt es da absolut nichts. Zu ihm kann ich einzig und allein sagen, dass er ein sehr erfolgreicher Geschäftsmann war und nie irgendetwas Belastendes gegen ihn auftauchte. Aber auf dein Ersuchen hin werde ich Ermittlungen einleiten und dich auf dem Laufenden halten.« Er verstummt und blickt mich an. »Ich will ja nicht schwarzmalen, aber ich fürchte, du steckst ganz schön im Schlamassel. Der Minister und die Aasgeier vom Fernsehen werden dir keine ruhige Minute gönnen.«

»Schon klar, den Minister treffe ich morgen früh.«

»Na dann, halt die Ohren steif!«, sagt er und steht auf.

Im Anschluss gehe ich wieder in mein Büro hinunter. Da alle meine Mitarbeiter zurückgekehrt sind, rufe ich sie zum Gedankenaustausch zusammen.

»Wir haben etwas Eigenartiges gehört«, erzählt Dervisoglou.

»Was denn?«

»Nachdem Sie gegangen waren, trat ein junger Mann seinen Dienst an der Rezeption an und berichtete uns, dass vor ein paar Tagen ein Mann persönlich vorbeikam, um ein Doppelzimmer zu reservieren. Doch zuerst wollte er die Zimmer sehen. Danach wollte er sich auch noch die Garage anschauen, weil er wissen wollte, so sagte er, ob sie auch sicher sei. Man führte ihn in die Garage hinunter, und er hat alles gründlich inspiziert. Er fragte, ob es einen Garagenleiter gebe, und als man verneinte, fragte er, wie die Autos dann rein- und rauskämen. Man erklärte ihm die Sache mit der Karte. Er bedankte sich und ging.«

»Hat er seine Personalien hinterlassen?«

»Nein, er wollte es sich überlegen«, antwortet Askalidis.

»Gibt es eine Personenbeschreibung?«

»Der Rezeptionist hat uns erzählt, dass er um die fünfzig war, mittelgroß und einfach gekleidet.«

»Hat er vielleicht seinen Wagen gesehen?«

»Nein, er ist zu Fuß weggegangen«, sagt Dervisoglou.

»Habt ihr die anderen gefragt, ob irgendjemandem der Wagen zufällig aufgefallen ist?«, hake ich nach.

»Ja, es hat aber keiner was gesehen, auch nicht der Gärtner.«

»Unter dem Vorwand, ein Zimmer zu mieten, hat er die Garage ausgeforscht, das steht fest«, schlussfolgert Dermitsakis. »Und er hat sein Auto weit entfernt abgestellt, damit es sich keiner vom Personal einprägt.«

Diese Erklärung klingt logisch, aber damit können wir weder den Wagen noch den Fahrer ausfindig machen.

Ich löse die Besprechung auf und beschließe, einen vorläufigen Schlusspunkt unter die Ermittlungen zu setzen. Es hat keinen Sinn, heute noch weiterzumachen. Ich blicke auf meine Uhr, es ist schon acht. Um diese Uhrzeit kann ich Katerina in der Geburtsklinik nicht mehr stören. Die Vernunft gebietet, direkt nach Hause zu fahren.

Unterwegs versuche ich mir zurechtzulegen, was ich dem Minister und meinen Vorgesetzten morgen früh sagen möchte. Über den puren Sachverhalt hinaus komme ich mit leeren Händen. Es gibt keinerlei Hinweis noch irgendeine Spur, der wir nachgehen könnten. Nach allem, was wir bisher erfahren haben, war das Opfer ein Geschäftsmann ohne Fehl und Tadel und darüber hinaus ein »Wohltäter«, wie man solche Leute in früheren Zeiten nannte. Traurig, aber wahr: Untadelige Opfer machen der Polizei das Leben schwer.

Als ich die Tür öffne, höre ich Stimmen aus dem Wohnzimmer. Adriani sitzt mit Fanis und Sissis zusammen.

»Augenscheinlich bist du in bester Gesellschaft, Adriani«, scherze ich.

»Was soll ich denn machen? Mit zwei Junggesellen im Familienkreis – wenn auch der eine nur vorübergehend. Soll ich sie verhungern lassen?« Dann hakt sie nach: »Und, warst du in der Geburtsklinik?«

»Nein, es war schon zu spät, und ich wollte Katerina nicht stören.«

»Dein Enkel wird mal ein ganz schlaues Kerlchen«, verkündet sie. »Ich war dabei, als er die Augen aufgeschlagen und seine Mutter angesehen hat. Den Blick hättest du sehen sollen!«

Sissis schickt seinen eigenen Kommentar hinterher. »Jedenfalls wirkt er stark und kräftig. Er wird ein athletischer Typ.«

»Hört auf!«, ruft Fanis. »Er ist noch nicht mal drei Tage alt, und seine Oma attestiert ihm eine außerordentliche Intelligenz, und sein Namensvetter sagt ihm eine Zukunft als Sportler voraus …«

»Also, ich bereite das Essen vor«, erklärt Adriani und steht auf.

»Ach, mach dir doch nicht so viel Mühe, ich gehe schnell Souflaki holen«, schlage ich vor.

Sie wirft mir einen abschätzigen Blick zu. »Das käme dir gerade recht«, meint sie zu mir. »Wie oft muss ich es noch sagen? In meinem Haus gibt es kein Souflaki. Ich mache schnell Makkaroni. Broccoli habe ich auch da für einen Salat.«

Mir wären Souflaki lieber, ich habe schon so lange keine mehr gegessen, aber ich halte lieber den Mund.

»In einem halben Jahr müssen wir eine Kinderfrau finden, die sich um Lambros kümmert«, sagt Fanis, als die Männerrunde allein zurückbleibt. »Katerina soll ja wieder arbeiten gehen.«

»Adriani wird sich um ihn kümmern«, sage ich. »Sie kann es kaum erwarten.«

»Ich weiß, aber Frau Adriani kann nicht ihren ganzen Haushalt vernachlässigen, um das Baby zu hüten. Vielleicht nicht jeden Tag, aber zumindest dreimal die Woche werden wir eine Kinderfrau brauchen.«

Adriani wird trotzdem jeden Tag vor Ort sein und die Kinderfrau zur Verzweiflung treiben, denke ich.

»Es gibt zwei andere Lösungen, die vielleicht besser sind«, meint Sissis.

»Ja? Welche denn?«, will Fanis neugierig wissen.

»Erstens könnte ich euch eine Frau aus dem Obdachlosenheim vermitteln. Nicht alle, aber mindestens die Hälfte der Bewohnerinnen würden so einen Job liebend gerne annehmen. Der Frau eurer Wahl bezahlt ihr das Fahrgeld und ein Taschengeld, und sie wird hochzufrieden sein.«

»Die Idee gefällt mir«, erklärt Fanis. »Trotzdem möchte ich noch die andere Lösung hören.«

»Ihr könntet ihn jeden Morgen ins Obdachlosenheim bringen. Alle Bewohnerinnen werden sich um ihn kümmern, er wird ein kleiner Pascha mit einem ganzen Harem sein. Ihr müsst ihm nur ein Bettchen für den Mittagsschlaf und später ein Stühlchen kaufen. Und selbst wenn ihr ihn nicht jeden Tag hinbringen wollt, dann vielleicht dreimal die Woche.«

»Ich finde dreimal die Woche besser«, erkläre ich.

»Wieso?«, fragt mich Fanis.

»Hast du schon daran gedacht, wie verwöhnt er wird, wenn sich so viele Leute nur um ihn kümmern? Wenn er zu Hause bleibt, befürchte ich allerdings, dass er sich bald schrecklich langweilt und zu nörgeln beginnt.«

»Beide Lösungen sind gut, aber nacheinander«, mischt sich Adriani ein, die zum Tischdecken eingetreten ist und das Gespräch mit angehört hat.

»Wie das?«, frage ich.

»Erst, wenn er ein Jahr alt ist, können wir ihn im Obdachlosenheim lassen. Bis dahin kann sich eine Bewohnerin dreimal die Woche und ich die übrigen beiden Tage um ihn kümmern. Ich wäre dafür, dass sie ihn ab sofort betreut, damit er sich jetzt schon an sie gewöhnt.«

»Bravo, Adriani! Das ist die Lösung!«, sagt Sissis zu ihr.

In diesem Augenblick läutet mein Handy. »Sehen Sie gerade die Nachrichten, Herr Kommissar?«, höre ich Dervisoglous Stimme sagen.

»Nein. Sollte ich?«

»Es gibt ein Bekennerschreiben zum Fokidis-Mord.«

Ich bitte Fanis und Sissis um Entschuldigung, während ich nach der Fernbedienung greife.

Auf dem Bildschirm spricht die Moderatorin gerade mit einem Vierzigjährigen. »Ausnahmslos alle Bekennerschreiben von terroristischen Organisationen werden am Computer verfasst und ausgedruckt«, sagt sie. »Wie erklären Sie sich, Manos, dass der vorliegende Text handgeschrieben ist?«

»Er ist nicht bloß handgeschrieben«, antwortet der Interviewpartner. »Auf den ersten Blick sieht es so aus, als hätte der Verfasser nicht Stift oder Kugelschreiber, sondern Federkiel und Tusche benutzt. Darüber hinaus ist es in einer Schönschrift geschrieben, wie sie die ältere Generation in der Volksschule lernte.«

»Eine Terrorgruppe mit Federkiel und Tusche?« Die Moderatorin lacht auf. Doch sogleich wird ihre Miene wieder ernst, und sie spricht in die Kamera. »Entschuldigen Sie, sehr geehrte Zuschauer, aber das klingt doch wirklich absurd.«

»Sicher, aber offenbar haben sie es mit voller Absicht getan. Sie wollen damit ein Statement abgeben«, antwortet der Vierzigjährige. »Was dieses Statement jetzt aber bedeuten soll, kann ich Ihnen nicht sagen. Es ist Aufgabe der Polizei, das herauszufinden.«

»Zeigen wir unseren Zuschauern, die gerade erst eingeschaltet haben, das Bekennerschreiben noch einmal«, meint die Moderatorin.

Der Text flimmert über den Bildschirm. Er ist in der Tat mit der Hand und in einer Schönschrift geschrieben, die man früher in der Schule lernte. Ob er mit einem Federkiel verfasst wurde, müssen die Fachleute klären.

Heute haben wir den Unternehmer Paris Fokidis getötet. Wir werden Ihnen nicht sagen, warum. Das soll die Polizei, der Zerberus des Systems, herausfinden. Nur eins wollen wir Ihnen sagen: Er hat den Tod verdient.

Das Heer der Nationalen Idioten

Ich reibe mir die Augen. Zum ersten Mal kommt mir ein Bekennerschreiben unter, das nicht nur in Schönschrift geschrieben ist, sondern auch das Motiv für das Verbrechen verschweigt und dessen Aufdeckung der Polizei überlässt.

Das erleichtert uns die Aufgabe nicht. Wenn die Terroristen den Grund für die Hinrichtung des Opfers nennen, wissen wir zumindest, in welche Richtung wir suchen müssen. In Fokidis' Fall bürden sie uns die zusätzliche Arbeit auf, auch noch das Tatmotiv aufzudecken. Normale Terroristen prahlen mit ihrer Tat, Fokidis' Mörder hingegen halten damit hinterm Berg. Daraus folgt, dass wir es entweder mit außerordentlich gerissenen Tätern zu tun haben, die nicht einmal bezüglich ihres Motivs Spuren hinterlassen, oder mit völlig durchgeknallten Typen.

Die zweite Auffassung kommt mir überzeugender vor, wenn ich von der Bezeichnung der Terrororganisation ausgehe. Welche Gruppierung würde sich schon »Heer der Nationalen Idioten« nennen?

Trotzdem sagt mir mein Instinkt, dass wir sie nicht unterschätzen sollten. Höchstwahrscheinlich sind sie gefährlicher, als ihr Bekennerschreiben ahnen lässt.

Die anderen haben am Tisch Platz genommen und sind am Essen.

»Was ist los?«, fragt mich Fanis. »Hat es etwas mit dem Mord von heute zu tun?«

»Bei einfacher Betrachtung haben wir es wohl mit ein paar Irren zu tun. Genauer betrachtet, kommt womöglich ein Riesenschlamassel auf uns zu«, antworte ich und spieße ein paar Makkaroni auf die Gabel.

6

Immerhin ist der Ministerrat nicht vollzählig angetanzt. Neben unserem obersten Chef beehren uns der Finanz- und der Tourismusminister mit ihrer Anwesenheit. Anscheinend möchte man die Geschäftswelt und speziell den Tourismussektor über die Ermittlungen auf dem Laufenden halten und den beruhigenden Eindruck vermitteln, dass alles unter Kontrolle ist. Der Einzige, der sich von der Anwesenheit seiner Amtskollegen wenig begeistert zeigt, ist der für uns zuständige Innenminister. Er blättert sauertöpfisch im Dossier, das vor ihm liegt, und ignoriert sie geflissentlich.

Nachdem er uns ein paar Minuten auf die Folter gespannt hat, schaut er endlich auf und richtet das Wort an uns. »Die beiden Ministerkollegen befinden sich auf Anweisung des Premierministers bei uns, um sich aus erster Hand über die Entwicklungen zu informieren. Fokidis' Ermordung ist unmittelbar mit dem Tätigkeitsbereich ihrer Ministerien verknüpft.«

Wir nehmen in zwei Gruppen um den Konferenztisch Platz. Die erste Gruppe besteht aus dem Innenminister, der am Kopfende sitzt, dem Finanzminister zu seiner Rechten und dem Tourismusminister zu seiner Linken, die zweite Gruppe aus dem Polizeipräsidenten, seinem Stellvertreter und dem Laufburschen – also meiner Wenigkeit. Ich gehe davon aus, dass er mir gleich den Ball zuspielen wird. Und ich habe mich nicht getäuscht.

»Von Ihnen, Herr Kommissar, erwarten wir einen ersten Lagebericht«, sagt unser Minister zu mir.

Alle Blicke richten sich auf mich, und ich lege die Informationen und Hinweise dar, die wir gestern gesammelt haben. Da es nicht viel ist, bin ich schnell fertig.

»Welche Schlüsse ziehen Sie daraus, Herr Kommissar?«, fragt mich der Polizeipräsident.

»Wir haben es mit einem Mord zu tun, für den es eigentlich kein Motiv gibt. Paris Fokidis war nicht nur ein erfolgreicher Geschäftsmann, sondern hat sich auch sozial engagiert. Er finanzierte mittellosen jungen Menschen das Studium, er hat ein Heim für Studierende gegründet, die sich keine Mietwohnung leisten konnten … Natürlich werden wir seine Finanzen überprüfen, aber davon erwarte ich mir keine weltbewegenden Erkenntnisse.«

»Da werden Sie auch nichts finden«, sagt der Finanzminister kategorisch. »Sein Ruf war tadellos. Er war weder mit Sozialversicherungsbeiträgen im Rückstand, noch hatte er Schulden bei den Banken.«

Ich will ihm schon entgegenhalten, dass mir bis jetzt noch nie der Fall untergekommen ist, dass jemand umgebracht wird, weil er bei der Sozialversicherung oder bei den Banken in der Kreide steht. Aber ich halte meine Zunge im Zaum.

»Wenn Fokidis' Ruf so makellos war, wie erklären Sie sich dann die Aussage: ›Er hat den Tod verdient‹, im Bekennerbrief?«

»Das kann alles Mögliche bedeuten«, erwidere ich. »Wenn er als Unternehmer tatsächlich ohne Fehl und Tadel war, dann ist ein privater Racheakt nicht auszuschließen. Diese These verstärkt sich auch durch das Bekennerschreiben an sich.«

»Warum?«, fragt mich unser Minister.

»Ausnahmslos alle Bekennerbriefe von terroristischen Organisationen werden am Computer verfasst und ausgedruckt, Herr Minister. Ein handgeschriebenes Bekennerschreiben wäre eine Weltneuheit. Alle Bekennerbriefe führen die Motive für die Ermordung des Opfers ausführlich an. Nirgends wurde je der Polizei überlassen, den Grund herauszufinden, warum die Organisation ihr Opfer getötet hat.« Nach einer kleinen Pause füge ich hinzu: »Aber es gibt da noch etwas …«

»Und das wäre?«, will der Polizeipräsident wissen.

»Der Bekennerbrief ist nicht bloß mit der Hand, sondern auch noch in Schönschrift verfasst. Das ist doppelt verwirrend. Zum einen haben wir das außergewöhnliche handschriftliche Zeugnis, zum anderen die Kalligraphie. Die Frage ist: Wer beherrscht heutzutage noch die Schönschreibkunst?«

»Niemand«, antwortet mir der Tourismusminister. »Außer, der Verfasser war an der Kunsthochschule.«

»Oder jemand, der sehr alt ist«, ergänze ich. »Mir kommt es unwahrscheinlich vor, dass ein junger Terrorist seinen Großvater dazu anhält, ihm einen Bekennerbrief zu malen.«

»Und welche Erkenntnisse gewinnen wir daraus?«, fragt mich der Vizepolizeipräsident.

»Erkenntnisse wäre zu viel gesagt. Die bisher vorliegenden Hinweise zeigen jedoch, dass wir es nicht mit gängigen Terroristen zu tun haben. Die Täter müssen über fünfzig sein. Darauf deutet die Schönschrift hin.«

»Alle Terroristen über fünfzig sitzen im Gefängnis«, bemerkt unser Minister.

»Ich weiß. Deshalb habe ich ja meine Zweifel, ob wir es tatsächlich mit einer Terrororganisation zu tun haben. Ich will es nicht grundsätzlich von der Hand weisen, aber ich kann die Möglichkeit eines persönlichen Racheakts genauso wenig ausschließen.«

»Das klärt sich hoffentlich im Verlauf der Ermittlungen«, meint der Finanzminister.

»Ja, aber nicht nur dadurch. Falls sie ein weiteres Mal zuschlagen, dann haben wir es mit einer Terrorgruppe *sui generis* zu tun. Falls nicht, müssen wir von einem Racheakt ausgehen.«

»Ich finde den Gedankengang des Kommissars absolut einleuchtend«, sagt der Polizeipräsident.

Unser Minister erhebt sich mit Dankesworten, was uns das Ende der Besprechung signalisiert. Die Ministergruppe bleibt im Raum, während die Polizistengruppe aufbricht.

»Gehen wir noch kurz in mein Büro«, sagt der Polizeipräsident zu uns.

Im Grunde ziehen wir bloß vom Konferenztisch des Ministers zum Konferenztisch des Polizeipräsidenten.

»Ich brauche nicht extra zu betonen, welche Bedeutung die Regierung der Aufklärung des Mordes an Paris Fokidis zumisst«, sagt der Polizeipräsident. »Die Anwesenheit der beiden Minister spricht für sich. Und Sie wissen ja selbst, dass Sie dem Fall Fokidis absoluten Vorrang einräumen müssen. Wir werden sowohl die Minister als auch die Medien ständig im Nacken haben.«

Der Vizepolizeipräsident wendet sich an mich. »Wie wollen Sie weiter vorgehen, Herr Kommissar?«, fragt er.

»Zuallererst muss geklärt werden, wie der Bekennerbrief den Medien zugespielt wurde. Danach will ich Fokidis' Studentenheim in Bachrami einen Besuch abstatten. Ebenso müssen wir mit der Exfrau in London Kontakt aufnehmen. Der Kurs der Ermittlungen richtet sich dann nach den ersten Ergebnissen. Ich halte Sie auf dem Laufenden.«

»Ich weiß«, erwidert er mit einem Lächeln.

Der Lagebericht und die aufgeworfenen Fragen haben mir klar vor Augen geführt, dass wir es mit einem sehr eigentümlichen Fall zu tun haben. Der handgeschriebene Bekennerbrief in Schönschrift und dazu noch die Geheimhaltung des Tatmotivs durch die Täter … Das alles kann kein Zufall sein. Die Täter gehen planmäßig vor. Das Manuskript erleichtert uns die Arbeit, da wir den Verfasser aufgrund von Schriftproben ausfindig machen könnten. Aber bis dahin sind womöglich noch ein paar Morde dazugekommen.

Bevor ich losfahre, rufe ich Dermitsakis an und beauftrage ihn mit der Klärung, wie der Bekennerbrief zum Sender kam und wer dort der zuständige Ansprechpartner ist, da ich ihn eventuell kontaktieren muss. Dann bitte ich Koula, die Telefonnummer von Fokidis' Studentenheim in Bachrami herauszusuchen und einen Termin mit dem Leiter zu vereinbaren.

Ich breche auf und weiß jetzt schon, dass sich die lauernde Journalistenmeute auf mich stürzen wird, kaum dass ich meinen Fuß in die Dienststelle setze. Meine Befürchtung bestätigt sich umgehend. Die Reporter belagern den Korridor und diskutieren lauthals, als säßen sie auf der Terrasse eines Cafés.

»Mäßigen Sie bitte Ihre Lautstärke! Es gibt hier Menschen, die bei der Arbeit sind«, ermahne ich sie grimmig, da mir ihr Verhalten auf den Senkel geht.

Aber ich bleibe ein einsamer Rufer in der Wüste. Anstatt ihre Lautstärke zu mäßigen, werden sie nur noch lauter und fallen mit ihren Fragen über mich her.

»Gibt es eine Pressemitteilung zum neuesten Terrorakt, Herr Kommissar?«, will die Kurze mit den rosa Strümpfen von mir wissen.

»Terrorakt? Bist du noch bei Trost? Hast du je einen Anschlag mit Bekennerbrief gesehen, der in Schönschrift mit Federkiel und Tusche verfasst ist?«, empört sich Merikas.

»Der Mord an dem prominenten Unternehmer Paris Fokidis wird derzeit untersucht«, erläutere ich ihnen. »Gerade haben wir die ersten Hinweise zusammengetragen. Zur Frage, ob es sich um einen Terroranschlag oder um ein anderes Tatmotiv handelt, können wir noch nichts Abschließendes sagen.«

»Heißt das also, es könnte Ihrer Ansicht nach auch *kein* Terrorakt sein?«, fragt der junge Mann im T-Shirt.

»Vorläufig können wir gar nichts ausschließen«, lautet meine Antwort.

»Was für eine Rolle spielt für Sie das ungewöhnliche

Bekennerschreiben?«, fragt die Stergiou, die Dürre, die mir früher auf die Nerven ging, mit der ich mich jetzt aber besser verstehe.

»Das beschäftigt uns genauso wie die Tatsache, dass die Täter nicht offenlegen, warum sie Fokidis getötet haben. Um ein klareres Bild zu gewinnen, müssen wir das Motiv finden.«

Als die Journalisten merken, dass sie nichts weiter aus mir herausholen können, lassen sie von mir ab.

Ich rufe Dermitsakis und Koula zu mir, um zu erfahren, was sich aus der Kontaktaufnahme mit dem Studentenheim und dem TV-Sender ergeben hat.

»Man hat mich an einen gewissen Asteriadis verwiesen, den Security-Chef«, berichtet Dermitsakis.

»Und was meinte er?«

»Dass der Briefumschlag per Kurier abgegeben wurde.«

Ich bin sprachlos. »Per Kurier?«

»Ja, aber er konnte mir nicht mehr dazu sagen, da der Umschlag Menetidis, dem Programmchef, persönlich übergeben wurde.«

»Gut, ich spreche mit Menetidis.« Dann wende ich mich an Koula: »Haben Sie etwas herausgefunden?«

»Ja, das Studentenheim liegt in der Othonos-Straße gleich an der Ajios-Dimitrios-Kirche in Bachrami. Die Leitung hat eine Frau Leontidou.«

Ich hebe mir den Besuch im Studentenheim für später auf und bitte Koula, mich mit Menetidis zu verbinden. Keine Minute später habe ich ihn in der Leitung.

»Menetidis, Herr Kommissar.«

»Meine Mitarbeiter haben mir berichtet, dass Sie das

Bekennerschreiben von einem Kurier entgegengenommen haben?«, frage ich, immer noch ungläubig.

»Richtig. Der Kurier sagte am Eingang, es handele sich um ein äußerst eiliges Exposé, das mir dann auch sofort ausgehändigt wurde. Im Umschlag lag das Bekennerschreiben.«

»Wissen Sie noch in etwa, wann Ihnen der Umschlag übergeben wurde?«

Er überlegt kurz. »Es war mit Sicherheit vor den Abendnachrichten, aber die genaue Uhrzeit kann ich Ihnen nicht sagen. Es muss so gegen sieben gewesen sein.«

»Haben Sie den Umschlag noch?«, frage ich ihn.

»Den Umschlag mit der Absenderadresse und dem Aufkleber des Kurierdienstes habe ich behalten. Ich kann alles einscannen und Ihnen schicken, Sie müssen mir nur Ihre E-Mail-Adresse geben.«

»Vielen Dank, Herr Menetidis. Ich bitte Sie aber, den Umschlag aufzubewahren. Wir müssen ihn beschlagnahmen, da er ein Ermittlungsgegenstand ist.«

Ich weise Koula an, Menetidis die E-Mail-Adresse der Dienststelle zu schicken.

»Sobald ihr wisst, was auf dem Umschlag steht, fährst du mit Dervisoglou zusammen zum Kurierdienst«, sage ich zu Dermitsakis. »Wir müssen herauskriegen, wer den Umschlag dort abgegeben hat.«

Dann wende ich mich an Koula. »Und Sie überprüfen bitte den Absender und finden heraus, ob eine Firma dieses Namens existiert.«

»Ich muss zugeben, ein Bekennerschreiben, das per Kurier zugestellt wird, kommt mir zum ersten Mal unter«, meint sie, nach wie vor fassungslos.

»Mir auch, und dabei bin ich viel länger im Geschäft als Sie«, erwidere ich. Dann mache ich mich auf den Weg zu Fokidis' Studentenheim.

7

Diesmal bin ich in Askalidis' Begleitung, nachdem Dermitsakis und Dervisoglou den Kurierdienst übernommen haben. Das Studentenheim ist ein dreistöckiges Gebäude, das in der Nähe des Fünften Gymnasiums liegt. Da Koula unseren Besuch angekündigt hat, erwartet uns die Leontidou schon im Erdgeschoss. Sie ist in den Fünfzigern, einfach gekleidet und trägt ihr Haar zusammengebunden.

Sie reicht uns zur Begrüßung die Hand und geht voran, um uns zu ihrem Arbeitszimmer zu geleiten. Der Raum wirkt mit seinen beiden Büroschränken ziemlich leer.

»Frau Leontidou, wir ermitteln im Fall Paris Fokidis. Daher möchten wir Ihnen ein paar Fragen stellen, die das Heim und Fokidis' Förderprogramm für mittellose junge Studierende betreffen.«

Sie starrt mich unverwandt an. »Fragen Sie mich ruhig, aber ich weiß nicht, ob ich Ihnen helfen kann. Ich bin völlig durch den Wind. Gestern Morgen ist für mich die Welt zusammengebrochen, Herr Kommissar«, fügt sie hinzu und bricht in Tränen aus.

Ich gebe ihr etwas Zeit, damit sie sich fangen kann, bevor ich die erste Frage stelle. »Hat das Studentenheim derzeit Bewohner?«

»Ja, ziemlich viele. Sie sind zutiefst geschockt und derzeit nicht in der Lage, dem Unterricht zu folgen.«

»Hätten Sie etwas dagegen, wenn mein Kollege den Studierenden ein paar Fragen stellt, damit wir uns ein besseres Bild verschaffen können?«

»Keineswegs.«

Ich schicke Askalidis los und bleibe mit der Leontidou allein zurück.

»Mich würde interessieren, wie das Heim funktioniert«, sage ich. »Wie hat Paris Fokidis es finanziert?«

»Durch die Paris-Fokidis-Stiftung«, erwidert sie.

Das ist ein bislang unbekanntes Detail. Bis jetzt war noch nie die Rede von einer Fokidis-Stiftung gewesen. »Wo ist der Sitz dieser Stiftung? Bei unserem Besuch in der Zentrale der Fokea-Hotels wurde sie mit keinem Wort erwähnt.«

»Weil sie nichts mit Fokidis' Firmen zu tun hat. Paris Fokidis agierte damit ganz unabhängig. Die Stiftungsbüros liegen am Syngrou-Boulevard.« Sie nimmt ein Blatt Papier, notiert darauf die Adresse und überreicht es mir.

»Sie können mit Herrn Esperidis Kontakt aufnehmen, dem Stiftungsdirektor«, fügt sie hinzu.

Ich ergänze den Namen auf dem Blatt. »Wie ist das Studentenheim organisiert?«, frage ich die Leontidou.

Sie wirft mir einen nachdenklichen Blick zu. »Das ist doch jetzt alles Makulatur«, sagt sie mit einer Stimme, die nur noch einem Wispern gleicht. »Bis jetzt war die Stiftung für alle Entscheidungen verantwortlich. Zu Beginn des Studienjahrs erhielten wir von dort eine Liste mit den Studierenden, die wir im Heim aufnehmen sollten. Die

Aufwendungen für das Heim wurden nach der Anzahl der untergebrachten Bewohner berechnet.«

Sie hält inne und holt tief Luft. »All das ist, wie gesagt, passé. Keiner von uns weiß, wie es morgen weitergeht. Was Paris Fokidis' Erben beschließen werden, steht in den Sternen. Ob die Stiftung und das Studentenheim überhaupt weiterexistieren werden, auch … Wir stehen vor dem Nichts.«

Sie presst ein Taschentuch an den Mund, um ein Schluchzen zu unterdrücken, und schlägt die Hände vors Gesicht.

Es hat keinen Sinn, sie weiterzuquälen, da wir vom Stiftungsdirektor bestimmt bessere Auskünfte bekommen können.

»Dann halten wir Sie nicht länger auf, Frau Leontidou«, sage ich und stehe auf.

Sie hat mich gar nicht gehört, so sehr ist sie in ihre Gedanken versunken. Dann trete ich auf den Korridor, um nach Askalidis zu suchen. Er hat sich an eine Gruppe von Studierenden herangepirscht und unterhält sich mit ihnen.

»Haben Sie etwas herausgekriegt?«, frage ich ihn, als wir in den Streifenwagen steigen.

»Was soll man im Tal der Tränen schon herauskriegen, Herr Kommissar!«, lautet seine Antwort. »Die jungen Leute sind völlig verzweifelt. Für sie ist unklar, ob sie überhaupt weiterstudieren können.«

Die Büros der Paris-Fokidis-Stiftung liegen in einem Komplex gegenüber der Ajios-Sostis-Kirche. Wir stellen den Streifenwagen vor dem Eingang ab und begeben uns in die zweite Etage, wo die Büros liegen.

Auf mein Klingeln springt die Tür sofort auf. Im Gegensatz zur Zentrale des Hotelunternehmens wirkt der Betrieb in der Stiftung auf den ersten Blick ganz normal. Die Angestellte, die uns an der Tür empfängt, fragt nach dem Grund des Besuchs und führt uns dann direkt zu Esperidis' Büro.

»Da uns das Tatmotiv im Fall Fokidis vorläufig noch unbekannt ist, versuchen wir erste Anhaltspunkte zu finden, um der Sache auf den Grund zu gehen«, erläutere ich Esperidis. »Deshalb sind wir hier.«

»Ich verstehe, sehe aber nicht, wie wir Ihnen helfen könnten«, entgegnet er. »Die Stiftung ist unabhängig von Fokidis' Firmen. Und ich gehe nicht davon aus, dass einer unserer jungen Bewerber Paris Fokidis ermordet haben könnte, weil er kein Stipendium bekommen hat oder weil er nicht ins Studentenheim aufgenommen wurde.«

»Da haben Sie recht, aber ich nehme an, die Stiftung hat sich über Fokidis' Unternehmen finanziert«, halte ich ihm entgegen.

»Da täuschen Sie sich. Die Stiftung finanziert sich über Kapital, das Paris Fokidis aus seinem Privatvermögen eingebracht hat. Seine Firmen haben damit überhaupt nichts zu tun.«

»Wie hat das ganz System funktioniert? Können Sie mir das skizzieren?«

»Alle Entscheidungen werden hier in der Stiftung getroffen. Bei uns sind die Anträge sowohl für die Stipendien als auch für die Plätze im Studentenheim eingegangen. Nach der Bearbeitung haben wir unsere Vorschläge an die beiden Jurys für die Stipendienvergabe und für das Studentenheim weitergeleitet. Dort wurde die endgültige Auswahl getroffen.«

»Wer hat die Jurys zusammengestellt?«, fragt Askalidis.

»Herr Fokidis persönlich.«

»Heißt das, er war selbst Mitglied?«

»Nein, aber er hatte sozusagen ein Vetorecht. Er hatte bei den Juryentscheidungen das letzte Wort, und wenn er anderer Meinung war, ließ er den Fall erneut prüfen.«

»Wer hat die jährlichen Zuwendungen der Stiftung beschlossen?«

»Herr Fokidis. Am Ende des ersten Halbjahres hat er uns die verfügbare Summe mitgeteilt, aufgrund derer wir festlegen konnten, wie viele Stipendien vergeben und wie viele Studierende im nächsten Jahr im Heim aufgenommen würden.«

Paris Fokidis hatte alles perfekt organisiert. Nirgendwo taucht auch nur der geringste Verdacht auf, der uns ein Türchen zum Tatmotiv aufstoßen könnte.

»Wie es aussieht, müssen wir uns langsam unter den Athener Geistesgestörten umschauen«, sage ich zu Askalidis, als wir zum Streifenwagen zurückkehren. »Nur ein psychisch Kranker würde einen solchen Menschen ohne Fehl und Tadel umbringen.«

»Wollen Sie meine Meinung hören?«, fragt er.

»Na klar.«

»Menschen ohne Fehl und Tadel können einfach ihre Schwächen gut verbergen«, bemerkt er.

»Sind Sie jetzt unter die Philosophen gegangen?«, frage ich spöttisch.

»Nein, ich meine ja nur, dass es in Fokidis' Leben irgendwo einen dunklen Punkt geben muss, der uns entgangen ist.«

Askalidis hat vermutlich recht. Wir sind ganz geblendet von Paris Fokidis, dem großartigen Geschäftsmann, und können seine dunklen Seiten gar nicht erkennen.

Im Büro angekommen, überlege ich kurz, auf einen Mokka in die Cafeteria hinunterzufahren, als mir Dermitsakis zuvorkommt. »Hier ist die junge Mitarbeiterin vom Kurierdienst, die den Umschlag mit dem Bekennerschreiben entgegengenommen hat.«

»Wo?«

»Im Verhörraum.«

»Bring sie her, wir unterhalten uns hier mit ihr. Das ist entspannter.«

Die junge Frau, die kurz danach in mein Büro tritt, dürfte nicht älter als Mitte zwanzig sein. Sie stellt sich mir als Nelly Kalojirou vor.

»Wann wurde der Umschlag für den Fernsehsender bei Ihnen abgegeben?«

»Das muss gegen zwei Uhr mittags gewesen sein«, antwortet sie nach kurzem Nachdenken. »Ich weiß das noch, weil ich mir gegen zwei immer eine Tyropitta zum Mittagessen hole. Um diese Zeit ist die Frau mit dem Umschlag hereingekommen, und ich bin geblieben, um sie zu bedienen.«

»Wissen Sie vielleicht noch, was sie zu Ihnen gesagt hat?«, fragt Dermitsakis.

»Ja, dass der Brief dem Sender sofort zugestellt werden soll, da er ein Exposé für eine Fernsehsendung enthält. Sie fragte mich sogar, wie lange die Zustellung genau dauert.«

»Können Sie mir die Frau beschreiben?«

Sie denkt nach, um möglichst exakt zu sein. »Sie muss

Mitte vierzig gewesen sein, dunkelhaarig, mittelgroß. Sie trug eine Sonnenbrille.«

»Waren die Haare kurz oder lang?«, fragt Dermitsakis.

»Es war eine Pagenkopffrisur«, erwidert sie spontan.

»Was hatte sie an?«, frage ich.

»Eine dunkelgraue Sportjacke und Jeans.«

»Hast du noch eine Frage?«, möchte ich von Dermitsakis wissen.

Er schüttelt den Kopf. Ich danke der Kalojirou und schicke sie zurück an ihre Arbeit.

»Wetten, es war eine Sechzigjährige mit Sonnenbrille und Perücke«, sage ich zu Dermitsakis. »Das waren bestimmt nicht ihre echten Haare!«

Ich rufe Koula und frage sie, ob sie mit dem Absender weitergekommen ist.

»Die Absenderadresse lautet Kilomenous-Straße 22«, antwortet sie. »Ich habe das ganze Internet durchforstet sowie den Stadtplan für Athen, Piräus und die Vororte. Eine Kilomenous-Straße gibt es nirgends.«

»Dieser Fall fällt total aus dem Rahmen«, sage ich. »In allen Punkten, vom Bekennerbrief bis hin zur Übergabe an den Sender. Es gibt nichts Schlimmeres als ein Verbrechen, das sich überhaupt nicht mit früheren Fällen vergleichen lässt. Wir sitzen also ganz schön in der Tinte!«

Als Koula und Dermitakis in ihr Büro gehen, werfe ich einen Blick auf meine Uhr. Es ist gleich sechs. Ich beschließe, Schluss zu machen und meinen Enkel zu besuchen. Heute Abend lasse ich mich durch nichts davon abhalten.

8

Er liegt an der Mutterbrust und hält die Augen genüsslich geschlossen. Mit glückseligem Lächeln beobachten Adriani und Fanis ihn von ihren Plätzen aus.

Am Fußende des Bettes stehen Prodromos und Sevasti, Fanis' Eltern, die für den Enkel aus Volos angereist sind.

»Auf Holz klopfen! Er ist gut bei Appetit!«, lautet Sevastis befriedigter Kommentar.

»Er ist so still und genügsam wie Sissis«, meint Fanis. »Kaum legt er die Lippen an die Brust, ist er zufrieden. Kein Weinen, kein Geschrei!«

»Schauen wir mal, wie ruhig er ist, wenn wir wieder zu Hause sind«, hält Katerina ihm entgegen. »An deiner Stelle wäre ich nicht so optimistisch. Ich glaube, dass wir uns seinetwegen noch die Nächte um die Ohren hauen.«

Lambros scheint satt zu sein, denn er wendet sich von der Brust ab.

»Komm, nimm du ihn ein bisschen. Du hast ihn als Einziger noch nicht im Arm gehalten«, sagt Katerina und gibt mir das Baby.

»Und die anderen Großeltern?«, frage ich in der Hoffnung, dass sie den Vorzug bekommen.

Doch Sevasti antwortet: »Da irrst du dich, wir haben ihn schon gehätschelt, als er hereingebracht wurde.«

Ich nehme ihn mit einem fast ehrfürchtigen Zittern entgegen. Zum Glück ist er ruhig. Er hat die Augen zu und ist kurz vor dem Einschlafen. Das entspannt mich, und meine Angst verfliegt, während ich ihn aus der Nähe betrachte. Er hat rosige Pausbäckchen. Sein Näschen ist so winzig, dass es zwischen den wohlgenährten Wangen fast verschwindet. Es ist das erste Mal, dass ich mir ein so genaues Bild von meinem Enkel machen kann. Zufrieden reiche ich ihn der Mutter zurück.

»Na, hast du ihn ausführlich studiert?«, fragt Katerina lachend.

»Ja, er ist bildhübsch«, antworte ich.

»Das zieht mir doch die Schuhe aus!«, bricht es aus Adriani heraus.

»Wie bitte?«, fragt Sevasti, während die anderen Adriani irritiert anstarren, ohne zu begreifen, worauf sie hinauswill.

»Na, für einmal bin ich mit meinem Mann einer Meinung!« Alle müssen laut lachen.

»Wie wahr! Der neue Erdenbürger verbindet alle Gegensätze«, bemerkt Sevasti. Na toll, sage ich mir, jetzt hat Adriani beim Sprücheklopfen auch noch eine Verbündete gefunden.

»Onkel Lambros' Vorschlag hat uns aus der Verlegenheit geholfen«, meint Katerina.

»Was für ein Vorschlag?«, will Prodromos wissen.

»Sissis besorgt uns eine Kinderfrau aus dem Obdachlosenheim, die sich um Lambros kümmert, wenn Katerina wieder arbeiten geht«, erläutert Fanis.

»Eine gute Idee!«, reagiert Sevasti begeistert.

»Und wenn er ein bisschen größer ist, können wir ihn

ins Obdachlosenheim bringen, und die Bewohnerinnen kümmern sich dort um ihn«, fügt Fanis hinzu.

»Anfangs war ich ja einverstanden, aber jetzt begeistert mich der Gedanke nicht mehr so«, sagt Adriani.

»Warum denn?«, will ich wissen.

»Weil sie ihn nach Strich und Faden verwöhnen werden«, erläutert sie, und damit hat sie natürlich recht.

In diesem Moment kommt die Säuglingsschwester herein, um Lambros zu holen und ins Bettchen zu bringen.

»Leistest du mir Gesellschaft, wenn ich kurz eine rauchen gehe?«, wendet sich Prodromos an mich.

Als wir auf den Platz vor der Geburtsklinik treten und er sich eine Zigarette anzündet, wird mir schnell klar, dass es ihm nicht bloß um meine Gesellschaft geht.

»Wie seid ihr daraufgekommen, den Enkel Lambros zu nennen?«, fragt er.

»Wir sind nicht daraufgekommen. Seine Eltern haben es so entschieden«, antworte ich.

»Und ihr habt nichts dazu gesagt?«

»Was hätten wir sagen sollen? Nennt ihn doch Prodromos oder Konstantinos?«

»Genau! Ich verstehe nicht, warum man ihn nach einem Außenstehenden benennt, wenn es doch die Großväter gibt. Gut, der Außenstehende ist zweifellos ein Freund der Familie«, fügt er hinzu, um seinen Ausbruch etwas abzumildern. »Aber ein Fremder ist er doch.«

»Hast du mit deinem Sohn und meiner Tochter darüber gesprochen?«

»Nur mit Fanis. Er hat mir gesagt, dass sie den Namen sehr mögen.«

»Na, wenn er ihnen so gut gefällt, dann ist das allein ihre Sache«, sage ich.

Ich merke, dass er genervt ist, da er die Zigarette nur halb aufraucht, den Stummel auf den Boden wirft und sich wortlos auf den Rückweg macht. Sein Verhalten geht mir auf die Nerven – erstens, weil die Namenswahl uns nichts angeht, und zweitens, weil ich seit Jahren daran gewöhnt bin, dass ich die Verhöre führe, und es nicht mag, wenn jemand anderer mich verhört.

Kaum kehren wir ins Zimmer zurück, fällt Adrianis forschender Blick auf mich, aber ich spiele den Ahnungslosen.

Fanis erhebt sich mit einem Blick auf seine Uhr. »Ich muss los«, verkündet er. »Ich hatte Bereitschaftsdienst und bin fix und fertig.«

»Dann brechen wir alle auf«, sagt Adriani und erhebt sich ebenfalls. »Kommst du mit zum Essen?«, fragt sie Fanis.

»Nein, ich habe im Krankenhaus gegessen. Das Einzige, was ich jetzt brauche, ist Schlaf.«

Wir stehen vor Katerinas Bett Schlange, um sie zu umarmen und ihr eine gute Nacht zu wünschen. Dann verlassen wir das Zimmer. Als wir beim Parkplatz anlangen, geht Fanis zu seinem Wagen, während wir und Fanis' Eltern, die bei uns wohnen, in den Seat steigen.

Auf der ganzen Fahrt gibt es nur ein Gesprächsthema: Lambros' Appetit und was für ein Lausbub aus ihm werden wird. Wir sind alle ganz beseelt von seiner grandiosen Zukunft.

Adriani hat im Ofen geschmortes Hähnchen zubereitet

mit Kartoffeln und grünem Salat. Wir essen, ohne viel zu reden, das Gespräch kommt nicht richtig in Schwung, da wir alle erschöpft sind – Fanis' Eltern von der Reise und ich von meinem heutigen Arbeitspensum.

»Hat Prodromos irgendetwas zum Namen des Enkels gesagt, als ihr unten wart?«, fragt Adriani, sobald wir im Bett liegen.

»Ja, er hat sich darüber beschwert, dass sie ihn Lambros taufen, anstatt ihn nach einem seiner beiden Großväter zu nennen.«

»Sevasti hat mir so was angedeutet.«

»Es missfällt ihm wohl, dass der Name nicht aus der Familie stammt.«

»Es ist nicht nur das«, entgegnet sie mir. »Prodromos hat erwartet, dass sie dem Erstgeborenen den Namen des Großvaters väterlicherseits geben.«

»Mach dir nichts draus. Die Kindeseltern haben es so entschieden. Wenn Prodromos und Sevasti etwas dagegen haben, sollen sie es mit Fanis ausdiskutieren. Die Zeiten sind vorbei, da die Familie den Namen des Neugeborenen bestimmt hat.«

»Das stimmt nicht ganz. Wären wir in Epirus geblieben, würden wir wahrscheinlich genauso denken wie sie.«

Wir sind aber nicht in Epirus geblieben, möchte ich noch sagen, doch da hat mich der Schlaf schon übermannt.

9

Ich knabbere an meinem Croissant, dazu trinke ich Kaffee und denke an mein bevorstehendes Treffen mit Koulakos, dem Abteilungsleiter für Wirtschaftskriminalität. Vielleicht hat er etwas über Paris Fokidis' Finanzen herausgefunden. Ich stehe vor der Frage, ob ich zu ihm hochgehen oder ob ich ihn in Gikas' Büro rufen soll. Das Klingeln des Telefons erlöst mich aus dem Dilemma.

»Guten Tag, Herr Kommissar«, höre ich die Stimme des Vizepolizeipräsidenten. »Soeben haben wir einen Anruf der britischen Botschaft erhalten. Fokidis' Exfrau befindet sich in Athen und möchte sich über die Umstände seines Todes und den Fortgang der Ermittlungen informieren. Sie ist gerade unterwegs zu meinem Büro und wird von einem Vertreter der Botschaft begleitet.«

»Verstehe, ich komme sofort zur Berichterstattung vorbei«, antworte ich.

»Gut, bis gleich. Wenn die beiden früher eintreffen, verkürzen wir ihnen die Wartezeit mit einem Kaffee.«

Das Gespräch mit Fokidis' geschiedener Frau stand ohnehin noch aus. Eine gute Gelegenheit, das gleich und noch dazu in Anwesenheit des Vizepolizeipräsidenten abzuhaken.

Ich schiebe das Treffen mit Koulakos auf und informiere

meine Mitarbeiter. Askalidis ersuche ich, uns einen Streifenwagen zu beschaffen. Wenn ich meinen Privatwagen nehme, riskiere ich, im Stau steckenzubleiben. Dabei liegen mir weniger die Briten am Herzen als der Vizepolizeipräsident, den ich nicht in Verlegenheit bringen möchte.

Mit dem Einsatzhorn sind wir in null Komma nichts am Messojion-Boulevard. Vor dem Büro des Polizeipräsidenten lächelt mir der Wachmann verschwörerisch zu.

»Sie werden schon sehnsüchtig erwartet, Herr Kommissar.«

»Da ist er ja, der Herr Kommissar! Ich hoffe, dass die Wartezeit nicht allzu lang war«, meint der Polizeipräsident auf Griechisch zu den Gästen, sobald er mich erblickt.

Der Botschaftsangehörige und Fokidis' Exfrau sitzen vor seinem Schreibtisch. Der Mann, ein Mittdreißiger, ist blond und trägt Anzug und Krawatte. Die Frau, die älter wirkt als er, ist dunkelhaarig und trägt ein blaues Kostüm.

Der Mann erhebt sich zur Begrüßung. »John Hendricks, offizieller Übersetzer der Botschaft des Vereinigten Königreichs, Herr Inspektor.«

Sein Griechisch ist trotz seines britischen Akzents korrekt bis auf die Rangbezeichnung, die bei der griechischen Polizei nicht Inspektor, sondern Kommissar lautet.

Jetzt ist die Frau im blauen Kostüm an der Reihe.

»Darf ich Ihnen Frau Julie Tremaine vorstellen? Sie ist die geschiedene Ehefrau von Paris Fokidis und leitet das Londoner Reisebüro«, sagt der Vizepolizeipräsident.

Die Tremaine erhebt sich und drückt mir die Hand. *»Nice to meet you«,* sagt sie und nimmt wieder Platz.

»Gehen wir doch zum Besprechungstisch hinüber, dort

sitzen wir bequemer«, sagt der Vizepolizeipräsident und steuert darauf zu. Die beiden schließen sich ihm mit einer Tasse Tee in der Hand an. Wir nehmen einander gegenüber Platz, und der Vizepolizeipräsident nickt mir aufmunternd zu.

»Leider kann ich Ihnen nicht viel berichten«, wende ich mich an Hendricks. Ich ziehe es vor, auf Griechisch zu sprechen, damit mir auf Englisch kein peinlicher Ausrutscher passiert. »Das tödliche Bombenattentat könnte sowohl auf einen Terroranschlag als auch auf das organisierte Verbrechen hinweisen. Ab da verkompliziert sich die Sache. Wenn wir von einem organisierten Verbrechen ausgehen, passt das Bekennerschreiben nicht ins Bild. Hinrichtungen im Bereich des organisierten Verbrechens mit Bekennerbrief gibt es nirgendwo auf der Welt. Daher deutet alles auf einen Terroranschlag hin. Terrororganisationen übermitteln jedoch ihre Bekennerschreiben im Normalfall als Computerausdruck. Hier hingegen haben wir es mit einem handschriftlichen Brief zu tun, der noch dazu mit Federkiel, Tinte und in Kalligraphie geschrieben ist. Sie verstehen, dass das alles sehr verwirrend ist, denn nichts von alldem passt mit einer der beiden denkbaren Interpretationen zusammen.«

Ich flechte Pausen in meine Berichterstattung ein, um Hendricks die Gelegenheit zu geben, Fokidis' Exfrau die jeweilige Passage zu übersetzen. Sie hört ihm schweigend zu, ohne ihm ins Wort zu fallen.

Erst als der Übersetzer fertig gedolmetscht hat, äußerst sie ihr ungläubiges Erstaunen. *»It's unbelievable!«*

»Außerdem haben wir bisher kein Tatmotiv finden können«, fahre ich fort. »Weder in seinem beruflichen noch in seinem privaten Leben konnten wir irgendeinen Grund für seine Ermordung ausmachen. Alle Zeugenaussagen stimmen darin überein, dass Paris Fokidis ein erfolgreicher Unternehmer war und noch dazu ein Mensch, der jungen Leuten ein Studium ermöglichte.«

Während Hendricks dolmetscht, nickt die Frau zustimmend.

»So why did they kill him?« Zu Recht fragt auch sie sich, warum er getötet wurde.

»Wenn wir das wüssten, wären wir einen großen Schritt weiter«, sage ich, an sie gewandt. Und dann zum Dolmetscher: »Ich würde von Frau Tremaine gern wissen, ob irgendwann in London etwas vorgefallen ist, das uns ihrer Meinung nach bei den Ermittlungen weiterhelfen könnte.«

Die Tremaine schüttelt verneinend den Kopf und meint, ihr falle nichts ein.

»Dann müssen wir wohl von einem Racheakt ausgehen. Kann uns Frau Tremaine vielleicht sagen, ob es Leute gibt, die sich von Paris Fokidis geschädigt fühlten und ihm etwas antun wollten?«

Während Hendricks dolmetscht, schüttelt die Tremaine heftig den Kopf. *»No, absolutely not«*, antwortet sie.

Da ich auch keine andere Antwort erwartet habe, ist die Befragung beendet. Der Übersetzer und die Tremaine stehen auf und verabschieden sich von uns. Bevor sie gehen, ersuche ich die Tremaine, mir ihre Telefonnummer zu hinterlassen, falls ich in der Folge noch einmal auf sie zurückkommen muss.

Der Übersetzer fragt mich, wann Fokidis' sterbliche

Überreste zur Beisetzung freigegeben werden. Ich erkläre ihm, dass Frau Tremaine morgen von mir informiert wird.

»Das hat uns nicht viel weitergebracht«, lautet der enttäuschte Kommentar des Vizepolizeipräsidenten.

»Nein, aber ich habe auch nicht erwartet, dass die Tremaine Licht ins Dunkel bringt«, entgegne ich ihm. »Sie waren geschieden, die Tremaine lebt in London, also war sie über die Aktivitäten ihres Exmannes in Griechenland nicht informiert.«

»Wie soll man das nur dem Minister klarmachen ...«, meint er zum Abschied.

Kaum betrete ich mein Büro, stürmt Koula herein. »Koulakos von der Wirtschaftskriminalität sucht Sie schon ganz dringend«, berichtet sie mir.

Ich rufe ihn sofort an. »Bei unserer Recherche sind wir auf einige Dinge gestoßen, die euch interessieren könnten«, meint er.

»Passt es dir, wenn wir uns in Gikas' Büro treffen, oder bist du unabkömmlich und ich soll zu dir kommen?« Auch wenn ich gestresst bin, darf ich die Höflichkeit nicht außer Acht lassen.

»Gikas' Büro ist mir lieber, dort sind wir ungestört«, erwidert er.

Wir treffen beide gleichzeitig vor Stellas Schreibtisch ein. Koulakos betritt als Erster Gikas' Büro und nimmt am Konferenztisch Platz, um die Unterlagen auszubreiten, die er mitgebracht hat. Ich sitze ihm – auf glühenden Kohlen – gegenüber.

»Wir haben ausgiebig und in alle möglichen Richtungen ermittelt«, beginnt er. »An allen Ecken und Enden stießen wir immer nur auf einen Geschäftsmann ohne Fehl und Tadel. Fokidis' Firma hat keine Schulden bei den Banken, zahlt pünktlich die Gehälter und schuldet dem Staat keinen Euro Umsatzsteuer.«

»Ich vermute, dann ist sie auch sonst mit den Steuern nicht im Rückstand.«

Koulakos lacht auf. »Nicht so voreilig, das ist nämlich der springende Punkt«, erwidert er.

»Also hat er Steuerschulden?«, hake ich nach.

»Nein, er zahlt gar keine Steuern«, lautet Koulakos' Antwort.

»Er ist von der Steuer befreit?«

Koulakos lacht erneut auf, diesmal wegen meiner Ahnungslosigkeit. »Er bezahlt keine Steuern, weil sein Firmensitz nicht in Griechenland liegt«, erklärt er mir.

»Wo liegt er dann?«, frage ich.

»Das wissen wir noch nicht, wir können nur spekulieren. Da Fokidis ein Reisebüro in London hatte, ist es naheliegend, dass sich auch der Sitz der Hotelkette in Großbritannien befindet.«

Ich verfluche mein Pech, dass ich beim Treffen mit Fokidis' Exfrau diese Information noch nicht hatte. Dann wüsste ich jetzt, wo seine Firmen gemeldet sind. Aber ich habe ja ihre Telefonnummer und kann sie erneut treffen, um die Sache zu klären. Auch Koulakos ist mit diesem Vorgehen einverstanden.

»Es wäre sehr hilfreich, wenn du sie herbestellst und wir sie gemeinsam befragen.«

»Was könnte denn dabei noch herauskommen?«

Er blickt mich an, als hätte er es mit einem Analphabeten

zu tun. »Mein lieber Kostas, wenn wir von Großbritannien reden, dann meinen wir nicht nur die Britischen Inseln, sondern auch andere wie die Kaimaninseln und Paradise Island. Diese Inseln sind nicht nur britisches Staatsgebiet, sondern auch Steuerparadiese.«

»Danke für die Aufklärung«, sage ich – und meine es nicht mal ironisch. »Ich frage beim Vizepolizeipräsidenten an, ob die Vernehmung im Präsidium oder in seinem Büro stattfinden soll, und gebe dir Bescheid.«

Nach der Unterredung kehre ich in mein Büro zurück und melde mich umgehend beim Vizepolizeipräsidenten zur Berichterstattung. Er reagiert genauso wie ich.

»Wenn wir das gewusst hätten, dann hätten wir die Sache gleich hier geklärt!«

»Richtig, aber Koulakos hat mich erst jetzt informiert.«

Er denkt kurz nach, bevor er fortfährt. »Ich halte es für besser, wenn wir sie zur Befragung hierher vorladen. Da auch die britische Botschaft involviert ist, möchte ich jedwelchen Bedenken des Ministers vorbeugen. Ich gebe Ihnen Bescheid, sobald das Treffen feststeht.«

In der Zwischenzeit rufe ich meine Mitarbeiter zur Lagebesprechung zusammen. Sie hören mir kommentarlos zu, und auch am Schluss meines Vortrags herrscht Schweigen.

Als Erster ergreift Dermitsakis das Wort. »Hm … Den Gedanken, dass man ihn umbringt, weil sein Firmensitz im Ausland liegt, finde ich etwas weit hergeholt.«

»Ich auch«, stimmt Askalidis zu.

Dervisoglou reagiert mit Skepsis. »Wenn seine Unternehmen in Großbritannien steuerlich veranlagt werden, dann stimme ich euch zu«, meint er schließlich. »Wenn sie aber in einem Steuerparadies gemeldet sind, dann kann das Mordmotiv sehr wohl dort liegen.«

»Wieso?«, fragt Dermitsakis.

»Weil Offshore-Unternehmen in Steuerparadiesen Geldwäsche betreiben«, antwortet er.

»Sind dir schon viele untergekommen, die Geld waschen, um mittellosen Studierenden eine Ausbildung zu ermöglichen?«, fragt Koula.

»Nein, aber womöglich hat die Fokidis-Stiftung nur als Deckmäntelchen gedient.«

In diesem Moment läutet das Telefon, und der Vizepolizeipräsident ist dran. »Unser Termin ist heute um vierzehn Uhr.«

Ich blicke auf die Uhr, es ist zwölf. Somit bleiben mir noch zwei Stunden.

10

»Neues Spiel, neues Glück« lautet meine Devise, genauso wie im guten, alten Rembetiko-Lied. Zum x-ten Mal absolviere ich dieselbe Strecke, nur diesmal im Streifenwagen und nicht allein, sondern in Koulakos' Begleitung.

»Kannst du mich kurz aufklären?«, fragt er, während wir in den Messojion-Boulevard einbiegen.

»Worüber?«

»Wer stellt die Fragen? Der Vizepolizeipräsident, du oder ich?«

»Ich würde vorschlagen, wir überlassen dem Vizepolizeipräsidenten die Einleitung. Wenn er fertig ist, übernimmst du. Du führst sowieso die Vernehmung. Ich bin nur als Gesamtleiter der Ermittlungen dabei, von Wirtschaftsthemen habe ich keinen blassen Schimmer.«

Koulakos ist sichtlich froh zu wissen, wie die Sache läuft. Als wir beim Ministerium eintreffen, marschieren wir direkt zum Büro des Vizepolizeipräsidenten. Der Beamte im Vorraum blickt mich verwundert an.

»Sie waren doch erst heute Morgen hier, Herr Kommissar.«

»Hätte ich gewusst, dass ich noch mal herkommen muss, wäre ich gleich hiergeblieben«, antworte ich. »Sind die Briten schon da?«

»Noch nicht.«

Umso besser, so haben wir Zeit, den Vizepolizeipräsidenten aus erster Hand zu informieren und einen Aktionsplan zu entwerfen.

Der Vizepolizeipräsident empfängt uns im Stehen, dabei wirft er einen Blick auf seine Uhr. »Sie haben angerufen und Bescheid gegeben, dass sie um halb drei hier sein werden. Also haben wir noch Zeit für ein Vorbereitungsgespräch«, verkündet er uns. Er wartet, bis wir auf den Stühlen vor seinem Schreibtisch Platz genommen haben, und fährt dann fort.

»Der Minister hat uns empfohlen, die Sache diskret und unter Wahrung aller Formalitäten zu behandeln. Er will keine Beschwerden von den britischen Behörden hören.«

»Ich glaube nicht, dass es dazu kommt«, beruhigt ihn Koulakos. »Außerdem handelt es sich um keine richtige Vernehmung, wir brauchen nur eine Auskunft, das ist alles.«

Kaum hat Koulakos zu Ende gesprochen, tritt der Wachmann ein und kündigt die Ankunft der Briten an. Die Tremaine erscheint wieder in Begleitung von Hendricks, dem offiziellen Übersetzer der Botschaft. Der Vizepolizeipräsident begrüßt sie, stellt ihnen Koulakos vor und führt uns zum Konferenztisch.

»Entschuldigen Sie, dass wir Sie zweimal herbitten müssen, aber es haben sich noch ein paar Fragen durch Herrn Koulakos ergeben. Wir tun alles in unserer Macht Stehende, um die Ermittlungen voranzutreiben. Daher hielten wir es für richtig, ein sofortiges Treffen anzuberaumen.«

»Welche Fragen?«, meint Hendricks.

»Im Grunde handelt es sich um eine einzige Frage«, ergreift Koulakos das Wort. »Wir haben im Umfeld von Paris Fokidis' Unternehmen recherchiert, und dabei haben wir festgestellt, dass der Firmensitz seiner Hotelkette nicht in Griechenland liegt.«

Koulakos hält inne und wartet, bis Hendricks gedolmetscht hat. Nachdem ihm die Tremaine bis zum Ende zugehört hat, sagt sie schließlich: *»No, it is not in Greece, it's in the* UK.*«*

»Wo genau?«, hakt Koulakos nach.

Die Tremaine reagiert ungehalten. Sie spricht sehr schnell, und ich habe Schwierigkeiten, ihren britischen Akzent zu verstehen.

»Frau Tremaine will wissen, wieso sie auf diese Frage antworten muss und was sie mit den Ermittlungen zu tun hat. Da der Firmensitz in Großbritannien liegt, betrifft er die britischen Behörden. Die griechischen Behörden haben damit überhaupt nichts zu tun«, dolmetscht Hendricks.

»Wir befassen uns nicht mit der finanziellen Seite des Unternehmens. Wir ermitteln in einem Mordfall. Natürlich können wir diese Frage auch an die britischen Behörden richten«, erläutert ihr Koulakos, »aber wenn wir von Ihnen eine Antwort bekommen, gewinnen wir Zeit und können die Ermittlungen beschleunigen.«

»Erklären Sie bitte Frau Tremaine, dass wir weder das Finanzamt sind noch dem Finanzministerium unterstehen«, sage ich zu Hendricks. »Unser einziges Interesse ist, den Mord an Paris Fokidis aufzuklären. Alle von uns gesammelten Informationen dienen der Aufklärung dieses Verbrechens und nichts anderem.«

Hendricks dolmetscht, was Koulakos und ich erläutert haben. Die Tremaine zögert immer noch, doch schließlich macht sie den Mund auf.

»The head offices of all companies are in the Cayman Islands«, erklärt sie.

»Alle Unternehmen haben ihren Sitz auf den Kaimaninseln«, dolmetscht Hendricks.

Der Vizepolizeipräsident blickt Koulakos an, doch dessen Gesicht bleibt ausdruckslos.

»Das wollten wir wissen. Vielen Dank!«, bemerkt er höflich zu Hendricks.

»Haben Sie noch eine weitere Frage?«, will er von uns wissen.

»Nein, ich nicht«, erklärt Koulakos.

»Ich auch nicht«, antworte ich meinerseits.

»Dann besten Dank für Ihre Hilfe, und ich bitte nochmals um Entschuldigung, dass Sie sich ein zweites Mal herbemühen mussten«, sagt der Vizepolizeipräsident zur Tremaine.

Die Tremaine und Hendricks stehen auf und verabschieden sich. Der Vizepolizeipräsident begleitet sie hinaus.

»Was schließen Sie aus dieser Auskunft?«, fragt er uns, als er wieder an seinen Platz zurückkehrt.

»Darauf kann Kommissar Charitos besser antworten«, spielt mir Koulakos den Ball zu.

»Das Einzige, was ich im Moment dazu sagen kann, ist: Das Image vom makellosen Geschäftsmann und Wohltäter hat einen argen Kratzer bekommen.«

»Warum?«, fragt der Vizepolizeipräsident.

»Weil die Unterstützung mittelloser Studierender es

nicht wettmacht, dass Millionen am Finanzamt vorbeigeschmuggelt werden«, erläutert ihm Koulakos. »Wie viel Geld sich Fokidis mit einem Firmensitz auf den Kaimaninseln erspart hat, werden wir nie erfahren, da er seine Steuern nicht in Griechenland erklärt hat. Aber ich schätze, dass die Summen, die er für die Förderung mittelloser Studierender ausgegeben hat, im Vergleich dazu Peanuts sind.«

»Ja, aber der Finanzminister war doch bei der Lagebesprechung dabei. Er muss doch gewusst haben, dass Fokidis' Unternehmen ihre Steuern nicht in Griechenland abführen?«, wundere ich mich.

Der Vizepolizeipräsident zuckt mit den Schultern. »Gut möglich, dass er es nicht wusste. Es ist ja nicht Aufgabe des Finanzministers, alle Steuererklärungen im Kopf zu haben.« Plötzlich springt er von seinem Sitz hoch. »Wir müssen dem Polizeipräsidenten das Ergebnis des Gesprächs mitteilen. Vielleicht will er unseren Minister sofort in Kenntnis setzen. Warten Sie, womöglich will er das in Ihrer Gegenwart tun.«

Als wir allein zurückbleiben, fragt mich Koulakos: »Jetzt mal unter uns, glaubst du, dass Fokidis' ausländischer Firmensitz irgendetwas mit dem Mord zu tun hat? Ich finde das an den Haaren herbeigezogen.«

»Warum denn?«

»Weißt du, wie viele griechische Firmen ihren Sitz in Bulgarien oder auf Zypern haben? Ist dir diese Tatsache je als Mordmotiv untergekommen?«

»Nein, aber Fokidis ist vielleicht ein ganz anderes Kaliber. Noch wissen wir nicht, wo überall er hinter seiner makellosen Fassade die Finger im Spiel hatte.«

Hier unterbricht uns der Vizepolizeipräsident. »Kommen Sie«, ruft er aufgeregt, »der Minister erwartet uns! Er wünscht Informationen aus erster Hand.«

»Ach, du liebes bisschen!«, flüstert mir Koulakos ins Ohr, während wir dem Vizepolizeipräsidenten folgen.

Mit solchen Kommentaren und mit seinem klaren Verstand wird er mir langsam doch sympathisch.

Der Vizepolizeipräsident marschiert vorneweg und wir hinter ihm her. So treten wir als »Task Force« ins Ministerbüro. Der Minister und der Polizeipräsident haben bereits am Konferenztisch Platz genommen.

»Ich wünsche eine ausführliche Berichterstattung«, sagt der Minister, sobald wir sitzen.

Wieder fällt das Los auf Koulakos, nur hat er nicht viel zu erzählen. Die ausführliche Berichterstattung dauert nicht mal fünf Minuten.

»Haben Sie den Eindruck, dass die beiden verärgert weggegangen sind?«

»Fokidis' Exfrau wirkte nicht sonderlich erfreut, als sie den Firmensitz offenlegen musste«, antwortet der Vizepolizeipräsident. »Aber verärgert, würde ich nicht sagen. Beide haben begriffen, dass wir diese Information auch von den britischen Behörden bekommen hätten. Wir haben ja nicht von ihr verlangt, irgendein Familiengeheimnis zu verraten.«

»Vielleicht gibt es noch etwas anderes, das Fokidis' Exfrau beunruhigt hat«, meint Koulakos.

»Was denn?«, fragt ihn der Polizeipräsident.

»Vielleicht haben wir es hier mit einer Scheinscheidung zu tun, Herr Polizeipräsident. Wären sie noch verheiratet gewesen, wäre die Sache mit dem Steuerparadies sofort aufgeflogen – ganz einfach über die Ehefrau. So aber lag das nicht mehr unbedingt auf der Hand.«

Mir wird immer klarer, dass ich aus dem Fokidis-Mord einiges darüber lernen kann, welche Tricks heutzutage in den Unternehmen angewendet werden.

Nachdem er eine Weile nachgedacht hat, sagt der Minister: »Die Auskunft zu Fokidis' Firmensitz können Sie bei den Ermittlungen verwenden, aber sie darf nicht an die Öffentlichkeit gelangen.«

»Das hängt nicht nur von uns ab, Herr Minister«, hält ihm der Polizeipräsident entgegen.

»Das weiß ich, aber ich fordere Sie auf, Ihre Mitarbeiter darauf hinzuweisen, dass jede Indiskretion streng geahndet wird.«

»Die Ermittlungsarbeit beschränkt sich nicht nur auf die Mordkommission, Herr Minister«, erläutere ich ihm. »Wir arbeiten auch mit Herrn Koulakos' Abteilung für Wirtschaftskriminalität zusammen und darüber hinaus mit der Antiterrorabteilung. Folglich sind die Ermittlungen auf drei Dienststellen verteilt. Damit wird es schwierig, das Durchsickern von Informationen nachzuverfolgen. Und es kommt noch etwas dazu.«

»Und das wäre?«, fragt mich der Minister. Alle Blicke ruhen auf mir.

»Das rundum mustergültige Image von Paris Fokidis hat vielleicht einige Leute davon abgehalten, ihren Mund aufzumachen, weil sie befürchten mussten, dass sie sich damit in die Nesseln setzen. Wenn die Information über den Firmensitz im Steuerparadies an die Öffentlichkeit dringt, könnte das etlichen Personen die Zunge lösen. Das könnte den Ermittlungen auf die Sprünge helfen.«

Die anderen bleiben stumm, während der Minister darüber nachdenkt. »Der Gedankengang leuchtet mir ein«, sagt er kurz darauf. »Warten Sie ab, bis ich mich mit dem Finanzminister kurzgeschlossen habe. Danach gebe ich Ihnen grünes Licht. Bis dahin darf nichts nach außen dringen.«

»Vielen Dank, Herr Minister«, sage ich.

»Es liegt in unser aller Interesse, dass dieser unerfreuliche Fall baldmöglichst aufgeklärt wird«, stellt er fest und erhebt sich, um uns das Ende des Treffens zu signalisieren.

»Ich wundere mich, wie du die alle aushältst«, sagt Koulakos auf der Rückfahrt im Streifenwagen zu mir.

»Sie haben keine Ermittlungserfahrung, deshalb muss man ihnen alles auf dem Silbertablett servieren, damit sie es verstehen«, antworte ich ihm.

»Heute habe ich gemerkt, dass du perfekt qualifiziert bist, Kalif anstelle des Kalifen zu werden«, bemerkt er und lacht aus vollem Hals.

Ich muss irgendwann herauskriegen, wer dieser Kalif ist, von dem er da ständig faselt.

11

Dem ersten Besuch in der neuen Wohnung der Familie mit dem neuen Erdenbürger geht eine kleine Führung voran. Katerina und Fanis sind kurz vor der Geburt hierhergezogen. Das Apartment liegt in der Athanassias-Straße und ist nur ein paar Schritte vom Plastira-Platz entfernt. Eigentlich wollten Katerina und Fanis den Stadtteil Neo Psychiko nicht verlassen. Trotzdem mieteten sie sich schließlich in Pangrati ein. Erstens, weil sie so näher an Katerinas Kanzlei sind und es ihr das Pendeln zwischen Arbeit und Zuhause erleichtert, wenn etwas mit dem Kind sein sollte. Zweitens, weil es dann für Adriani einfacher ist, sich in der nahe gelegenen Wohnung ihrer Tochter um den Enkel zu kümmern.

Das Apartment hat vier Zimmer und liegt im dritten Stock. Ursprünglich hatten sie daran gedacht, eine Drei-Zimmer-Wohnung mit Wohn-, Schlaf- und Kinderzimmer zu mieten. Doch dann erschienen ihnen vier Räume vernünftiger, damit Katerina die Möglichkeit hat, von zu Hause aus zu arbeiten.

Die Zimmer sind geräumig, und die Wohnung hat einen Balkon, auf dem locker ein Tisch mit zwei Klappstühlen sowie Pflanzenkübel Platz finden. Wohn- und Schlafraum haben sich optisch kaum verändert, da das Paar die Möbel aus Neo Psychiko mitgenommen hat. Neu dazugekommen ist die Einrichtung für Katerinas Büro und das Kinderzimmer.

Wir machen kurz Station in Katerinas Arbeitszimmer und heben uns das Kinderzimmer für den Schluss auf, um es gebührend zu bewundern. Es ist der kleinste Raum der Wohnung. In der Ecke steht Lambros' Bettchen, frisch bezogen und mit gerafftem Moskitonetz, von dessen Gestell kleine Spielzeuge baumeln.

»Wann hatte denn Katerina die Zeit, Lambros' Bett so hübsch zu gestalten?«, wundert sich Mania.

»Das war nicht Katerina, sondern ich«, sagt Adriani stolz.

»Wie dumm von mir. Das hätte ich mir denken können, dass so etwas die Oma übernimmt.«

Neben dem Bett steht ein hohes Tischchen, das erfahrungsgemäß zum Wickeln des Kleinen gedacht sein muss. Das weiß ich noch aus Katerinas Kinderzeit, da hatten wir auch so etwas.

An der Wand gegenüber steht ein Schrank mit Lambros' Kindersachen. Fanis öffnet beide Türen.

»Das frisch gemachte Bettchen habt ihr schon gesehen, jetzt dürft ihr noch den Kleiderschrank meines Sohnes bewundern. Auch das ist Frau Adrianis Werk.«

Wir treten alle näher, um einen Blick ins Innere zu werfen, wo es aussieht wie in unserem eigenen Kleiderschrank, nur alles im Miniaturformat. Mania betrachtet die Schubladen, hält bei der dritten inne und inspiziert den Inhalt.

»Von wem ist denn die Retro-Babywäsche?«, fragt sie ganz baff.

Ein kurzer Blick reicht mir aus, um die Herkunft zu klären. Es sind Katerinas Babysachen, die Adriani aus unserer alten Truhe gefischt hat.

»Das sind Katerinas Babysachen«, erläutert ihr Adriani.

Mania wundert sich immer noch. »Und die soll Lambros tragen?«

»Ist doch schön, wenn Lambros die Strampelhosen seiner Mutter anhat, oder?«, fragt Adriani zurück, als sei es das Selbstverständlichste der Welt.

»Aber er ist doch ein Junge.«

Adriani setzt ihre Lehrerinnenmiene auf. »Liebe Mania, bei Babykleidung ist das Geschlecht doch egal. Alle tragen dieselben Sachen.«

»Mädchen und Jungen?«, wundert sich Uli.

»Ja, Uli«, erwidert sie. »War das erste Kind ein Junge, haben die Eltern früher immer seine Erstausstattung behalten und dem zweiten Kind auch angezogen, auch wenn es ein Mädchen war. Das Geld reichte nicht aus, um die alten Sachen wegzugeben und neue zu kaufen.«

»Also schön, das Problem mit Lambros' Klamotten wäre gelöst. Können wir jetzt essen gehen?«, fragt Fanis.

»Soll das eine Einladung sein, Fanis?«, fragt Mania.

»Klar, wir müssen doch die neue Wohnung feiern!«

Er schlägt uns die Taverne Vyrinis vor, wo er bereits einen Tisch für sechs Personen reserviert hat. Seine Eltern sind wieder nach Volos zurückgekehrt, nachdem sie ihren Enkel kennengelernt haben.

Alle bestellen Gerichte, die auf dem Tagesmenü stehen – Adriani, Mania und Fanis ein Fleischgericht und Uli Sardinen aus dem Ofen, eine seiner Lieblingsspeisen. Der genügsame Sissis beschränkt sich auf frittierte Zucchini mit Tsatziki. Nur ich tanze aus der Reihe. Als ich Hackfleischbouletten vom Grill ordere, wirft mir Adriani einen strafenden Blick zu.

»Dir steht der Sinn auch immer nur nach Kebab und so Zeugs. Wenn man nicht wüsste, wo du herstammst, könnte man dich glatt für einen Syrer oder Libanesen halten …«

Während die anderen loslachen, versuche ich, die Sache wieder geradezubiegen. »Zu Hause gibt es immer Schmorgerichte. Da wollte ich heute mal was anderes essen.«

Sie taxiert mich, als wollte sie sagen: »Ach, hör doch auf!« Aber sie würdigt mich keiner Antwort.

»Mein Vater kann es immer noch nicht fassen, dass Lambros nicht nach ihm benannt ist«, meint Fanis plötzlich.

Betretenes Schweigen macht sich breit. Adriani und ich halten lieber den Mund, weil wir fürchten, wir könnten Lambros den Älteren dadurch kränken. Doch der scheint entschlossen, der Sache auf den Grund zu gehen.

»Haben sie es euch gegenüber auch angesprochen?«, will Sissis von uns wissen.

»Fanis' Mutter hat mich darauf angesprochen, aber vor allem, weil sie sich darüber gewundert hat«, erwidert Adriani bedrückt.

»Und mich Fanis' Vater«, füge ich hinzu. »Er zeigte sich betrübt, dass Lambros nicht seinen Namen bekommt.«

»Solltet ihr dem Kind nicht vielleicht doch den Namen eines der beiden Großväter geben?«, fragt Sissis, der sich sichtlich unwohl fühlt.

»Onkel Lambros, die Zeiten, als wir unsere Kinder nach den nächsten Verwandten benannt haben, sind vorbei«, antwortet ihm Fanis. »Jetzt geben wir ihnen die Namen derer, die wir schätzen und an die wir erinnern wollten. Meine Eltern leben einfach in der Vergangenheit.«

Verzweifelt suche ich nach einem anderen Gesprächsthema, da ich ahne, dass sonst die Stimmung umschlägt. Zum Glück kommt mir eine Idee.

»Kennt vielleicht jemand von euch einen Kalifen, der an die Stelle eines anderen Kalifen treten wollte?«, frage ich in die Runde.

Die Frage kommt so plötzlich, dass sich alle erstaunt anblicken.

»Wie kommst du jetzt darauf?«, fragt Adriani.

»Ein Kollege behauptet mir gegenüber ständig, ich würde Kalif anstelle des Kalifen werden wollen.«

Mania prustet mit einem Mal los. »Meinst du vielleicht den Großwesir Isnogud, der Kalif anstelle des Kalifen werden wollte?«

»Wer war das denn?«, wundere ich mich.

»Ein Comic-Held.«

»Und woher soll ich den bitte kennen? In meiner Jugendzeit in Epirus gab es keine Comics, nur die *Klassischen Bildergeschichten*.«

»Du hast die *Klassischen Bildergeschichten* gelesen?«, wundert sich Fanis.

»Lieber Fanis, meine Patentante war die Tochter eines bekannten Rechtsanwalts. Als ich klein war, suchten sich Staatsdiener jemanden aus dem Umfeld der Königsfamilie oder einen zweitrangigen Politiker als Taufpaten, in der Hoffnung, dass diese dann ihrem Kind zu Weihnachten und zum Geburtstag etwas zum Anziehen oder ein paar

Schuhe kauften. Sie selbst hatten kein Geld dafür. Mein Vater war nur ein einfacher Gendarmerieoffizier, und die einzigen Taufpaten, die er auftreiben konnte, waren ein bekannter Rechtsanwalt und dessen altjüngferliche Tochter. Diese wollte für meine Bildung sorgen, deshalb hat sie mir erst den *Dimitrakos* geschenkt, den ich bis heute zu Rate ziehe, und danach die *Klassischen Bildergeschichten*.«

»Und wo sind die abgeblieben? Sie sind mir nie untergekommen. Hast du sie weggeworfen?«, wundert sich Adriani.

»Ich nicht, aber mein Vater.«

»Wieso denn?«, wundert sich Mania.

»Weil er sie für kommunistische Propaganda hielt. Zum Trost hat er mir jede Woche das neue *Mickymaus*-Heft gekauft.«

Fanis hat es die Sprache verschlagen. »Was, er hat die *Klassischen Bildergeschichten* entsorgt, um dir stattdessen *Mickymaus* zu kaufen?«

»Ja, weil *Mickymaus* aus Amerika kam und daher kein Kommunist sein konnte.«

»Waren die *Klassischen Bildergeschichten* wirklich kommunistische Propaganda?«, wundert sich Uli.

»So etwas wäre nicht einmal meinem Vater, dem Juntageneral, in den Sinn gekommen!«, bemerkt Mania.

Alle lachen auf, und Adriani bekreuzigt sich nach alter Gewohnheit, wie um zu sagen: »Meine Güte!« Der Einzige, der ernst bleibt, ist Sissis.

»Erst die Bekanntschaft mit dir hat mir klargemacht, dass wir gar nicht so weit auseinanderliegen, Kommissar«, meint er zu mir.

Jetzt verschlägt es zur Abwechslung mal mir die Sprache. »Was meinst du denn damit?«, frage ich.

»Dein Vater hat die *Klassischen Bildergeschichten* auf den Müll geworfen, weil er sie für kommunistisch hielt. Wir haben die *Klassischen Bildergeschichten* aus dem Haus verbannt, weil sie für uns kapitalistische Schmierblätter waren, durch die Kinder daran gehindert werden, ›richtige‹ Texte zu lesen, vom Elend der Menschen zu erfahren und zu begreifen, warum wir für die Revolution eintreten sollten.«

»Na, zum Glück sind die *Klassischen Bildergeschichten* nicht mehr im Umlauf, damit ersparen wir uns beim kleinen Lambros ein solches Dilemma«, kommentiert Fanis.

Ich weiß nicht, ob ihm noch jemand zugehört hat, denn das Essen kommt, und alle stürzen sich darauf.

12

Bevor ich meine Mitarbeiter auf den neuesten Stand bringe, nehme ich mir das Recht, in Ruhe Mokka und Croissant zu genießen. Seit uns der Mordfall Fokidis auf der Seele liegt, habe ich mir das nicht mehr gegönnt.

Eigentlich ist es nur der verzweifelte Versuch, Abstand zu gewinnen. Ich denke über nichts anderes mehr nach als über die Ermittlungen und kann es kaum erwarten, dass sich der Polizeipräsident meldet und mir die Entscheidung des Ministers mitteilt, so dass ich meinen nächsten Schritt planen kann.

Als ich mit dem Frühstück fertig bin, rufe ich meine Mitarbeiter zu einem außerordentlichen Meeting zusammen. Dermitsakis stößt einen leisen Pfiff aus, sobald er die Neuigkeit von Fokidis' Firmensitz hört.

»Für mittellose Jugendliche ein Wohltäter und für den Staat ein Raubritter«, lautet sein treffender Kommentar. »Man kann sich also doch zwei Wassermelonen unter einen Arm klemmen!«

»Nikos, du findest immer den passenden Vergleich!«, bemerkt Koula mit einem Auflachen.

Doch die Heiterkeit verfliegt schnell, als meine Mitarbeiter erfahren, dass unser Minister die Information unter Verschluss halten möchte.

»Das heißt, wir dürfen sie nicht benutzen?«, will Askalidis von mir wissen.

»Wir dürfen sie vorerst nicht bekanntgeben. Dabei könnte sie uns eigentlich ein Türchen öffnen. Er will sich aber erst festlegen, wenn er die Frage mit dem Finanzminister geklärt hat.«

Genau in diesem Moment ruft mich der Vizepolizeipräsident an. »Man schiebt die Verantwortung hin und her«, meint er.

»Das heißt?«

»Der Finanzminister hat zwar nichts dagegen, dass die Nachricht verbreitet wird, nur soll sie nicht aus seinem Ministerium kommen. Unser Minister wiederum will nicht, dass wir sie in Umlauf bringen. Wie Sie sehen, kommen wir nicht vom Fleck.«

»Geben Sie mir fünf Minuten«, sage ich, und damit beenden wir vorerst das Gespräch.

Dann erzähle ich die Sache meinen Assistenten. Nach kurzem angespanntem Schweigen meldet sich Dervisoglou zu Wort.

»Ich glaube, die Lösung ist einfach, Herr Kommissar.«

»Und zwar?«

»Sie lassen die Nachricht bei Ihrem nächsten Pressetermin so einfließen, als würde es sich einfach um den nächsten Ermittlungsschritt handeln. Da die Reporter ohnehin jeden zweiten Tag antanzen, ist es absehbar, dass die Sache schon bald an die Öffentlichkeit gelangt.«

»Glückwunsch, ein sehr guter Gedanke!«, sage ich.

Ich scheuche meine Mitarbeiter hinaus, damit ich den Vizepolizeipräsidenten zurückrufen kann. Ich lege ihm

Dervisoglous Idee dar und füge hinzu, dass ich sie für gut und ungefährlich halte.

»Gut, aber die Entscheidung liegt nicht bei mir. Ich leite alles an den Minister weiter und halte Sie auf dem Laufenden«, meint er.

Kaum habe ich den Hörer aufgelegt, kommt mir eine andere Frage in den Sinn. Sollten wir nicht Fokidis' Geschäftskonten prüfen und die Kontobewegungen anschauen? Vielleicht ergibt sich daraus ein Fingerzeig.

Dafür ist Koulakos der richtige Mann. »Hättest du Zeit, über eine Idee zu sprechen, dir mir gerade gekommen ist?«, frage ich telefonisch bei ihm an. »Ich will aber nicht den Kalifen anstelle des Kalifen spielen. Ich bin ja nicht mal Großwesir«, füge ich hinzu, um ihm zu signalisieren, dass ich verstanden habe, woher sein Spruch stammt. »Ich komme in dein Büro.«

»Dann geb ich einen Kaffee aus!«, erwidert er vergnügt.

Als ich in die vierte Etage hochkomme, ist er noch mit einem Mitarbeiter beschäftigt. »Stratos, lass uns jetzt bitte allein. Der Kommissar und ich versuchen gerade ein Kreuzworträtsel zu lösen, bei dem wir nicht vorankommen«, meint er zu ihm und ergänzt dann: »Und bestell dem Kommissar einen Mokka.«

Ich lege ihm meinen Gedanken dar. Er hört mir zu, ohne mich zu unterbrechen, und wiegt zum Schluss resigniert den Kopf.

»Jeder, der sein Geld in Steuerparadiesen parkt, schafft ein Labyrinth an Rechnungen, damit die Finanzprüfer die Geldflüsse nur schwer nachverfolgen und nicht nachweisen können, auf welchen Wegen die Gewinne wo genau landen.

Wir untersuchen das gern, aber du darfst dir keine Wunder erwarten.«

»Gilt das auch für Zahlungseingänge auf dem Konto der Fokidis-Stiftung?«, frage ich, während ich einen Schluck von meinem inzwischen eingetroffenen Mokka nehme. »Vielleicht finden wir dort leichter einen Anhaltspunkt.«

Seine Miene hellt sich auf, sobald er meinen Vorschlag hört. »Das ist eine prima Idee! Es ist bestimmt interessant zu sehen, wie und über welche weiteren Konten die Stiftung finanziert wird. Für die Kontenprüfung muss ich aber die Zustimmung der Staatsanwaltschaft einholen. Hoffentlich blockt man hier nicht ab, nur weil man verhindern will, dass öffentlich Schmutzwäsche gewaschen wird.«

Er hält inne, blickt mich an und lacht auf. »Bravo, Charitos! Bald bist du Draghi anstelle von Draghi!«

Das lasse ich so stehen, schließlich gibt es nichts Langweiligeres als Menschen, die auf solche Sprüche etwas antworten. Ich trinke den Kaffee aus und verabschiede mich.

Zurück an meinem Schreibtisch, schwirren mir zwei Fragen im Kopf herum. Erstens, ob der Minister wohl auf meinen Vorschlag eingeht. Und zweitens, wie ich die Verbreitung der Information beschleunigen könnte.

Auf meine erste Frage erhalte ich rasch eine Antwort. Der Vizepolizeipräsident gibt Bescheid, dass ich die Sache im Rahmen eines Pressetermins fallenlassen darf.

Damit habe ich jetzt zwar freie Hand, zerbreche mir aber nach wie vor den Kopf über das Wann und Wie. Da ich auf keine Lösung komme, rufe ich meine Mitarbeiter zu mir. Ich bringe sie auf den neusten Stand, was Dervisoglou sichtlich mit Stolz erfüllt, doch auch sie sind ratlos.

»Ein anonymer Hinweis würde das Problem lösen«, meint Askalidis.

»Ja, aber wenn das einer der Reporter erwähnt, ist dem Ministerium klar, dass er von uns stammt«, hält Dermitsakis entgegen.

»Warum laden wir sie nicht selbst zur einem Informationsgespräch ein? Ganz direkt und offiziell?«, beharrt Askalidis.

»Dagegen spricht Nikos' Argument von vorhin. Dann könnte man sagen, dass die Initiative von uns ausging«, antwortet ihm Koula.

Das ist einer der Momente, in denen mir Gikas fehlt. Wäre er noch mein Boss, ich hätte die Journalisten schon längst eingeladen. Er hätte mich deswegen zwar getadelt, mir aber die für solche Fälle nötige Rückendeckung gegeben. Jetzt bin ich jedoch auf mich allein gestellt und muss auf der Hut sein. Koulakos hat vielleicht doch recht, wenn er behauptet, dass ich Kalif anstelle des Kalifen werden möchte.

»Lasst mich die Sache mit dem Vizepolizeipräsidenten klären, dann reden wir weiter«, sage ich, da wir auf keinen grünen Zweig kommen.

Während ich die Nummer wähle, kommt mir eine Idee, die vielleicht aus der Sackgasse führt.

»Wir sitzen fest, Herr Vizepolizeipräsident«, sage ich, sobald ich ihn in der Leitung habe. »Wenn wir warten, bis die Reporter von allein auftauchen, kann das noch Tage dauern. Dadurch verzögern sich die Ermittlungen erheblich.«

»Ich verstehe. Aber mir schwant, dass Sie mir gleich

sagen, wie man sonst vorgehen könnte«, erwidert er amüsiert.

Nachdem ich ihm meinen Gedanken erläutert habe, denkt er kurz nach. »Die Idee gefällt mir«, sagt er schließlich. »Machen Sie es so, wie Sie sagen, und ich erkläre dem Polizeipräsidenten, dass wir keine andere Wahl haben, wenn die Ermittlungen vorankommen sollen.«

Nach dem Ende des Gesprächs rufe ich Koula zu mir. »Suchen Sie mir doch bitte Merikas' Telefonnummer heraus. Dann rufen wir ihn gemeinsam von meinem Apparat aus an«, sage ich zu ihr.

Sie blickt mich verwundert an, hält sich aber mit Kommentaren zurück. Kurz darauf kehrt sie zurück und tippt Merikas' Nummer ein.

»Ich habe schon länger nichts mehr von Ihnen und Ihren Kollegen gehört, Herr Merikas«, sage ich, sobald ich ihn am Apparat habe. »Haben die Medien das Interesse an dem Fall verloren?«

Zunächst folgt Stille, dann die ratlose Antwort: »Unseres Wissens gibt es keine neuen Erkenntnisse, Herr Kommissar. Die Polizei scheint ja noch im Dunkeln zu tappen.«

»Wenn Ihr Vorgänger Sie hören könnte, hätten Sie schon eine Gardinenpredigt weg.«

»Welcher Vorgänger?«, wundert er sich.

»Der selige Sotiropoulos. Er war immer der Meinung, dass man die Polizei nur oft genug piesacken muss, um etwas herauszukriegen. Zum Glück ersparen Sie und Ihre Kollegen mir diesen Druck.«

Seine Reaktion kommt etwas zeitverzögert. »Sie raten mir also, zu Ihnen zu kommen?«, fragt er unsicher.

»Private Presseerklärungen gebe ich keine ab, das würde nur die Konkurrenz verärgern und zu Spekulationen über Sympathien und Antipathien führen, Herr Merikas«, sage ich schnell noch, bevor ich das Gespräch beende.

»Meinen Sie, er hat angebissen?«, fragt Koula, die das Gespräch mit angehört hat.

»Hoffentlich hat er begriffen, dass er seine Kollegen benachrichtigen soll. Wenn er allein kommt, hat niemand was davon.«

Erneut rufe ich meinen Stab zusammen. Der vordringliche Grund dafür ist weniger, einen Aktionsplan zu entwerfen, als meine nervöse Unruhe zu bekämpfen.

»Ein guter Köder, Herr Kommissar«, sagt Dermitsakis.

»Nicht immer reicht ein guter Köder, um die Fische anzulocken«, halte ich ihm entgegen, während ich wieder an Gikas denken muss, der jetzt vielleicht gerade auf Euböa am Fischen ist.

»Glauben Sie, dass sie kommen?«, fragt mich Askalidis.

»Ich habe gar keinen Zweifel«, antwortet ihm Koula an meiner Stelle.

»Warum nicht?«, will Dervisoglou wissen.

»Weil die Alarmglocke losgegangen ist … Merikas kapiert bestimmt, dass er sich bei den Kollegen unbeliebt macht, wenn er sich das Vorrecht auf die Berichterstattung sichert. Daher wird er ihnen Bescheid geben und gemeinsam mit ihnen herkommen.«

Da fällt mir ein, dass ich noch einmal mit Koulakos sprechen muss. Wenn finanztechnische Fragen auftauchen, kann er sie am besten beantworten. Ich habe davon ja keinen blassen Schimmer.

Nachdem ich meine Leute an ihre Arbeitsplätze zurückbeordert habe, rufe ich Koulakos an, um ihn darauf vorzubereiten, was ihm demnächst bevorsteht.

»In Ordnung, ich stehe bereit. Gib Bescheid, sobald sie da sind.«

Auf dem Korridor ist exakt eine Stunde später der übliche Krawall zu hören. Als ich meine Bürotür öffne, schlägt mir lautes Stimmengewirr entgegen. Doch wie üblich erstirbt es, sobald sie mir gegenüberstehen.

»Kommen Sie in mein Büro, dann können wir in Ruhe reden«, sage ich. Ich möchte vermeiden, dass irgendein Kollege auf dem Korridor meine Erklärungen mit anhört.

Zunächst stehen alle stumm da und halten sich mit Fragen zurück, bis ich selbst das Wort ergreife.

»Die Polizei möchte die Medien in einem so schwerwiegenden Fall regelmäßig auf dem Laufenden halten, selbst wenn es keine spektakulären Erkenntnisse gibt«, sage ich einleitend.

»Sie haben uns herzitiert, um uns nichts Neues zu sagen?«, fragt mich der junge Mann im T-Shirt.

»Kannst du den Kommissar bitte ausreden lassen?«, kanzelt ihn Merikas streng ab.

Der andere wirft ihm einen schrägen Blick zu, hält aber den Mund.

»Die Ermittlungen laufen noch, und wie immer in solchen Fällen tröpfeln die Informationen nur langsam herein«, erläutere ich. »Die einzige neue Erkenntnis ist, dass Paris Fokidis' Hotelkette ihren Firmensitz nicht in Griechenland hatte.«

Schweigen macht sich breit, und die Reporter blicken

sich an. Wie zu erwarten, weckt diese Mitteilung ihre Neugier.

»Und wo liegt der Firmensitz tatsächlich?«, fragt mich Merikas.

»In Großbritannien«, antworte ich vage.

»Und wo in Großbritannien?«, beharrt Merikas.

»Dafür hole ich besser meinen Kollegen Ilias Koulakos von der Abteilung für Wirtschaftskriminalität. Er kann Ihnen das genauer auseinandersetzen«, sage ich zu ihnen.

»Wenn das nicht nach einem Offshore-Unternehmen riecht …«, denkt die Stergiou laut.

»Das lassen Sie sich lieber von Herrn Koulakos erläutern«, erwidere ich, während ich nach dem Hörer greife, um ihn anzurufen.

Koulakos lässt nicht lange auf sich warten und zeichnet ein allgemeines Bild ohne konkrete Hintergründe. Fokidis' Exfrau erwähnt er mit keiner Silbe.

»Wie haben Sie das Konstrukt mit Paris Fokidis' Offshore-Unternehmen entdeckt?«, fragt ihn die Kurze mit den rosa Strümpfen.

»Die Quellen darf ich Ihnen bei Finanzermittlungen nicht nennen, da sie der Schweigepflicht unterliegen«, hält ihr Koulakos entgegen.

»Glauben Sie, dass die neuen Hinweise die Ermittlungen voranbringen?«, fragt mich die Stergiou.

»Mit Sicherheit eröffnen sie uns ein neues Feld, das wir beackern können. Es ist aber noch zu früh, um Auswirkungen auf die Ermittlungen abzusehen.«

Sie wechseln Blicke, äußern aber keine weitere Frage. Augenscheinlich wollen sie so schnell wie möglich auf ihre

Posten zurück, um die Meldung in Presse, Funk und Fernsehen herauszuposaunen.

»Glückwunsch, Ilias«, sage ich zu Koulakos. »Du hast ihnen alles gesagt, ohne irgendeinen Informanten zu nennen, auch nicht Frau Tremaine. Weder unser Minister noch der Finanzminister wird daran etwas auszusetzen haben.«

»Was hast du dir von der Pressekonferenz erwartet?«

»Schalte heute die Abendnachrichten ein, dann weißt du es.«

»Kannst du es mir bitte einfach erklären?«

»Wenn sie die Meldung bringen und mit Interpretationen und Diskussionen garnieren, kommen wir damit womöglich einen wichtigen Schritt weiter. Wenn sie es nur unter ferner liefen abhandeln, dann haben wir Pech gehabt.«

Nach Koulakos' Abgang rufe ich den Vizepolizeipräsidenten an, um ihm das Gespräch mit den Reportern wiederzugeben.

»Somit ist alles nach Plan verlaufen«, schließt er daraus.

»Ja, aber jetzt müssen wir sehen, ob der Trick auch funktioniert.«

Nach dem Telefonat begebe ich mich schnurstracks zur Cafeteria hinunter. Ich brauche dringend noch einen Mokka.

13

Es kommt nicht oft vor, dass ich unsere Wohnung beim Nachhausekommen stockdunkel vorfinde. Adriani ist um diese Tageszeit fast nie auswärts unterwegs. Normalerweise würde ich mir Sorgen machen, aber die Existenz des kleinen Lambros wirkt ungeheuer beruhigend auf mich. Adriani ist ganz bestimmt bei unserem Enkel.

Ich mache das Licht an und gehe gleich zum Fernseher. Die Nachrichtensendung beginn erst in zehn Minuten. Gleichgültig verfolge ich die letzten Szenen eines Dokumentarfilms, dann verfluche ich den nicht enden wollenden Werbeblock und werde zum Schluss doch für meine Geduld belohnt.

Die von Koulakos und mir lancierten Informationen bilden den Aufmacher. Anlass ist natürlich die mögliche Aufdeckung eines Skandals, was die Quote in die Höhe treibt und Werbeeinnahmen in die Kassen spült. Doch all das kann mir egal sein, Hauptsache, wir haben unser Ziel erreicht.

Die Moderatorin liest die Nachrichten ab und wendet sich dann an den jungen Reporter im T-Shirt, mit der Bitte, seine unverzichtbare Einschätzung zum Besten zu geben, die kaum über das Naheliegende hinausgehen wird. Heute trägt er ausnahmsweise ein Sakko über dem T-Shirt und präsentiert sich den Zuschauern wie aus dem Ei gepellt.

»Wie interpretieren Sie diese Wendung im Fall Fokidis, Fedon?«, fragt die Moderatorin. »Glauben Sie, dass wir in den nächsten Tagen mit neuen Enthüllungen rechnen müssen?«

»Fangen wir mit den offensichtlichen Tatsachen an, Mona. Zunächst einmal bricht der Mythos des erfolgreichen Geschäftsmannes und Philanthropen Paris Fokidis wie ein Kartenhaus in sich zusammen. Man kann nicht den Firmensitz im Steuerparadies haben, Millionen an Steuern sparen und den Leuten mit Stipendien und Studentenwohnheimen Sand in die Augen streuen. Die Summen, die Fokidis für die Ausbildung mittelloser Studierender ausgab, waren Kleinkram im Vergleich zu seiner Steuerersparnis. Doch der Fall hat noch eine andere Dimension, die für die Polizei möglicherweise wesentlich wichtiger ist.«

»Und die wäre?«, fragt die Moderatorin.

»Offshore-Unternehmen und Firmen, die in Steuerparadiesen gemeldet sind, haben manchmal verborgene Seiten, die mit dunklen Machenschaften oder sogar mit dem organisierten Verbrechen zu tun haben. Das wird jetzt, so vermute ich, Gegenstand der polizeilichen Untersuchungen sein.«

Na gut, auf jeden Einzelfall kann man eine allgemeine Theorie anwenden, aber ich frage mich, welche verborgenen Seiten eine Hotelkette und ein Reisebüro haben könnten. Andererseits bin ich bei Finanz- und Wirtschaftsthemen völlig unbeleckt. Selbst Adriani kennt sich da besser aus als ich. Die Vernunft gebietet, mich nicht nur mit Koulakos von der Wirtschaftskriminalität, sondern auch mit Karabetsos von der Terrorismusbekämpfung zu beraten.

Als die Nachrichtensendung zu den News aus der Politik wechselt, lehne ich mich zufrieden zurück: Der von uns geplante Vorstoß ist gelungen und macht vielleicht den einen oder anderen hellhörig.

Dann schalte ich das Fernsehgerät aus. Zum einen lassen mich die endlosen Wiederholungen der politischen Ausweglosigkeit kalt, zum anderen höre ich, dass die Wohnungstür aufgeschlossen wird.

»Du bist schon hier?«, fragt Adriani überrascht, als sie ins Wohnzimmer tritt.

»Ja, ich war rechtzeitig zu den Nachrichten zu Hause, weil ich hören wollte, was sie über den Fall berichten, mit dem wir uns gerade herumschlagen.«

Sie unterzieht mich keiner näheren Befragung, da meine Fälle das Allerletzte sind, was sie interessiert.

Sie lässt sich aufs Sofa fallen und stößt einen langgezogenen Seufzer aus. »Ich bin fix und fertig«, erklärt sie.

»Warum?«, frage ich besorgt.

»Weil Katerina heute mit dem Baby nach Hause durfte. Ich musste ihr beim Organisieren und Einrichten helfen. Ich werde in nächster Zeit jeden Tag dort sein, weil sie es allein nicht schafft.«

»Was ist mit der Kinderfrau, die Sissis schicken wollte?«

»Er muss erst mal eine vorschlagen. Das kann schon ein paar Tage dauern. Und wenn es dann so weit ist, muss sie sich erst eingewöhnen.«

»Wie reagiert Lambros auf die neue Umgebung?«, frage ich.

Ihre Miene ändert sich schlagartig. »Er ist so ein ausgeglichenes Kind!«, meint sie begeistert. »Als wir ihn in sein Bettchen legten, hat er keinen Mucks von sich gegeben. Nur beim Stillen bekommt er Panik und will seine Mutter gar nicht mehr loslassen. Anscheinend hat er Angst, dass die Milch für ihn nicht reicht!«

Wir lachen beide auf, und Adriani erhebt sich. »Ich mach uns was zu essen, aber es gibt nichts Besonderes, nur Makkaroni und Broccolisalat.«

Ich begleite sie in die Küche, um ihr Gesellschaft zu leisten, und stelle fest, dass sie vor ihrer Rückkehr noch schnell im Supermarkt einkaufen war. »Wie hast du bloß noch Zeit zum Einkaufen gefunden?«, frage ich völlig baff.

»Wann hätte ich es sonst erledigen sollen?«, antwortet sie, während sie Wasser für die Makkaroni aufsetzt. »Morgen komme ich nicht dazu, weil ich früh rausmuss.«

Sie beginnt, die Einkäufe einzusortieren. Die Tatsache, dass ich sie bei solchen Dingen gar nicht unterstützen kann, bringt mich in Verlegenheit. Das liegt nicht nur am aktuellen Fall Paris Fokidis, ich bin einfach absolut unbegabt in Sachen Einkaufen. Sobald ich einen Supermarkt betrete, verlaufe ich mich in seinen labyrinthischen Gängen.

»Hut ab, Adriani!«, sage ich, um ihr Respekt zu zollen.

Sie unterbricht das Einsortieren und blickt mich an. »Eins weiß ich nach so vielen Jahren: Polizisten ziehen keinen Hut, sondern grüßen militärisch«, meint sie und wirkt zufrieden, dass sie mich in die Schranken gewiesen hat.

Sobald sie mit dem Einräumen fertig ist, ruft sie kurz Katerina an. Doch es geht Fanis an den Apparat, von dem sie die allerletzten Neuigkeiten erfährt.

»Leg nicht auf, Kostas will auch mit dir reden«, höre ich sie sagen und gehe ans Telefon.

»Guten Abend, Fanis. Alles in Ordnung?«, frage ich.

»Alles unter Kontrolle. Wir sind gesund und munter im Heimathafen angekommen. Katerina kann nicht ans Telefon, weil sie das Kind gerade wickelt.«

Nachdem wir aufgelegt haben, kehre ich in die Küche zurück. Adriani bereitet die Makkaronisoße zu. Kaum habe ich mich gemütlich zu ihr gesetzt, klingelt mein Handy.

»Sitzen Sie vorm Fernseher, Herr Kommissar?«, höre ich die Stimme des Vizepolizeipräsidenten sagen.

»Nein, ich habe ihn nach der Berichterstattung über Fokidis ausgemacht.«

»Dann schalten Sie ihn wieder an. Es wartet eine Überraschung auf Sie«, sagt er und legt auf.

Ich springe vom Stuhl hoch und hechte ins Wohnzimmer. »Wie von der Tarantel gestochen ...«, höre ich Adrianis Stimme hinter mir, nehme mir aber keine Zeit für Erklärungen.

Sobald der Bildschirm hell wird, sehe ich oben rechts die Aufschrift »Sondersendung«. Darunter steht: »Neues Bekennerschreiben der Mörder von Paris Fokidis«.

Beinah gehen mir die Nerven durch, denn die Moderatorin plauscht immer noch mit Fedon, dabei will ich doch unbedingt erfahren, was im Bekennerbrief steht und wie er zum Sender gelangt ist. Glücklicherweise erläutern die beiden auf dem Bildschirm gerade die zweite Frage.

»Interessant ist, dass der Anruf gleich nach dem Ende der Nachrichtensendung einging«, sagt die Moderatorin.

»Also haben sie die Sendung verfolgt«, lautet der auf der Hand liegende Kommentar von Fedon im T-Shirt.

»Stimmt, aber verwunderlich ist es schon, in wie kurzer

Zeit sie das Bekennerschreiben, übrigens wieder handgeschrieben und in Schönschrift, verfasst haben.«

»Gleich werden wir den Fernsehzuschauern den Wortlaut des Schreibens noch einmal zeigen«, meint Fedon.

»Doch bevor wir das tun, erklären wir erst einmal, wie es beim Sender eingetroffen ist«, schlägt die Moderatorin vor.

»Beim Chefredakteur ist ein anonymer Telefonanruf eingegangen, dass sich in einem Müllcontainer genau gegenüber vom Eingang des Senders in einer Handtasche ein Bekennerschreiben befinden soll«, erklärt Fedon. »Er ist sofort hinuntergelaufen und hat es am angegebenen Ort in einer gebrauchten Damenhandtasche vorgefunden.«

Das Bekennerschreiben läuft ohne weiteren Kommentar über den Bildschirm.

Glückwunsch an die griechische Polizei, die das Motiv hinter Paris Fokidis' Ermordung aufgedeckt hat! Paris Fokidis wurde für seine Heuchelei hingerichtet. Du kannst nicht den Wohltäter mittelloser Studenten spielen und im selben Augenblick dem Staat, in dem deine Firma liegt und in dem du deine Gewinne machst, Millionen an Steuern vorenthalten. Du kannst nicht gleichzeitig Wohltäter und Betrüger sein. Es gibt keine mildtätigen Werke, die du durch Gelder finanzierst, die du der Rentenkasse, dem Gesundheitssystem und den notleidenden Bürgern entziehst.

Tod den Heuchlern
Das Heer der Nationalen Idioten

»Komm, das Essen ist fertig«, höre ich Adrianis Stimme aus der Küche.

Das erneute Klingeln meines Handys hindert mich am Aufstehen.

»Und, was halten Sie davon?«, fragt der Vizepolizeipräsident.

»Dass Terroristen der Polizei gratulieren, habe ich noch nie gesehen«, sage ich. »Ich bin gespannt, was Karabetsos dazu sagt, bin mir aber sicher, dass er das genauso sieht.«

»Ich muss zugeben, dass auch ich sprachlos bin. Immerhin kennen wir jetzt das Motiv der Täter. Ihr Gedankengang hat sich bestätigt. Auffallend ist auch die Schnelligkeit, mit der das Bekennerschreiben verfasst und zugestellt wurde.«

»Das haben sie nicht erst geschrieben, als sie die Nachrichtensendung verfolgt haben«, antworte ich. »Der Text war schon fertig, und sobald sie merkten, dass wir ihr Motiv aufgedeckt haben, haben sie ihn dem Sender zugespielt.«

Es folgt eine Pause. »Zugegeben, daran habe ich nicht gedacht«, meint er und fährt dann fort. »Halten Sie sich morgen für einen Besprechungstermin bereit. Ich habe zwar noch nichts in diese Richtung gehört, aber darum kommen wir nicht herum.«

»Einverstanden, nur würde ich Sie bitten, ihn nicht allzu früh anzusetzen. Davor möchte ich noch mit Karabetsos und Koulakos sprechen, um ihre Meinungen einzuholen.«

»Geht klar, ich halte Sie auf dem Laufenden.«

Dann lege ich auf und gehe in die Küche. Adriani hat das Essen schon serviert und wartet nur noch auf mich.

14

In der Nacht wachte ich immer wieder durch Blitz und Donner auf, und am Morgen goss es in Strömen. Ich verfluche mein Pech, da mir der Besprechungstermin im Ministerium auf dem Messojion-Boulevard ins Haus steht. Und das bedeutet eine Fahrt bei prasselndem Regen durch eine Stadt, deren Kanäle beim kleinsten Nieselschauer überlaufen. Ich kann nur hoffen, dass es weniger stark schüttet, wenn ich mit Koulakos und Karabetsos gesprochen habe.

»Was für ein Malheur!«, regt sich Adriani auf. »Muss uns der Herrgott gerade heute so nassregnen, wo ich in aller Frühe zu unserem Enkel will!«

»Ich fahr dich, aber du musst dich beeilen. Mir steht heute ein harter Tag bevor!«

Sie zieht sich ohne Widerrede an. Für das Einpacken der Einkäufe in der Küche braucht sie allerdings viel länger als fürs Ankleiden.

»Was willst du denn mit dem ganzen Kram?«, frage ich.

Sie hält inne und blickt mich ungläubig an. »Sag mal, bist du schwer von Begriff? Was sollen Katerina und ich denn sonst zu Mittag essen und was Fanis am Abend?« Dann lächelt sie plötzlich. »Keine Sorge, du musst nicht verhungern. Ich habe eine Tupperdose dabei, damit bringe ich heute Abend was mit nach Hause.«

Mein Leidensweg beginnt auf der Merkouri-Straße, wo wir sofort feststecken. Ich weiß nicht, was mehr nervt: der Stau oder das ohrenbetäubende Gehupe.

»Könnt ihr nicht endlich aufhören?«, beschwert sich Adriani empört.

Die Situation bessert sich in der Eratosthenous-Straße, und schließlich gelingt es, in die Athanassias-Straße einzubiegen.

»Kommst du nicht mit hoch, um Lambros zu sehen?«

Sie trifft genau den wunden Punkt, denn vor dem Stau hatte ich noch gehofft, auf einen Sprung beim Enkelkind vorbeisehen zu können. »Ich muss gleich zur Dienststelle und dann zum Ministerium am Messojion-Boulevard«, erkläre ich ihr. »Gib ihm einen Kuss von mir.«

Und tatsächlich: Bis zum Alexandras-Boulevard brauche ich fast eine halbe Stunde. Ich schreibe mein Croissant ab und fahre mit der Mokkatasse in der Hand zu meinem Büro hoch. Dann bitte ich Stella, Koulakos und Karabetsos zu informieren. Schnell werfe ich noch einen Blick ins Büro meiner Mitarbeiter, die vollzählig auf dem Posten sind.

»Fahr du bitte mit Askalidis zum Sender, der das Bekennerschreiben veröffentlicht hat«, sage ich zu Dermitsakis.

»Machen wir, aber im Müllcontainer, in dem es hinterlegt wurde, finden wir bei dem Wetter bestimmt keine Spuren mehr«, erwidert er.

»Egal. Schreiben, Briefumschlag und Handtasche werden im Büro des Chefredakteurs sein. Findet raus, wo genau der Container stand, und sammelt möglichst viele Informationen dazu. Vielleicht gibt es noch andere Hinweise, die in der Nachrichtensendung nicht erwähnt wurden.«

Danach fahre ich mit meinem restlichen Mokka zu Gikas' Büro hoch. Karabetsos ist schon eingetroffen, Koulakos taucht kurz danach ebenfalls mit einer Kaffeetasse in der Hand auf.

»Glückwunsch! Ich hab's schon von Ilias gehört. Der Trick hat funktioniert!«, meint Karabetsos zu mir.

»Ja, aber jetzt müssen wir sehen, wie es weitergehen soll. Deshalb habe ich das Treffen angesetzt.«

Koulakos hebt zu einer Bemerkung an, doch das Klingeln des Telefons unterbricht ihn.

»Der Herr Vizepolizeipräsident möchte Sie sprechen«, höre ich Stellas Stimme.

»Herr Kommissar, wir erwarten Sie zum Besprechungstermin«, meint er, sobald ihn Stella mit mir verbunden hat.

»Gut, aber ich schlage vor, ich bringe die Kommissare Karabetsos und Koulakos mit. Ich glaube, ihre Einschätzung wird uns weiterhelfen.«

»Da spricht nichts dagegen.« Er hängt auf.

»Na, das hast du ja prima eingefädelt, aus der Nummer kommen wir jetzt nicht mehr raus«, sagt Koulakos.

»Ihr seid die Fachleute zum Thema Terrorismus und Finanzen. Deshalb könnt ihr die Sachlage besser darstellen als ich.«

Ich ersuche Stella, einen Streifenwagen zu ordern, und schon fünf Minuten später machen wir uns auf den Weg. Der Regen hat zwar etwas nachgelassen, aber nicht der Stau auf den Straßen. Selbst mit dem Einsatzhorn haben wir es schwer, zum Messojion-Boulevard vorzudringen, alle naselang bleibt der Streifenwagen, umzingelt von anderen Fahrzeugen, stecken.

Ich nutze die hindernisreiche Fahrt, um die Kollegen auf den letzten Stand zu bringen und auf eventuelle Diskussionsthemen vorzubereiten.

Zum Glück hat Stella uns noch mit einem Regenschirm ausgerüstet, sonst wären wir, bis auf die Haut durchnässt, zum Termin eingetroffen. Wir lassen den Schirm im Vorraum zurück und treten ins Büro des Vizepolizeipräsidenten.

»An so einem Tag geht man wohl besser nicht außer Haus«, sagt er zu uns. Er steht auf und geht zum Konferenztisch, an dem wir alle Platz nehmen.

»Also, ich bin nach dem Auftauchen des zweiten Bekennerschreibens auf Ihre jetzige Einschätzung der Lage gespannt. Könnten wir es hier nicht doch mit einem außergewöhnlichen Terrorakt zu tun haben?«

Koulakos und ich blicken Karabetsos an. Wenn das Thema Terrorismus angesprochen wird, sollte er als Spezialist seine Meinung äußern.

»Wenn es ein Terrorakt ist, dann sicherlich ein äußerst außergewöhnlicher, Herr Vizepolizeipräsident«, meint Karabetsos. »Unsere Erklärungsversuche sind bisher nicht überzeugend. Jede neue Aktion der Täter steht im Widerspruch zu allem Vorhergehenden.«

»Können Sie mir das genauer erklären?«

»Fangen wir beim Mord an. Die Hinrichtung mit einer Autobombe lässt auf eine Tat im Bereich des organisierten Verbrechens schließen. Doch der Bekennerbrief entzieht dieser These den Boden. Bis jetzt hat es noch nie eine mafiöse Vereinigung gegeben, die nach einem Mord ein Bekennerschreiben herausgibt.«

»Vielleicht wollten sie uns damit in die Irre führen?«, fragt der Vizepolizeipräsident.

Die Gegenfrage kommt diesmal von Koulakos. »Hätten sie dann einen handgeschriebenen Bekennerbrief in Schönschrift geschickt?«

»Abgesehen von der Kalligraphie gibt es noch ein paar weitere Ungereimtheiten«, erläutert Karabetsos. »Zunächst einmal gibt es keine Terrororganisation, die in ihren Bekennerschreiben nicht den Grund für die Ermordung des Opfers anführt. Im vorliegenden Fall wird das Motiv aber erst in einem zweiten Bekennerschreiben genannt, und auch nur, weil die Polizei selbst daraufgekommen ist. Außerdem sind die Briefe handgeschrieben. Bis jetzt sind mir weder innerhalb noch außerhalb Griechenlands je terroristische Bekennerschreiben in Handschrift untergekommen.«

»Und was schließen Sie daraus?«, fragt ihn der Vizepolizeipräsident.

»Hier wird's kompliziert. Verortet man den Fokidis-Mord im Bereich des organisierten Verbrechens, dann passen die Bekennerbriefe nicht dazu. Die organisierte Kriminalität hat keinerlei Interesse daran, einen begangenen Mord an die große Glocke zu hängen, darüber Erklärungen abzugeben oder einen Dialog mit der Polizei zu beginnen. Terroristische Bekennerschreiben hingegen folgen alle demselben Muster, das sich um zwei Dinge dreht: um das Tatmotiv und um die ideologische Positionierung der Täter. In Fokidis' Fall bleibt im ersten Bekennerschreiben das Motiv ungenannt und im zweiten wird die Interpretation der Polizei bestätigt, während überhaupt keine ideologische Fundierung der Tat erfolgt. Wir sind uns vermutlich alle darüber einig, dass die Aussage ›Tod den Heuchlern!‹ kein ideologisches Statement darstellt.«

Er verstummt in Erwartung einer Reaktion, aber seine Analyse ist so logisch, dass sie keine weiteren Fragen aufwirft.

Der Vizepolizeipräsident wendet sich an Koulakos. »Und was ist Ihre Ansicht? Stimmen Sie zu, dass Offshore-Unternehmen und Firmen, die ihren Sitz in Steuerparadiesen haben, zumeist in verdächtige Geschäfte und dunkle Machenschaften mit dem organisierten Verbrechen verstrickt sind?«

»Davon muss man mittlerweile ausgehen, Herr Vizepolizeipräsident«, erwidert Koulakos. »Trotzdem sollten wir vorsichtig sein. Nicht alle Firmen mit Sitz in Steuerparadiesen lassen sich mit der organisierten Kriminalität ein. Ein Offshore-Unternehmen ist nicht notgedrungen der verlängerte Arm irgendeiner Mafia.«

»Glauben Sie, dass es sich lohnt, in diese Richtung zu ermitteln?«

»Wir sollten zunächst in Griechenland Hinweise sammeln. Andernfalls leistet uns keine ausländische Polizei Amtshilfe. Ob sie das tut, hängt wiederum von den konkreten Fakten ab, die wir vorlegen.«

»Wir sind also nicht besonders gut dran«, bemerkt der Vizepolizeipräsident und wendet sich dann an mich: »Ihre Meinung fehlt noch, Herr Kommissar.«

»Ich schließe mich meinen Kollegen insoweit an, dass alle Optionen offen sind. Mit den bislang verfügbaren Fakten können wir keine Denkvariante ausschließen. Fest steht nur, dass der Mörder nicht allein gehandelt hat. Er hatte, wie aus den Ermittlungen am Tatort hervorging, Mittäter. Interessant ist vielleicht, dass die verdächtigen Männer und Frauen alle um die fünfzig sind. Beim derzeitigen Stand der Dinge hängt nun alles davon ab, was als Nächstes passiert.«

»Wie meinen Sie das?«, fragt der Vizepolizeipräsident.

»Falls die Morde weitergehen, dann müssen wir davon ausgehen, dass wir es mit einer – wenn auch untypischen – Terrororganisation zu tun haben. Falls Fokidis das einzige Opfer bleibt, dann handelt es sich entweder um organisierte Kriminalität oder um eine andere Art von Abrechnung. In beiden Fällen wäre dann davon auszugehen, dass die Täter durch die Bekennerbriefe bloß eine Nebelkerze zünden.«

»Das heißt, dass wir abwarten müssen, was sie als Nächstes tun?«

»Nicht unbedingt«, sage ich. »Kommissar Koulakos kann die Zeit nutzen und in Griechenland nach Verbindungen zwischen Fokidis und dem organisierten Verbrechen suchen.«

»Und wir ermitteln in Anarchisten- und Autonomenkreisen und versuchen, dort etwas an Land zu ziehen«, ergänzt Karabetsos.

»Schön, dann sind die folgenden Schritte also klar«, meint der Vizepolizeipräsident und erhebt sich.

Auch wir stehen auf, denn die Besprechung ist offensichtlich zu Ende. Wir sind schon zum Abmarsch bereit, als das Telefon läutet. Der Vizepolizeipräsident schreitet zum Apparat, um den Anruf entgegenzunehmen, und wir warten ab, um uns von ihm zu verabschieden.

Der Vizepolizeipräsident lauscht und unterbricht sein

Schweigen nur kurz mit dem Satz: »Kommissar Charitos ist auch hier.« Er hört noch ein wenig länger zu, legt dann den Hörer auf und wendet sich an uns.

»Herr Charitos, Sie bleiben noch«, verkündet er. »Der Polizeipräsident will sich mit uns treffen.«

Er wartet ab, bis Karabetsos und Koulakos gegangen sind, bevor er mich genauer informiert. »Im Büro des Polizeipräsidenten sitzt der Justiziar der Fokidis-Unternehmen. Ihm wäre lieber, wenn wir dazustoßen.«

Der Justiziar, ein Sechzigjähriger mit Anzug und Krawatte, sitzt dem Polizeipräsidenten gegenüber, der ihn uns als Rechtsanwalt Dionyssis Sofianos vorstellt.

»Nehmen Sie sich bitte einen Stuhl«, sagt der Polizeipräsident.

Wir greifen beide nach den Sitzgelegenheiten vom Konferenztisch und nehmen neben dem Rechtsanwalt Platz.

»Der Herr Justiziar hat ein paar Fragen zu den Meldungen, die gestern Abend gesendet wurden und den Firmensitz der Fokidis-Unternehmen betreffen.«

Nach dieser Einleitung ergreift der Justiziar das Wort. »Tatsächlich wurde in den gestrigen Abendnachrichten der Sitz der Fokidis-Firmen lang und breit thematisiert. Als juristischer Vertreter des Unternehmens, aber auch der Familie Fokidis, habe ich das verbriefte Recht zu erfahren, wie diese Meldung an die Medien gelangt ist.«

Der Polizeipräsident und sein Stellvertreter blicken mich an. Das Los ist eindeutig auf mich gefallen.

»Im Zuge der Ermittlungen haben wir festgestellt, dass der Sitz von Fokidis' Hotelkette nicht in Griechenland liegt. Als wir Fokidis' Exfrau und jetzige Mitarbeiterin trafen, teilte sie uns mit, dass der Sitz aller Unternehmen auf den Kaimaninseln liegt.«

»In der letzten Zeit gibt es eine Menge Wirbel um Offhore-Unternehmen und Firmen, die ihren Sitz in Gegenden haben, wo sie sich Steuervorteile sichern können. Anlass dafür ist pure Skandalmache und nicht, dass sich diese Firmen etwas zu Schulden kommen lassen. Diese Unternehmen funktionieren vollkommen legal. Steuerbefreiung ist gesetzeskonform, Steuerflucht nicht. Der Unterschied liegt darin, dass der Gewinn aus der Steuerflucht in die Tasche des Steuerflüchtlings wandert, während der Gewinn aus der Steuerbefreiung sofort reinvestiert wird. Genau das hat Fokidis mit seinen Firmen getan, und nicht nur das. Über neue Arbeitsplätze hinaus hat er Förderstrukturen für junge Studierende geschaffen. Folglich ist es ungerecht und beleidigend, sein Andenken in den Schmutz zu ziehen, noch dazu nach einem so entsetzlichen Tod.«

»Niemand will Paris Fokidis' Andenken herabwürdigen, Herr Sofianos«, sagt der Polizeipräsident. »Wir sind im Rahmen der Ermittlungen bloß verpflichtet, jede Information zu prüfen und zu sehen, ob sie mit dem Fall in irgendeinem Zusammenhang steht.«

»Das verstehe ich ja«, erwidert der Rechtsanwalt. »Aber ich begreife nicht, wieso Sie diese Information an die Medien durchsickern lassen und worauf Sie damit hinauswollen.«

»Wir haben nichts durchsickern lassen«, ergreife ich das Wort. »Einerseits haben wir schlicht und einfach die Informationspflicht erfüllt, andererseits führen Erkenntnisse, die wir an die Presse weitergeben, sehr oft zu neuen nützlichen Hinweisen. Dazu kommt, dass das zweite Bekennerschreiben Steuervermeidung als Tatmotiv anführt. Daher ist es nur logisch, dass wir in diese Richtung ermitteln.«

»Die Familie Fokidis ist über das Durchsickern dieser Informationen äußerst empört«, erklärt Sofianos, und allen ist klar, wer ihn geschickt hat.

»Unser Ziel ist es, den Mord an Paris Fokidis schnellstmöglich aufzuklären. Darin sind wir uns, vermute ich, alle einig«, meint der Polizeipräsident zu ihm.

»Selbstverständlich«, beeilt sich der Rechtsanwalt beizupflichten.

»Sollte es weitere Daten geben, die von der Familie als sensibel angesehen werden, möchten wir darum bitten, dass sie uns künftig vorsorglich davon in Kenntnis setzt. Dann können wir Stellung nehmen, bis zu welchem Grad wir im Zuge der Polizeiarbeit Verschwiegenheit gewährleisten können«, stellt der Polizeipräsident ihm gegenüber klar.

»Diesen Vorschlag werde ich der Familie unterbreiten«, antwortet der Rechtsanwalt. Er erhebt sich, reicht dem Polizeipräsidenten die Hand und verabschiedet sich von den Übrigen mit einem Kopfnicken.

»Was sollte dieser ganze Auftritt?«, fragt uns der Polizeipräsident, als Sofianos gegangen ist.

»Wohl ein Versuch, uns einzuschüchtern«, erwidert der Vizepolizeipräsident. »Er will, dass wir den Mund halten, wenn uns die Exfrau eine Auskunft erteilt.«

»Herr Polizeipräsident, Sie haben sehr richtig hervorgehoben, dass die Polizei entscheidet, welche Daten der Verschwiegenheit unterliegen und welche nicht«, sage ich.

Der Polizeipräsident lächelt befriedigt und wiegt den Kopf. »Nun, das Leben geht weiter«, bemerkt er. »Fokidis ist zwar tot, aber die Interessen, die hinter seiner Person stehen, sind nach wie vor lebendig.«

Im Sekretariat des Vizepolizeipräsidenten bitte ich um einen Streifenwagen, der mich zur Dienststelle zurückbringt. Denn es gießt wieder in Strömen.

15

Da ich im Streifenwagen chauffiert werde, muss ich nicht selber durch den Regen fahren und habe alle Zeit der Welt, mir den Vorstoß des Justiziars ausführlich durch den Kopf gehen zu lassen. Dabei gelange ich zu zwei unterschiedlichen Erklärungen.

Die erste besagt: Der Rechtsanwalt der Familie handelte in dem Glauben, ihren guten Ruf schützen zu müssen. Als er die Kommentare der Journalisten und den Vorwurf der Heuchelei im zweiten Bekennerschreiben hörte, beschloss er zu intervenieren, um die seiner Meinung nach ehrenrührigen Anwürfe zu unterbinden. Bis hierher klingt alles normal und fällt unter die Pflichten eines Rechtsberaters.

Die zweite Deutung wirft mehr Fragen auf. Es ist durchaus möglich, dass beim Thema Familienfinanzen weitere Schmutzwäsche ans Tageslicht kommt. In diesem Fall versuchte der Anwalt, Ermittlungen zuvorzukommen oder zumindest zu erwirken, auf dem Laufenden gehalten zu werden, um rechtzeitig einschreiten zu können.

Uns interessiert die zweite Erklärung. Ich werde Koulakos ersuchen müssen, die Ermittlungen auf Fokidis' Finanzen auszuweiten. Falls die zweite Erklärung zutrifft, riecht die Sache nach Geldwäsche.

Ich schaue in der Cafeteria vorbei, um mir einen zweiten Kaffee und das Croissant zu holen, auf das ich am Morgen verzichtet habe. Als ich kurz ins Büro meiner Assistenten schaue, stelle ich fest, dass Dermitsakis und Askalidis schon auf mich warten. Ich bitte sie, in zehn Minuten zu mir zu kommen, damit ich zuerst in Ruhe mein Croissant zu mir nehmen kann.

Ich bin gerade beim letzten Bissen, als sie anrücken. Dermitsakis legt eine braune Damenhandtasche auf meinen Schreibtisch. Sie wirkt so abgenutzt, dass sie für ihre Besitzerin kaum noch verwendbar war.

»Hier drin lag das Bekennerschreiben?«, frage ich.

»Richtig. Es ist noch genau so zusammengefaltet, wie es der Chefredakteur vorgefunden hat«, sagt Askalidis.

Mein erster Gedanke ist, die Tasche besser nicht zu öffnen, weil ich sonst Fingerabdrücke vernichte. Aber nachdem sie schon durch so viele Hände gegangen ist, ist es jetzt wahrscheinlich auch egal. Bevor man sie in den Container warf, haben die Täter sie überdies bestimmt abgewischt, um keine Fingerabdrücke zu hinterlassen.

»Holen Sie Koula und Fotis her«, sage ich zu Askalidis.

»Werft mal einen Blick auf die Handtasche und das Bekennerschreiben«, sage ich zur vollzählig versammelten Mannschaft. Sie treten an meinen Schreibtisch heran und mustern sie. »Was für Schlüsse zieht ihr daraus?«

»Das ist die Handtasche einer mindestens fünfzigjährigen Frau«, antwortet Koula spontan.

»Was macht dich da so sicher?«, will Dermitsakis von ihr wissen.

»Die jungen Frauen von heute benutzen entweder Rucksäcke oder Umhängetaschen. Damenhandtaschen mit Tragegriff werden nur noch von älteren Semestern ab fünfzig benutzt.«

»Auch die Frau, die am Tatort in ihr Handy sprach, war um die fünfzig«, bemerkt Dervisoglou.

»Wenn das so weitergeht, würde es mich nicht wundern, wenn der Täter ein Achtzigjähriger mit Kalaschnikoff ist«, scherzt Koula.

»Es kann aber auch sein, dass der Täter sie heimlich seiner Mutter oder Frau geklaut hat«, gibt Askalidis zu bedenken.

»Komm schon, es gibt zig andere Wege, wie man eine alte Damenhandtasche auftreiben kann«, hält ihm Dermitsakis entgegen.

»Ich finde das auch an den Haaren herbeigezogen. Letztlich ist es aber die Aufgabe der Antiterroreinheit, den Fund zu bewerten, und nicht unsere«, beschließe ich die Diskussion.

Kaum sind die anderen gegangen, rufe ich Stella an und ersuche sie, Karabetsos und Koulakos zu einer Besprechung zu rufen. In der Zwischenzeit habe ich meinen Kaffee ausgetrunken. So muss ich wenigstens Tasse und Damenhandtasche nicht gleichzeitig in der Hand balancieren.

Da ich als Erster vor Ort bin, drehe ich Däumchen. Wie üblich taucht zuerst Karabetsos und danach Koulakos auf.

»Wieso hat dich der Vizepolizeipräsident noch dortbehalten?«, fragt mich Karabetsos.

Ausführlich schildere ich ihnen die Begegnung mit dem Anwalt der Familie Fokidis.

»Glaubst du, die Sache stinkt, weil er sich so ins Zeug

legt? Nach Geldwäsche beispielsweise?«, frage ich Koulakos.

Er zuckt mit den Schultern und gibt mir genau dieselbe Antwort, auf die ich schon selbst gekommen bin. »Höchstwahrscheinlich wollte er vorsorglich Erkundigungen einziehen, ob noch weitere Dinge aufgedeckt wurden, damit er sich je nachdem einschalten kann.«

»Hältst du es für sinnvoll, Fokidis' geschäftliche Finanzen genauer unter die Lupe zu nehmen?«

Wieder zuckt er mit den Schultern. »Schon, aber wenn sein Firmensitz auf den Kaimaninseln liegt, befindet sich alles im Ausland. Und dort schweigt man wie ein Grab.«

»Außer, wir nehmen uns seine wohltätigen Aktivitäten vor«, mischt sich Karabetsos ein.

»Was meinst du?«, wundert sich Koulakos.

»Wenn er etwas in Griechenland zu verbergen hat, dann ist es höchstwahrscheinlich entweder im Bereich der Stipendienvergabe oder des Studentenwohnheims gebunkert«, erläutert ihm Karabetsos.

Schlagartig kommt mir die Erleuchtung: Mir fällt ein, dass mir der Direktor der Fokidis-Stiftung erzählt hatte, die Gelder für die Stiftung stammten direkt von Fokidis und liefen nicht über seine Firmen.

Als ich Koulakos darauf hinweise, richtet er sich abrupt auf. »Dann müssen wir in der Tat unbedingt die Finanzen der Fokidis-Stiftung überprüfen«, meint er.

Da wir uns alle einig sind, können wir dieses Thema abhaken. Daher greife ich jetzt nach der Damenhandtasche auf dem Stuhl neben mir und lege sie auf den Tisch.

»Was ist denn das?«, fragen beide wie aus einem Mund.

»Die im Müllcontainer vor dem Fernsehsender hinterlegte Handtasche, in der das Bekennerschreiben war.«

Karabetsos zieht sie zu sich heran, macht sie auf und fischt das Schreiben heraus. Er wirft einen Blick darauf, muss es aber nicht mehr lesen, da es ihm bekannt ist. Dann hebt er die Augen und schaut uns an.

»Ich bin ja wirklich ein Veteran in der Abteilung für Terrorismusbekämpfung, aber einen Bekennerbrief in Schönschrift, der in einer Damenhandtasche hinterlegt wird, sehe ich zum ersten Mal.«

»Daher bin ich auf deine Auslegung gespannt«, sage ich.

»Wenn der Mord von einer terroristischen Gruppierung verübt wurde, dann ist sie in allen Belangen originell. Das Bekennerschreiben ist mit der Hand geschrieben und wird in einer Damenhandtasche überbracht, darüber hinaus wird das Tatmotiv nicht offenbart, sondern die Organisation überlässt es der Polizei, es herauszufinden. Am Schluss haben wir als Tüpfelchen auf dem i noch den Namen der Vereinigung. Eine Organisation mit der Bezeichnung ›Heer der Nationalen Idioten‹ ist mir noch nicht untergekommen. Terroristen sehen sich normalerweise in einer gesellschaftlichen Vorreiterrolle. Wie passen da die Idioten dazu?«

»Gibt es Hinweise, die uns zu einer bestimmten Schlussfolgerung oder zumindest in eine bestimmte Richtung führen könnten?«, frage ich ihn.

»Dazu kann ich nur eins sagen: Zusätzlich zu allen anderen Dingen, die von der Norm abweichen, kommt auch noch das Alter der Täter«, antwortet er.

»Du hast das Alter der Täter festgestellt?«, wundert sich Koulakos.

»Dafür muss man kein großes Genie sein«, erwidert Karabetsos. »Zunächst einmal verfassen sie ihre Bekennerschreiben mit der Hand und in Schönschrift. Die jungen Leute von heute schreiben – ab der Oberschule jedenfalls – nicht mehr mit der Hand.«

»Wahrscheinlich tun sie das, um uns zu verwirren«, hält Koulakos ihm entgegen.

»Zugegeben, aber in Schönschrift? Welches Kind lernt heute noch Schönschrift? Wenn Kinder heutzutage mit der Hand schreiben, dann sehen ihre Buchstaben aus wie Krähenfüße. Das weiß ich von meinen Söhnen.«

»Was noch?«, frage ich ihn, obwohl ich schon weiß, was kommt.

»Die Handtasche«, antwortet er. »Wie ihr seht, hat sie einen Tragegriff. Solche Taschen benutzen Frauen ab fünfzig. Die jüngeren ziehen einen Rucksack oder eine Umhängetasche vor. Dass die Täter mittleren Alters sein müssen, liegt auf der Hand.«

Damit bestätigt sich Koulas Meinung. »Was du sagst, passt auch zum Pärchen, das wir in Fokidis' Hotel als mögliche Mittäter eruiert haben«, erläutere ich ihm. »Beide waren um die fünfzig.«

»Also suchen wir nach fünfzigjährigen Terroristen?«, wundert sich Koulakos.

»Vielleicht sind's auch Rentner«, erwidert Karabetsos amüsiert.

»Und die Bombe?«, beharrt Koulakos. »Kennst du viele Fünfzigjährige, die Bomben bauen können?«

»Woher willst du wissen, dass es unter ihnen keinen Sprengstoffexperten gibt? Vielleicht jemanden, der sich im

Militärdienst das Wissen über Bomben angeeignet hat?«, argumentiert Karabetsos.

»Aber alles gilt nur unter der Voraussetzung, dass es sich tatsächlich um einen Terrorakt handelt. Wenn kein weiterer Mord folgt, war das Ganze nur ein Spielchen, um die Polizei in die Irre zu führen.«

Insgeheim wünsche ich mir das. Wenn es aber doch Terroristen sind, wie sollen wir dann die Täter unter all den Menschen ab fünfzig im Großraum Athen aufspüren?

16

Aus der Wohnung schallt mir eine unbekannte Frauenstimme entgegen. »Mein Junge, mein ganzer Stolz! Nein, was für ein hübsches Kerlchen!«

Stünde Adriani jetzt nicht in der Tür, um mir zu öffnen, hätte ich ihr diese hellbegeisterten Ausrufe zugeschrieben. Denn ihre Liebesbezeigungen unserem Enkel gegenüber sind genauso lautstark.

»Haben Fanis' Eltern ihre Meinung geändert und sind wieder zurück?«, frage ich, denn die naheliegendste Erklärung wäre, dass es Sevastis Stimme ist.

»Nein, das ist Melpo.«

»Welche Melpo?«, wundere ich mich.

»Die Kinderfrau, die uns Lambros für unseren Enkel besorgt hat.«

Ich gehe mit Adriani ins Kinderzimmer, wo alle versammelt sind: Tochter, Schwiegersohn, Lambros der Ältere und eine Sechzigjährige, die ich von meinen Besuchen im Obdachlosenheim vom Sehen her kenne.

»Herzlichen Glückwunsch, ein wirklich hübscher Bursche!«, sagt sie zu mir, während sie meine Hand drückt.

»Sagen Sie bloß nicht, dass er mir ähnlich sieht!«, antworte ich. »›Hübscher Bursche‹ und ›mir ähnlich‹ schließen sich nämlich gegenseitig aus.«

Während die anderen über meinen Spruch lachen, trete ich an Lambros' Bettchen. Er liegt mit offenen Augen da und blickt auf ein Schmetterlingsmobile, das von der Halterung des Moskitonetzes herabbaumelt. Ich beschließe, nicht länger meiner Angst nachzugeben, und nehme ihn in den Arm. Sofort heult Lambros los. Ich frage mich, ob er weint, weil er mich für einen Fremden hält. Oder weil er gerade mit offenen Augen geträumt hat und ich ihn harsch unterbrochen habe?

»Du hältst ihn ungeschickt, deshalb weint er«, erklärt mir Adriani und tritt auf mich zu.

Sie schiebt Lambros etwas nach oben, so dass sein Gesicht an meiner Schulter liegt. Danach platziert sie meine linke Hand an seinem Rücken und die rechte an seinen Füßen. Lambros beruhigt sich sofort.

»Hast du vergessen, wie du mich damals gehalten hast?«, fragt Katerina.

»Wie soll er dich gehalten haben?! Das hätte ich doch mitkriegen müssen!«, meint Adriani von oben herab. »Tagsüber war er im Dienst. Und wenn er abends nach Hause kam, hast du schon geschlafen, und er hat dich nur aus der Ferne betrachtet. Unzertrennlich seid ihr erst nach deinem ersten Geburtstag geworden.«

Alle lachen fröhlich, doch Adriani ruft uns zur Ordnung. »Ins Wohnzimmer mit euch!«, sagt sie. »Der Kleine kriegt jetzt sein Abendbrot und dann ab ins Bett. Nur Melpo und ich bleiben hier.«

Diesem königlichen Befehl wagt sich niemand zu widersetzen. Die männlichen Untertanen ziehen ohne Widerrede ins Wohnzimmer um.

»Melpo ist eine gute Frau. Ihr müsst euch um die Betreuung eures Kindes keine Gedanken machen. Sie wird nicht nur gut für ihn sorgen, sondern auch sehr liebevoll mit ihm umgehen«, sagt Sissis zu Fanis.

»Hat sie Kinder?«, will Fanis von ihm wissen.

»Sie hatte einen Sohn, der mit zwanzig bei einem Verkehrsunfall ums Leben kam. Nach dem Tod ihres Mannes reichte seine kleine Rente nicht aus, und sie ging putzen. Jetzt ist sie in die Jahre gekommen, und die Familien ziehen jüngere Haushaltshilfen vor. Dann wurde ihre Witwenrente immer stärker zusammengestrichen, und so landete sie im Obdachlosenasyl.«

»Wie viel sollen wir ihr geben?«, fragt Fanis. »Das habe ich noch gar nicht angesprochen, weil ich mich zuerst mit dir beraten wollte.«

»Sie wäre auch ohne Bezahlung zufrieden. Mit Lambros bekommt sie eine Aufgabe.«

»Da bin ich strikt dagegen«, sagt Fanis entschieden.

»Ich auch«, meint Lambros der Ältere. »Seht euch vor, etwas von dem Linken von einst steckt noch in mir, ich bin fähig und veranstalte vor eurem Wohnhaus eine Protestkundgebung mit den gesamten Heimbewohnern.«

Er lacht laut, und wir stimmen ein. »Schön, was schlägst du also vor?«, fragt Fanis ihn schließlich.

»Wie oft kommt sie?«

»Zunächst nur vormittags, damit sie Katerina zur Hand geht und Frau Adriani nicht jeden Tag kommen muss. Wenn Katerina wieder in der Kanzlei arbeitet, dann ganztägig.«

»In Ordnung, ich werde mit ihr darüber reden. Wenn du

sie nämlich fragst, wird sie sagen: ›Das überlasse ich ganz Ihnen.‹ Und dann ist unklar, ob du ihr zu viel oder zu wenig anbietest.«

Als Adriani und Melpo eintreten, verstummt das Gespräch. Ich versuche, an Adrianis Miene abzulesen, was sie von Melpo hält. Um ihre Mundwinkel spielt ein zufriedenes Lächeln.

»Lambros, ich weiß nicht, wie ich dir danken soll!«, sagt Melpo zu Sissis. »Dein Namensvetter ist ein Goldjunge! Mit dem Angebot, auf ihn aufzupassen, hast du mir eine große Freude gemacht.«

»Ihr beide seid jetzt schon ein Herz und eine Seele«, sagt Adriani zu ihr und bestätigt meinen ursprünglichen Eindruck.

Nun stößt auch Katerina wieder zu uns. »Uff, er ist eingeschlafen, jetzt kann ich kurz aufatmen. Sag mal, Mama, war ich auch so anstrengend? Mit vorsitzenden Richtern werde ich leichter fertig als mit Lambros, muss ich gestehen.«

»Glaub mir, du warst niemals so ruhig wie dein Sohn«, erwidert Adriani.

Mitten in der darauffolgenden Stille ist urplötzlich eine Detonation zu hören. An ihrem Hall kann ich erkennen, dass sie nicht in der unmittelbaren Umgebung erfolgt ist, aber sehr heftig gewesen sein muss, da sie dermaßen deutlich zu hören war.

»Was war das?«, fragt Adriani erschrocken.

Bevor ich ihr antworten kann, werden wir von Lambros' lautem Geschrei unterbrochen.

»O nein, du lieber Gott, er ist aufgewacht!«, ruft Katerina verzweifelt und eilt mit Adriani und Melpo ins Kinderzimmer.

»Das hörte sich wie eine Bombenexplosion an«, meint Sissis zu mir.

»Das war mit Sicherheit eine«, antworte ich.

Ich hole mein Handy heraus und rufe die Einsatzzentrale an. »Hier Kommissar Charitos. Ich bin in der Athanassias-Straße in Pangrati. Gerade eben war eine heftige Detonation in der Umgebung zu hören. Liegt Ihnen irgendeine Meldung dazu vor?«

»Nein, Herr Kommissar. Momentan ist uns nichts dazu bekannt. Aber nach Ihrem Hinweis werden wir der Sache nachgehen und Sie informieren.«

»Du siehst besorgt aus«, meint Fanis zu mir.

»Wenn du als Polizist eine Detonation hörst, die wie eine Bombenexplosion klingt, dann kannst du nicht ruhig bleiben.« Ich blicke auf meine Uhr. Es ist Viertel vor acht. Die Bombe muss vor fünf Minuten hochgegangen sein.

Keinem fällt etwas dazu ein, und Schweigen macht sich breit.

Nur Lambros' leises Wimmern ist zu hören. Kurz darauf verstummt auch das.

»Der Arme ist total erschrocken«, sagt Melpo, als sie ins Wohnzimmer zurückkommt.

»Aber jetzt hat er sich beruhigt«, stellt Fanis erleichtert fest.

»Es gibt eine sichere Methode, Herr Fanis, um ein Baby zu beruhigen. Die Mutter braucht es nur zum Stillen an die Brust zu legen, und schon ist es friedlich«, erwidert Melpo.

In diesem Moment läutet mein Handy. »Hier die Einsatzzentrale, Herr Kommissar. Das Polizeirevier Pangrati hat uns benachrichtigt, dass in der Archimidous-Straße hinter dem Kallimarmaro-Stadion eine Autobombe hochgegangen ist.«

»Wissen Sie, ob es Insassen gab?«

»Ja, einen Mann. Er ist tot.«

Eine Autobombe mit einem Toten, wie bei Fokidis.

Ich lege auf und melde mich sofort bei Dermitsakis. »Was für ein Schlamassel«, lautet sein Kommentar, als er die Neuigkeit erfährt.

»Informiere Gerichtsmedizin und Spurensicherung und nimm die ganze Truppe bis auf Koula mit, Treffpunkt in der Archimidous-Straße.«

»Was ist denn los?«, fragen Melpo und Fanis wie aus einem Mund.

Ich erkläre kurz, was Sache ist, während ich aufstehe und mich zum Aufbruch rüste. »Ich schaue dieser Tage bei dir vorbei, wir sollten uns mal unterhalten«, sage ich zu Sissis.

Ich verabschiede mich von den anderen und schaue noch im Kinderzimmer vorbei. Dort beuge ich mich übers Bettchen und betrachte den ruhig schlummernden Lambros. Zusammen mit Adriani und Katerina trete ich dann hinaus.

»Tut mir leid, aber du musst allein nach Hause zurück«, sage ich zu meiner Frau.

»Macht nichts, Sissis und Melpo begleiten mich.« Wie üblich fragt sie nicht nach, was passiert ist.

Ich gebe Katerina einen Kuss und trete in den Fahrstuhl. Kaum öffne ich unten den Wagenschlag, klingelt schon wieder mein Telefon. Diesmal ist es der Vizepolizeipräsident.

»Wissen Sie Bescheid?«, fragt er knapp.

»Ja, ich bin unterwegs zum Tatort.«

»Ich befürchte, dass wir ein zweites Opfer haben.«

»Ich auch, aber lassen Sie mir kurz Zeit für eine erste Einschätzung. Ich melde mich gleich bei Ihnen zurück.«

Wir legen auf. Ich starte den Motor und mache mich auf eine arbeitsreiche Nacht gefasst.

17

Der Wagen befindet sich an der Ecke zwischen Athippou- und Archimidous-Straße. Nachdem das örtliche Polizeirevier die Verkehrspolizei benachrichtigt hatte, wurde die Archimidous gesperrt.

Ich bin als Erster vor Ort. Meine Mitarbeiter, der Transporter der Spurensicherung und die Gerichtsmedizin sind noch unterwegs.

Bei dem Wagen handelt es sich um einen Peugeot. Auf den ersten Blick sieht der angerichtete Schaden größer aus als bei Fokidis' Auto. Auf dem Fahrersitz erkenne ich eine unförmige Masse. Nur wegen des zerfetzten Herrenanzugs kann man davon ausgehen, dass es sich um einen Mann handelt. Das Gesicht ist bis zur Unkenntlichkeit entstellt.

Ich werfe einen Blick auf die umliegenden Wohnhäuser. Alle Fenster und Balkone sind mit Schaulustigen besetzt, die sich rege unterhalten und die Straße beobachten.

»Ich verstehe nicht, was die Leute an so einem Schauspiel finden«, meint einer der Streifenbeamten zu mir, als ich näher komme. »Mir jagt der Anblick Schauer über den Rücken.«

»Na gut, von oben ist ja kaum etwas zu erkennen«, hält ihm sein Kollege entgegen.

»Aber was gaffen sie dann so?«, wundert sich der andere.

»Haben Sie die Identität des Opfers schon festgestellt?«, frage ich, um dem Geplauder ein Ende zu setzen.

»Wir konnten den Wagenhalter feststellen. Es ist Lasaros Kaplanis, wohnhaft in der Anthippou-Straße 8. Ob er selbst am Steuer saß oder jemand anderer, ist unklar.«

Jetzt höre ich das Einsatzhorn, und dann erkenne ich, wie sich ein Streifenwagen in Begleitung eines Transporters nähert. Es sind meine Mitarbeiter und die Spurensicherung.

»Gehen Sie zur Anthippou 8«, sage ich zu Askalidis. »Erkundigen Sie sich nach einem gewissen Lasaros Kaplanis.«

»Das Opfer?«, fragt Dervisoglou.

»Der Wagenhalter. Ob er auch das Opfer ist, ist noch nicht klar.«

Dimitriou und der Sprengstofftechniker klettern aus dem Transporter und kommen auf uns zu. »Dasselbe Spiel?«, fragt mich Dimitriou.

»Auf den ersten Blick schon.«

Der Sprengstofftechniker hat sich dem Auto genähert und mustert es von allen Seiten. Dann entfernt er die Überreste der Motorhaube und inspiziert den Motor gründlich.

»Und? Ähnelt es dem Fokidis-Fall?«, fragt ihn Dimitriou.

»Ja und nein. Der Sprengmechanismus sieht auf den ersten Blick gleich aus. Der Unterschied ist: Hier ist die Sprengung per Fernbedienung erfolgt.«

»Per Fernbedienung?«, wundert sich Dermitsakis.

»Ja. Ich kann es noch nicht beweisen, aber die Erfahrung sagt mir, dass die Autobombe auf diese Weise gezündet wurde.« Er pausiert und blickt uns an. »Wir haben es mit einem Profi zu tun«, erklärt er. »Der Täter ist kein Amateur, der nach ersten Versuchen mit Molotowcocktails jetzt richtige Bomben zündet. Der hier versteht etwas von seinem Handwerk.«

Während die anderen stumm bleiben, versenke ich mich in meine Gedankenwelt. Wie ist es möglich, dass man einerseits einen professionellen Bombenleger vor sich hat und andererseits Leute, die sich als ›Nationale Idioten‹ bezeichnen? Wie soll man das bloß unter einen Hut kriegen? Wo liegt die Verbindung?

Meine Überlegungen werden durch Askalidis' Eintreffen unterbrochen. »Also, was haben Sie Schönes mitgebracht?«, frage ich.

»Lasaros Kaplanis wohnte in der Anthippou 8 in der dritten Etage«, berichtet er. »Er ist geschieden und hat einen Sohn, der bei seiner Mutter in Ajia Paraskevi lebt. Keiner weiß, wo genau.«

»Hast du seinen Beruf feststellen können?«, fragt ihn Dermitsakis.

»Ja, er war Abteilungsleiter im Griechischen Statistikamt. Mehr konnte man mir nicht sagen.«

»Sollten wir ihn vielleicht von jemandem identifizieren lassen?«, fragt Dervisoglou.

»Geht das in seinem Zustand überhaupt?«, wirft Dermitsakis zweifelnd ein.

»Tja, wir müssen es riskieren«, erwidere ich. »Wenn wir warten, bis er in der Anatomie liegt, verlieren wir Zeit.«

Das Eintreffen von Gerichtsmediziner und Krankenwagen bereitet der Diskussion ein vorläufiges Ende. Stavropoulos steigt als Erster aus und kommt auf mich zu.

»Ich wollte euch erst mal nicht im Weg stehen«, erläutert er. »Bei Bombenattacken ist die Arbeit der Gerichtsmedizin sowieso nur Makulatur.«

»Das ist wahr. Wir wissen sogar die exakte Uhrzeit der Explosion: zwanzig vor acht. Ich habe sie in der Wohnung meiner Tochter gehört, die hier in der Nähe wohnt.«

Stavropoulos nähert sich dem Peugeot und wirft einen Blick auf den Toten. Seine Inspektion dauert nicht länger als zwei Minuten, dann erklärt er mit einem Schulterzucken: »Ich nehme das Opfer mit in die Anatomie, aber aufsehenerregende Ergebnisse sind nicht zu erwarten.«

Bevor ich die Überführung des Opfers anweisen kann, werde ich jedoch vom Eintreffen eines weiteren Streifenwagens unterbrochen. Ein uniformierter Beamter steigt aus und kommt auf mich zu.

»Herr Kommissar, ein junger Mann hat sich gemeldet, der behauptet, das Opfer sei sein Vater. Er möchte ihn sehen.«

»Haben Sie seine Personalien?«

»Jawohl.«

Er holt einen Ausweis hervor, überreicht ihn mir, und ich studiere die Angaben. Er ist ausgestellt auf den Namen Christos Kaplanis, Geburtsjahr 1997. Meine Assistenten treten näher.

»Was meinen Sie dazu?«, frage ich Stavropoulos, da er am besten einschätzen kann, ob wir den Sohn zur Identifizierung zulassen sollten.

Er überlegt kurz. »Ich würde raten, die Leiche in den Krankenwagen zu legen und dort die Identifizierung vorzunehmen. In der Anatomie sieht das Opfer zwar auch nicht anders aus, aber wenn er seinen Vater im Wagen sieht, bekommt er einen Schock.«

Es ist eins der wenigen Male, dass Stavropoulos und ich einer Meinung sind. Ich ersuche den Polizeibeamten, Kaplanis' Sohn abzuholen. Die Sanitäter versuchen, die Tür zum Fahrersitz aufzubekommen, und sobald sie sich aus den Scharnieren löst, platzieren sie sie auf dem Boden. Dann holen sie die Überreste des Opfers aus dem Wagen, legen sie auf die Tragbahre und bringen sie unter Stavropoulos' Aufsicht zum Krankenwagen.

Der Streifenwagen ist kurz darauf wieder zurück. Die Tür zum Rücksitz geht auf, und ein junger Bursche mit kahlrasiertem Kopf, Jacke und enger, knöchellanger Hose steigt aus.

»Wo ist er?«, fragt er angespannt.

Stavropoulos geht auf ihn zu. »Hören Sie, es ist kein schöner Anblick«, sagt er. »Wir kommen jedoch leider nicht darum herum. Wenn Sie ihn hier nicht identifizieren, müssen Sie es in der Anatomie tun. Aber vielleicht ist es auch gar nicht Ihr Vater.«

Kaplanis junior blickt ihn an. »Möglich, aber unwahrscheinlich.«

»Wieso?«

»Mein Vater hat seinen Wagen keinem anderen überlassen, nicht mal mir.«

Stavropoulos geleitet ihn, mit der Hand am Rücken, zum Krankenwagen und öffnet die Tür. Einige Sekunden lang herrscht tiefes Schweigen, dann ist ein Aufschrei zu hören.

»Oh, nein! Verdammt!«

»Er hat ihn erkannt«, wispert mir Dermitsakis zu, als müsste er mir das noch extra bestätigen.

Der junge Bursche kommt, gestützt von Stavropoulos, hinter dem Krankenwagen hervor. Er setzt sich auf den Bordstein, schlägt die Hände vors Gesicht und beginnt zu schluchzen. Einer von Dimitrious Mitarbeitern eilt zum Transporter und holt eine Wasserflasche.

Stavropoulos lässt ihn in der Obhut des Kollegen zurück und kommt auf mich zu.

»Woran hat er ihn erkannt?«, frage ich.

»An der Kleidung, an einem Ring am linken Finger und an dem, was von seinem Gesicht noch übrig war.«

Nun, zumindest ist der Tote jetzt identifiziert. Ich rufe meine Leute zusammen. »Ihr wisst, was jetzt zu tun ist. Ihr läutet auf gut Glück bei den Anwohnern und fragt, ob irgendwer etwas bemerkt hat«, sage ich zu ihnen.

Stavropoulos kehrt zu mir zurück. »Ich bin jetzt so weit fertig und mache mich auf den Weg«, meint er.

»Vielen Dank, Sie waren mir eine große Hilfe«, antworte ich.

Nach einem kurzen Schweigen meint er: »Ich habe es so satt, ständig Tote zu sehen. Am liebsten würde ich in Rente gehen und mich in mein Heimatdorf zurückziehen. Nur um nicht tagtäglich Leichen sehen zu müssen.«

Zum Abschied hebt er kurz die Hand und entfernt sich. Jetzt ist Dimitriou an der Reihe.

»Höchstwahrscheinlich hat sich der Täter in der Nähe des Kallimarmaro-Stadions versteckt und von dort die Bombe gezündet«, erläutert er mir. »Ich schicke ein Team hin, aber ich rechne nicht damit, etwas zu finden. Gleich kommt der Abschleppdienst, um den Wagen abzuholen. Dann haben wir hier alles erledigt.«

Mir bleibt nichts weiter zu tun, als die Berichte meiner Mitarbeiter abzuwarten. Der junge Mann sitzt immer noch in der gleichen Körperhaltung auf dem Bordstein. Ich gehe zu ihm hinüber und setze mich neben ihn. Er nimmt die Hände vom Gesicht und blickt mich an.

»Haben Sie sich ein bisschen beruhigt, so dass wir uns kurz unterhalten können?«, frage ich ihn. »Aber ich möchte Sie nicht unter Druck setzen. Wir können auch morgen sprechen.«

»Worüber denn?«, will er wissen.

»Was auch immer Sie vom Leben Ihres Vaters wissen. Wie er lebte, wo und mit wem er unterwegs war, ob er Feinde hatte und Ähnliches.«

»Ich habe meinen Vater regelmäßig gesehen. Manchmal habe ich ihn zu Hause besucht, des Öfteren waren wir zusammen essen. Wir sind gut miteinander ausgekommen, obwohl er sich mit meiner Berufswahl nicht anfreunden konnte.«

»Was für ein Problem hatte er damit?«

»Er wollte, dass ich Betriebswirtschaft studiere, aber nach zwei Semestern habe ich abgebrochen. Betriebswirtschaft war mir schnurzegal, ich wollte Schauspieler werden.« Als er sich daran erinnert, zeichnet sich ein schwaches Lächeln auf seinem Gesicht ab. »Obwohl ich schon im dritten Ausbildungsjahr bin, hat er nicht lockergelassen, in der Hoffnung, dass ich vielleicht doch noch meine Meinung ändere.«

Auf einmal bricht er in Tränen aus. »Ich habe ihn gerngehabt«, stammelt er. »Zwar haben wir uns wegen des Studiums gezankt, aber ich hab ihn gerngehabt.«

Es hat keinen Sinn, ihn weiter zu quälen. »Wo wohnen Sie?«, frage ich ihn.

»In der Evrytanias-Straße 6, in Ajia Paraskevi.«

Ich weise die Besatzung des Streifenwagens an, ihn nach Hause zu fahren. Meine Leute sind noch nicht wieder aufgetaucht, stattdessen macht mir der Vizepolizeipräsident telefonisch seine Aufwartung.

»Ich melde mich wegen der schlechten Nachrichten«, sagt er, als ich rangehe.

Ich erstatte ihm über die momentane Erkenntnislage Bericht. Wie immer hört er zu, ohne mich zu unterbrechen.

»Glauben Sie, dass wir es mit einer Folgetat der ›Nationalen Idioten‹ zu tun haben?«, fragt er schließlich.

»Die Hinrichtung sieht fast genauso aus wie beim ersten Mord. Das ist der einzige sichere Anhaltspunkt«, lautet meine vorsichtige Antwort.

»Warum aber sollten dieselben Täter einen Abteilungsleiter des Griechischen Statistikamtes umbringen? Er war kein Unternehmer und hatte kein Geld in Steuerparadiesen geparkt.« Er pausiert und fügt hinzu: »Außer, sie sind wirklich, was sie von sich behaupten.«

»Was meinen Sie?«

»Idioten«, sagt er und legt auf.

So läuft's, sage ich mir. Wenn das Opfer kein prominenter Unternehmer oder Politiker ist, nimmt die Polizeiführung die Sache auf die leichte Schulter und lässt uns die Drecksarbeit machen. Jedenfalls steht morgen früh als Allererstes ein Besuch beim Griechischen Statistikamt auf meinem Terminplan.

Dervisoglou kommt eiligen Schrittes auf mich zu. »Wir haben das Ehepaar angetroffen, das genau unter Kaplanis wohnt. Ich glaube, Sie sollten mit den beiden reden«, meint er.

Zusammen gehen wir zur Anthippou 8 und fahren in die zweite Etage hoch. Es öffnet uns eine Frau um die sechzig und führt uns ins Wohnzimmer, wo uns ein etwa gleichaltriger Mann erwartet.

»Herr und Frau Archontidis«, stellt mir Dervisoglou die beiden vor. »Ich habe schon ein Vorgespräch geführt, aber sie gebeten, Ihnen am besten alles noch einmal zu wiederholen. Denn ich halte es für wichtig.«

»Möchten Sie einen Kaffee?«, fragt mich die Archontidi.

»Nein, danke. Ich möchte Sie nicht lange aufhalten. Kannten Sie Lasaros Kaplanis?«

»Ja, wie man seine Nachbarn halt so kennt. Man grüßt sich unten an der Haustür und im Fahrstuhl.«

»Er war Abteilungsleiter im Griechischen Statistikamt, stimmt's?«, frage ich sie.

»Er war kein kleiner Abteilungsleiter«, korrigiert mich Archontidis. »Er leitete die Generaldirektion für Arbeitsmarktstatistik. Er hat sich mit den Beschäftigungszahlen nach Wirtschaftsbereichen befasst und war auch für die Erfassung der Arbeitslosenquote zuständig.«

»Erzählen Sie dem Herrn Kommissar von Ihrer Begegnung mit der Frau«, fordert Dervisoglou die Archontidi auf.

»Das ist drei Tage her, es war an einem Vormittag. Ich

weiß es noch, weil ich gerade vom Wochenmarkt zurückgekommen bin. An der Haustür hat mich eine Frau mit einem Briefumschlag in der Hand angesprochen. Sie wollte ihn bei Kaplanis abgeben und fragte mich, wann er normalerweise nach Hause kommt. Sie hätte vergeblich an der Tür geklingelt. ›Er wohnt allein und hat keine festen Zeiten, in denen er zu Hause ist‹, habe ich ihr geantwortet. Dann fragte sie, ob er sein Auto in einer Garage parkt, dann könnte sie dort den Umschlag hinterlegen. Ich antwortete, dass er immer hier in der Gegend parkt. Sie hat sich bedankt und ist gegangen.«

»Wissen Sie noch, wie alt sie war?«

Sie überlegt. »Sie muss in den Vierzigern gewesen sein, aber das kann ich nicht beschwören. Wir haben uns nur ganz kurz unterhalten, und ich habe nicht auf ihr Aussehen geachtet.«

Ich danke ihr und erhebe mich. Dervisoglou tut es mir gleich.

»Das Alter der Unbekannten passt zur Frau, die zur Tatzeit des Fokidis-Mordes im Hotel war«, meint er, als wir auf die Straße treten.

»Möglich, aber nicht sicher. Die Archontidi sagt, sie hätte sie nur flüchtig angesehen. Eindeutig ist jedenfalls, dass es keine ganz junge Frau war. Interessant daran ist, dass wir es erneut mit einer Frau zu tun haben. Anscheinend setzen sie Frauen für die Vorbereitung und zum Auskundschaften ein, während der Einsatz selbst wohl eher von Männern organisiert wird.«

Plötzlich fällt mir Archontidis' Aussage wieder ein, dass sich Kaplanis mit der Anzahl der Erwerbstätigen und

Arbeitslosen befasst habe. Beim ersten Mord war ein bekannter Unternehmer das Opfer, beim zweiten der Leiter der Generaldirektion für Arbeitsmarktstatistik. Ist es Willkür, oder steckt etwas anderes hinter der Auswahl der beiden Opfer?

18

Warum sollte man einen leitenden Funktionär bei der ELSTAT-Behörde umbringen, der für die Beschäftigtenstatistik zuständig ist?«

Das ist die Frage, die mir seit gestern Abend im Kopf herumschwirrt, so sehr, dass ich in der Nacht kein Auge zutat.

Erst um zwei Uhr morgens war ich nach Hause gekommen und wäre am liebsten in meinen Kleidern ins Bett gefallen. Nur weil ich mich vor Adrianis Gardinenpredigt fürchtete, zog ich mich um. Aber ob ich nun in Alltagskleidung oder im Pyjama dalag – der Gedanke ließ mich einfach nicht mehr los.

Dieselbe Frage stelle ich jetzt auch Karabetsos und Koulakos, die mir gegenübersitzen. Ich bin samt Croissant und Kaffee erschienen, da ich nicht vorhabe, zusätzlich zu meinem Schlaf auch noch mein Frühstück zu opfern.

Karabetsos blickt zu Koulakos hinüber. Der hat auch keine Antwort parat und grübelt erst mal.

»Hm, ich weiß auch keine Erklärung dafür«, meint er. »Im Fall Fokidis scheinen die Dinge einfacher. Die Bandbreite reicht von Schwarzgeld bis zur Ausschaltung eines Konkurrenten oder einem Racheakt. Hier aber gibt es überhaupt keine logische Erklärung. Man könnte meinen, dass die beiden Morde gar nichts miteinander zu tun haben.«

»Unmöglich«, lautet Karabetsos' entschiedener Einwand. »Wären die beiden Morde mit einer Feuerwaffe verübt worden, hätte ich auch gesagt, dass es keine Verbindung gibt. Aber die beiden Bombenangriffe deuten auf dasselbe Tatmuster und zweifellos dieselben Täter hin.«

»Auch der Pyrotechniker ist sich sicher, dass es sich um denselben Täter handelt. Er geht davon aus, dass es ein sehr erfahrener Bombenbauer ist«, füge ich hinzu.

Koulakos hebt die Hände. »Was soll ich dazu sagen? Dass es sich in der Tat um ein Heer von Idioten handelt?«

»Sei dir da nicht allzu sicher«, hält ihm Karabetsos entgegen. »Wie ich erfahren habe, waren die beiden Bomben perfekt gebaut. Also haben wir es mit Personen zu tun, die genau wissen, was sie tun. Und nicht mit Idioten.«

Das solltest du dem Vizepolizeipräsidenten verklickern, denke ich mir. »Sollten wir eventuell Kaplanis' Finanzen überprüfen?«, frage ich Koulakos.

»Was werden wir bei einem griechischen Staatsbeamten schon finden? Dass er Teilhaber eines Offshore-Unternehmens ist? Möglich, aber unwahrscheinlich. Dass er sich schmieren ließ, um die Statistiken zu fälschen? Komm schon, da genügte doch der Anruf eines Ministers, und er hätte sofort pariert. Wonach suchen wir also?« Er pausiert und fragt mich dann: »Willst du meine Meinung hören?«

»Deswegen sind wir ja hier.«

»Wir sollten mit Fokidis weitermachen. Es könnte doch sein, dass sich das Tatmotiv aus einer dunklen Verbindung zwischen Fokidis und Kaplanis ergibt.«

Sein Vorschlag klingt brauchbar. »Schön, dann bleiben wir Fokidis auf der Spur und sehen zu, wohin uns das führt«, sage ich zu ihm.

Karabetsos ist einverstanden, und wir gehen auseinander.

Ich kehre in mein Büro zurück und weise meine drei Mitarbeiter an, nach Absprache mit Dimitriou zu Kaplanis' Wohnung zu fahren und ausführlichere Nachforschungen anzustellen. Gestern war es spätnachts, und es wurde nur das Nötigste ermittelt. Ich glaube zwar nicht, dass wir etwas Aufsehenerregendes entdecken werden, aber wir sollten die Wohnung gründlich filzen.

Dann rufe ich Koula zu mir und bitte sie, Kaplanis' Exfrau ausfindig zu machen. Wir werden uns mit ihr unterhalten müssen.

Ich steige in den Seat und mache mich auf den Weg zu den ELSTAT-Büros, die auf dem Athinon-Pireos-Boulevard liegen. Obwohl mir klar ist, was mir unterwegs bevorsteht, möchte ich für eine simple Dienstfahrt keinen Streifenwagen okkupieren. Es gelingt mir zwar, ohne große Verzögerung bis zum Athinon-Pireos-Boulevard zu gelangen, aber dann wird's – wie befürchtet – zäh. Ich brauche fast eine Stunde bis zum Griechischen Statistikamt.

Da niemand zu meinem Empfang bereitsteht, gehe ich direkt zum Fahrstuhl. Die Erfahrung hat mich gelehrt: Je hochrangiger die Funktionäre sind, desto höher oben residieren sie. In der obersten Etage trete ich aus dem Fahrstuhl. Etliche Mitarbeiter stehen auf dem Flur herum und unterhalten sich. Ich nenne meinen Namen und frage, wo Lasaros Kaplanis' Büro liegt. Eine junge Frau erklärt sich bereit, mich ein Stockwerk tiefer zu seinem Arbeitszimmer zu führen.

Die Fünfzigjährige im Vorraum starrt auf den Bildschirm ihres Computers. Es vergeht eine Weile, bis sie sich, durch meine Anwesenheit offenbar irritiert, mir zuwendet. Ihre Miene ändert sich, als ich ihr meinen Namen und den Zweck meines Besuchs nenne.

»Glauben Sie mir, Herr Kommissar, ich bin total durcheinander. Es will mir nicht in den Kopf! Wer sollte einen Grund gehabt haben, Lasaros Kaplanis zu töten, und noch dazu auf diese brutale Art und Weise?«

»Wissen Sie, ob Kaplanis Feinde hatte?«, frage ich sie. »Ob es jemanden gab, mit dem er tiefgreifende Meinungsverschiedenheiten oder Konflikte hatte?«

»Hier war er mit niemandem zerstritten«, antwortet sie entschieden.

»Und außerhalb der ELSTAT? In seinem Privatleben? Sie verstehen, dass wir in alle möglichen Richtungen ermitteln müssen«, erläutere ich ihr.

»Wenn es private Konflikte gab, hat er sie gewiss nicht mit mir erörtert. Unser Verhältnis war rein geschäftlich«, erwidert sie kühl. »Mit Sicherheit aber hatte er eine sehr enge Beziehung zu seinem Sohn Christos.«

»Und was ist mit seiner Exfrau?«

»Wir haben nie darüber geredet, aber seit der Scheidung hat sie sich kein einziges Mal mehr im Büro gemeldet.«

»Wissen Sie ihren Namen und wo sie wohnt?«

»Sie heißt Loukia Safiratou. Ihre Adresse kenne ich nicht, da wir, wie schon gesagt, seit der Scheidung keinen Kontakt mehr miteinander hatten.«

»Halten Sie es für sinnvoll, wenn ich mit weiteren Führungskräften spreche, die mit Lasaros Kaplanis beruflich zu tun hatten?«

Sie denkt kurz nach. »Der Einzige, mit dem er befreundet war und auch außerhalb der Arbeit zu tun hatte, ist Kimon Pilavios, der Leiter der Generaldirektion Verbraucherpreisindex. Sein Büro liegt am anderen Ende des Flurs.«

Ich danke ihr und wende mich zum Gehen, halte jedoch an der Tür inne. »Fast hätte ich's vergessen: Nennen Sie mir noch Ihren Namen?«

»Amalia Karafylli«, antwortet sie, den Blick bereits wieder auf den Computerbildschirm geheftet.

Ich gehe den Korridor zu Kimon Pilavios' Büro entlang. Als ich der Sekretärin meinen Namen nennen will, fällt sie mir ins Wort: »Herr Pilavios erwartet Sie schon, Herr Kommissar.«

Anscheinend haben die Buschtrommeln meine Ermittlungswünsche schon weitergeleitet. Als sie mir eine weitere Tür öffnet, stehe ich dem nächsten Fünfzigjährigen gegenüber.

Pilavios erhebt sich zur Begrüßung und deutet auf einen Stuhl. »Setzen Sie sich, Herr Kommissar.« Er wartet, bis ich Platz genommen habe, bevor er fortfährt: »Wenn ein Kollege stirbt, macht einen das zwar traurig, aber es geht einem nicht unbedingt nahe. Lasaros' Tod gehört nicht in diese Kategorie. Er ist mir sehr nahegegangen, nicht nur wegen der Brutalität der Tat, sondern weil wir seit unserer Studienzeit befreundet waren.«

»Davon habe ich gehört, und deshalb bin ich hier. Vielleicht könnten Sie mir weiterhelfen, indem Sie ein wenig von seinem Privatleben erzählen.«

Er zuckt mit den Schultern. »In anderen Fällen wäre das vielleicht hilfreich. Aber Lasaros war ein absolut integrer Mensch. Sein Freundeskreis war klein, und sein Alltag spielte sich zwischen Arbeitsplatz und Zuhause ab. Der einzige wirkliche Schwachpunkt, den er hatte, war sein Sohn Christos.«

»Der Sohn erzählte mir gestern, dass sein Vater mit seinem Berufswunsch, Schauspieler zu werden, nicht einverstanden war.«

»Das stimmt«, erwidert er sofort. »Er war entsetzt, als ihm Christos von seinen Plänen erzählte. Er kannte die Arbeitslosenstatistiken und wusste, wie viele arbeitslose Schauspieler es gibt. In diesem Moment bekam dieser sonst so gelassene Mann Panik. ›Er wird von der Hand in den Mund leben und mit zweihundert Euro im Monat über die Runden kommen müssen‹, sagte er zu mir. Er tat, was in seiner Macht stand, um Christos umzustimmen, aber sein Sohn hielt an seinem Traumberuf fest.«

»Er war geschieden, wie wir erfahren haben.«

»Ja, schon seit vielen Jahren.«

»Gab es finanzielle Unstimmigkeiten mit seiner Frau?«

»Absolut nicht. Lasaros hat auf die Wohnung in Ajia Paraskevi verzichtet, um seinen Sohn abzusichern, und ist in die Anthippou-Straße gezogen.«

Schön und gut, sage ich mir, aber er wurde ja wohl kaum getötet, weil der Sohn Schauspieler werden wollte. Irgendetwas anderes steckt dahinter, aber was? Je glatter die Persönlichkeit des Opfers, desto holpriger die Ermittlungen.

»Hatte Kaplanis vielleicht noch einen Freund, mit dem ich sprechen kann?«, frage ich Pilavios.

Er denkt nach. »Sein zweitbester Freund war Manos Efstathiou«, sagt er schließlich.

»Haben Sie seine Adresse?«

Er holt sein Handy hervor und durchsucht sein Telefonbuch. »Die Adresse habe ich nicht, aber ich kann Ihnen seine Handynummer geben«, meint er und diktiert sie mir.

Da ich keine weiteren Fragen mehr habe, breche ich auf. Als ich mit dem Fahrstuhl zum Ausgang hinunterfahre, geht mir durch den Kopf, dass sich einige Facetten des Fokidis-Mordes bei Kaplanis zu wiederholen scheinen. Der eine mag Unternehmer und der andere Beamter sein, aber bei beiden stößt man zunächst auf eine makellose Vergangenheit. Wenn alles wie bei Fokidis läuft, dann wird auch Kaplanis' Schmutzwäsche ans Licht kommen.

Ich setze mich in den Seat und rufe den Vizepolizeipräsidenten an, um ihn zu informieren. Er hört mir zu und bestätigt am Schluss meinen Gedankengang: »Anscheinend haben wir es mit einer Kopie des Falls Fokidis zu tun – von der Tötungsart bis hin zur Vorgeschichte des Opfers«, meint er.

»Genau das habe ich mir auch gedacht!«

»Aber einen Unterschied gibt es.«

»Und welchen?«, wundere ich mich. Habe ich etwas übersehen?

»Hier gibt es kein Bekennerschreiben. Kann sein, dass das Tatmotiv doch ein anderes ist.«

»Einen Bekennerbrief wird es heute Abend in den Fernsehnachrichten geben«, antworte ich ihm. »Die Verfasser werden möglichst viel Aufmerksamkeit auf sich lenken wollen. Und die Hauptausgabe hat die größte Zuschauerquote.«

»Bald wissen wir, ob Sie richtigliegen«, lautet sein Kommentar.

Dann tippe ich Manos Efstathious Nummer ein. Er nimmt sofort ab, und ich erkläre ihm, wer ich bin und was ich von ihm will.

»Ich bin zwar noch unterwegs, aber gleich zu Hause«, antwortet er. »Ich wohne in der Syrou-Straße in Kypseli, Hausnummer acht, zweiter Stock. Wenn Sie wollen, können Sie gleich vorbeikommen.«

Ich kenne die Syrou-Straße, da sie in der Nähe des Obdachlosenheims liegt, und mache mich sofort auf den Weg. Ich möchte mir ein Bild von Kaplanis' Freundeskreis machen, bevor wir die nächsten Schritte einleiten.

19

Die Fahrt vom Athinon-Pireos-Boulevard bis nach Kypseli ist ein Husarenritt durch einen Schwall von Flüchen und Protesten, mit denen sich die im Stau gefangenen Autofahrer Luft machen: »Bist du blind?«, »Hast du überhaupt den Führerschein?«, oder: »Was machst du, du Volltrottel!«

Einige dieser Sprüche gelten mir, da ein Bulle, der ohne Streifenwagen oder Uniform unterwegs ist, genauso beschimpft wird wie jeder andere.

Erst in der Gegend des Omonia-Platzes atme ich auf, und zum Glück finde ich auch gleich einen Parkplatz in der Nähe der Syrou-Straße.

Als ich bei der Hausnummer acht läute, werde ich von einer Stimme in die zweite Etage hochgerufen. Die Wohnungstür steht offen. An der Türschwelle empfängt mich ein Fünfzigjähriger.

»Ich halte Sie nicht lange auf«, sage ich, als er mich ins Wohnzimmer führt.

Efstathiou lächelt. »Mich können Sie aufhalten, so lang Sie wollen. Ich bin seit zwei Jahren arbeitslos und sitze allein zu Hause rum. Ich war Chefbuchhalter bei einer Firma, die aufgrund der Krise eingegangen ist. Seitdem konnte ich keinen Job mehr finden. Ich helfe Freunden bei ihrer Steuererklärung und verdiene mir dadurch ein kleines Zubrot. Zum Glück hat meine Frau noch Arbeit. Unsere beiden Kinder haben wir zu den Großeltern nach Preveza geschickt.«

»Wie gut kannten Sie Lasaros Kaplanis?«

»Soviel ich weiß, waren ich und Kimon Pilavios seine engsten Freunde«, antwortet er. »Unser Kontakt beschränkte sich aber auf ein Treffen jeden zweiten Samstagabend im Monat in einer Ouzobar oder in einer Taverne. Ab und an haben wir aber auch miteinander telefoniert.«

»Glauben Sie, dass es in Lasaros Kaplanis' beruflichem oder privatem Leben Anfeindungen gab oder auch Auseinandersetzungen, die möglicherweise zu seiner Ermordung geführt haben?«

»Unsere Freundschaft beschränkte sich, wie gesagt, auf zwei Treffen im Monat und ein paar Anrufe. Außerdem war Lasaros ein verschlossener Mensch. Selten hat er über Persönliches geredet. Nur von seinem Sohn hat er oft und mit großer Zuneigung erzählt.«

Während ich noch überlege, was ich ihn sonst fragen könnte, kommt er mir mit einer Frage zuvor. »Halten Sie es für möglich, dass seine Ermordung mit dem anderen Verbrechen an dem Hotelunternehmer zu tun hat?«

»Wie kommen Sie auf diese Idee?«, frage ich überrascht.

Er seufzt auf und wiegt den Kopf. »Herr Kommissar, wenn man arbeitslos wird, ändert sich das eigene Leben, aber auch das Eheleben grundlegend. Momentan steht nur meine Frau in Lohn und Brot, während ich den Haushalt betreue. Morgens stehe ich auf, mache die Betten, koche und verbringe wie alle Hausfrauen den ganzen Tag vorm

Fernseher. Daher weiß ich, was – in der Öffentlichkeit zumindest – über die Ermordung dieses Fokidis' gesagt wird.« Schlagartig wirkt er ernst und in sich gekehrt. »Keine Ahnung, wie lang mein Leben als Haushaltshilfe noch weitergehen wird«, wispert er.

»Derzeit untersuchen wir alle denkbaren Optionen«, äußere ich vage.

Weitere Fragen wollen mir beim besten Willen nicht einfallen. Wie bei Pilavios stoße ich auch hier auf eine Mauer, die der verschlossene und introvertierte Kaplanis um sich errichtet hatte.

»Dann war's das. Vielen Dank, dass Sie sich die Zeit genommen haben«, sage ich beim Aufstehen.

Als ich auf die Straße trete, spiele ich kurz mit dem Gedanken, bei Sissis vorbeizuschauen, entscheide mich aber dagegen. Es ist fast Mittag, und ich habe nur noch einen halben Tag, um den Einsatz meiner Mitarbeiter zu koordinieren. Efstathiou hat mir unbewusst in Erinnerung gerufen, worauf ich mich mit Koulakos und Karabetsos geeinigt hatte: Wir wollten uns auf den Fokidis-Mord konzentrieren und, davon ausgehend, herausfinden, ob Querverbindungen zum Kaplanis-Mord bestehen.

Zunächst einmal hole ich mir aus der Cafeteria Kaffee und Croissant, da ich heute noch keinen Bissen zu mir genommen habe. Kaum habe ich das Croissant vertilgt, rufe ich meine Leute zur Lagebesprechung.

»Ich wollte mit euch reden, weil ich eine bestimmte Befürchtung habe«, erkläre ich ihnen. »Ich gebe eins zu bedenken: Wenn wir uns auf den Kaplanis-Mord stürzen, vernachlässigen wir dabei womöglich den Fall Fokidis. Wir dürfen nicht vergessen, dass wir es mit zwei unaufgeklärten Morden zu tun haben. Wir stimmen ja vermutlich alle darin überein, dass diese beiden Taten höchstwahrscheinlich miteinander verknüpft sind.«

Ich warte auf einen Einwand. Dermitsakis macht als Einziger den Mund auf.

»Sobald wir das Bekennerschreiben haben, wissen wir mehr. Wenn Sie meine Meinung hören wollen: Ich bin ziemlich sicher, dass es eine Verbindung gibt. Bei der Untersuchung von Kaplanis' Wohnung ist allerdings nichts Bemerkenswertes herausgekommen.«

»Wir haben weder dienstliche Unterlagen noch persönliche Sachen gefunden«, ergänzt Askalidis. »Nur das Allernötigste für einen männlichen Single-Haushalt.«

»Dimitriou sucht weiter, aber er hat auch keine große Hoffnung«, meint Dermitsakis.

Seine Stimme geht im Lärm unter, der plötzlich auf dem Korridor zu hören ist. Man muss kein Wahrsager sein, um zu ahnen, dass die Reportermeute gleich über uns herfällt.

»Sie sind spät dran, aber vergessen haben sie uns nicht«, bemerkt Koula zu mir.

»Sagen Sie ihnen, dass ich gleich komme. Nur sollen sie etwas leiser sein.«

Ich warte, bis Koula wieder zurück ist, bevor ich fortfahre. »Wir müssen uns die Arbeit aufteilen, damit wir beide Mordfälle gleichzeitig bearbeiten können. Koulakos setzt seine Überprüfung von Fokidis' Finanzen fort. Dermitsakis und Dervisoglou untersuchen weiterhin sein Umfeld. Askalidis begleitet mich bei den Nachforschungen zu

Kaplanis. Und wie immer hält Koula die Fäden von hier aus in der Hand.«

»Und als gute Koordinatorin habe ich mich schon mit Kaplanis' Exfrau in Verbindung gesetzt«, berichtet Koula lachend.

»Mit Loukia Safiratou?«

»Genau.«

»Was macht sie beruflich?«

»Sie führt eine gehobene Weinbar in Kolonaki.«

»Das liegt ja nicht weit weg. Fragen Sie sie an, wann sie zur Vernehmung vorbeikommen kann.«

Dann schicke ich alle zurück auf ihre Plätze und trete auf den Korridor, um mich der Flut der Fragen entgegenzustemmen.

Sie prasseln auf mich ein wie blindwütige Geschosse, die jedoch alle ihr Ziel verfehlen. Es ist unmöglich festzustellen, wer welche Frage abfeuert.

»Wenn Sie Antworten wollen, dann müssen Sie der Reihe nach fragen, damit ich die Frage gut verstehen und beantworten kann«, erläutere ich ihnen.

Sie verstummen und blicken sich an, um zu entscheiden, wer als Erster das Wort ergreift. Das Los fällt auf Merikas.

»Glauben Sie, dass die beiden Mordfälle zusammenhängen?«, lautet seine Frage.

»Schon allein von der Art und Weise her, wie die Taten verübt wurden, stehen sie sicherlich in Verbindung. Davon abgesehen haben wir es aber mit zwei vollkommen unterschiedlichen Menschen zu tun, die nichts miteinander zu tun hatten und in keinerlei Kontakt standen. Sie waren in völlig unterschiedlichen Berufen tätig und führten ganz unterschiedliche Leben. Dazu kommt, dass uns bei Kaplanis noch kein Bekennerbrief vorliegt. Daher sind wir verpflichtet, in alle Richtungen zu ermitteln.«

»Glauben Sie, dass es sich um denselben Täter handelt?«, will die Kurze mit den rosa Strümpfen von mir wissen.

»Schon die Tatsache allein, dass beide Morde durch eine Bombenexplosion verübt wurden, spricht dafür, dass es sich um denselben Täter handelt.«

»Dann muss ja auch das Tatmotiv das gleiche sein.«

»Welches Motiv denn?«, hakt der junge Mann im T-Shirt nach. »Das Motiv wurde im Mordfall Fokidis von den Tätern ja gar nicht genannt, sie haben nur die Resultate der polizeilichen Ermittlungen im Nachhinein bestätigt. Jetzt wird dasselbe passieren, falls ein Bekennerschreiben auftaucht. Denk an meine Worte ...«

Seiner zutreffenden Bemerkung habe ich nichts hinzuzufügen. Ich bin schon drauf und dran, das Informationstreffen zu beenden, als mir die Stergiou einen Strich durch die Rechnung macht.

»Könnte es sein, dass es sich um eine international agierende Bande handelt, Herr Kommissar?«, fragt sie.

Ich blicke sie überrascht an, da ich so eine Mutmaßung nicht erwartet habe. »Wie kommen Sie auf diese Idee?«

»In Griechenland gibt es nur wenige Unternehmen, die in Steuerparadiesen ansässig sind. Dorthin nehmen nur die großen internationalen Konzerne Zuflucht. Fokidis war eine Ausnahme. Unsere Klein- und Mittelbetriebe gehen sonst gerade mal nach Bulgarien oder Zypern, um weniger Steuern zu zahlen. Für die liegen die Steuerparadiese so weit weg wie der Mond.«

»Und warum sollten die Täter bei jemandem zuschlagen, der in Griechenland die Ausnahme bildet, wenn er doch anderswo die Regel darstellt?«, will Merikas von ihr wissen.

Die Stergiou zuckt mit den Achseln. »Das zu bewerten ist Aufgabe der Polizei. Aber wenn du meine persönliche Meinung hören willst, dann würde ich sagen: Ihre Botschaft lautet, dass sie überall zuschlagen können.«

»Schön, aber wo passt hier Kaplanis ins Bild?«, frage ich sie. »Er war Abteilungsleiter beim Griechischen Statistikamt.«

»Es gibt ja auch noch Eurostat, das Statistische Amt der Europäischen Union. Unsere Behörde ist somit an Europa gebunden«, argumentiert sie.

Diesen Parameter hatte keiner von uns bedacht. Der selige Sotiropoulos, sage ich mir, hat für eine würdige Nachfolgerin gesorgt, auch wenn er sie nicht leiden konnte.

»Sie haben recht, das sollten wir recherchieren, vielen Dank«, sage ich zur Stergiou, während ihre Kollegen sie mit einer Mischung aus Neid und Spott betrachten.

Nach der Informationsveranstaltung kehre ich in mein Büro zurück und lasse mir die Argumente der Stergiou noch einmal durch den Kopf gehen.

Das erste Opfer hatte seinen Firmensitz auf den Kaimaninseln. Die Wahl des zweiten Opfers schien auf den ersten Blick völlig zusammenhanglos, aber die Stergiou hat auch bei ihm eine Verbindung ins Ausland aufgezeigt, nur nicht zu den Kaimaninseln, sondern zur Europäischen Union. Wenn man zudem bedenkt, dass Kaplanis für die Arbeitslosenstatistiken zuständig war und Griechenland die höchste Arbeitslosenquote in Europa hat, dann verdichtet sich der Bezug zwischen der griechischen und der europäischen Statistikbehörde.

Das löst natürlich das Rätsel noch nicht, welche Beziehung zwischen den beiden Taten und Opfern besteht, aber es zeigt uns eine neue Ermittlungsrichtung auf.

Ich rufe Karabetsos und Koulakos zwecks Besprechung in Gikas' Büro, wo wir in aller Ruhe reden können. Ich ersuche Koula, mich während des Termins nicht zu stören, und fahre in die fünfte Etage hoch. Auch Stella gegenüber äußere ich mich dementsprechend, bevor ich Gikas' Büro betrete.

Karabetsos und Koulakos hören mir aufmerksam zu, als ich die Diskussion mit der Stergiou wiedergebe.

»Schon etwas an den Haaren herbeigezogen, vor allem im Fall Kaplanis«, lautet Karabetsos' Kommentar.

»Da täuschst du dich«, widerspricht ihm Koulakos prompt.

»Wieso?«

»Weil Beschäftigtenzahlen arbeitslose Menschen direkt beeinflussen. Wenn die Statistik erklärt, dass die Arbeitslosenquote sinkt, dann reagieren die Menschen empört, weil sie selbst immer noch ohne Arbeit sind. Und wenn die Statistik einen Anstieg feststellt, dann wächst der Frust, weil die Menschen glauben, dass sie niemals mehr Arbeit finden.« Er hält inne und sagt dann zu mir: »Eigentlich müsste ich die beiden Fälle übernehmen.«

»Wieso?«

»Meiner Ansicht nach gehen die Verbrechen auf wirtschaftliche Motive zurück. Und das fällt in mein Fachgebiet.«

»Du hast recht, aber wir haben es mit zwei Tötungsdelikten zu tun, und dafür sind wir die Fachleute. Deshalb kooperieren wir ja auch. Apropos Zusammenarbeit: Hast du eine Idee, wie wir uns dem wirtschaftlichen Aspekt dieses Rätsels annähern könnten?«

»Ich übernehme es, Auskünfte über die Beziehung von Kaplanis zur Eurostat einzuholen, ob sie gut miteinander auskamen oder ob es Spannungen gab, die mit gewissen Kniffen zu tun haben.«

»Was denn für Kniffe?«, fragt Karabetsos.

»Statistiken kann man wunderbar manipulieren«, erläutert ihm Koulakos. »Du kannst sie schönen oder runterrechnen. Es wäre interessant zu wissen, ob es zwischen ELSTAT und Eurostat deswegen Reibereien gab.«

»Das Ganze hat schließlich auch sein Gutes«, meint Karabetsos.

»Und das wäre?«, will Koulakos wissen.

»Dass ich eine ruhige Kugel schieben kann.«

»Freu dich nicht zu früh! Wenn die Stergiou recht behält, haben wir es mit einer kriminellen Vereinigung unter ausländischer Beteiligung zu tun. Dann hängst du mit drin.«

»Du gönnst mir auch nicht die kleinste Freude«, lautet sein Kommentar.

Obwohl unsere Besprechung beendet ist, bleibe ich noch ein bisschen länger, um in Ruhe mit dem Vizepolizeipräsidenten zu telefonieren. Zunächst lege ich ihm den Gedanken der Stergiou dar. Sein Kommentar bewegt sich, etwas abgewandelt, auf der Ebene von Karabetsos' Reaktion.

»Das hört sich für mich nach der Idee einer Journalistin an, die um jeden Preis einen Scoop landen will.«

Als ich ihm Koulakos' Argumente entgegenhalte, kommt er ins Schwanken.

»Hm, der Ertrinkende klammert sich an jeden Strohhalm. In unserer ausweglosen Situation vergeben wir uns nichts, wenn wir auch dort nachhaken.«

Nach Beendigung des Gesprächs kehre ich in mein Büro zurück. Kaum habe ich mich hingesetzt, stürmt Koula herein.

»Ich habe Kaplanis' Frau gefunden. Sie kommt, sobald wir sie vorladen. Soll ich sie jetzt gleich herbestellen?«

»Besser morgen früh. Vielleicht finden unsere Leute in der Zwischenzeit noch etwas Wichtiges heraus. Sonst müssen wir uns auf das Eheleben der beiden beschränken.«

Nach Koulas Weggang bleibe ich nachdenklich sitzen. Wie ich es auch drehe und wende, die Argumente der Stergiou haben Hand und Fuß. Ich sollte meinen Kontakt zu ihr vertiefen, in unserer verfahrenen Situation kann sie mir durchaus nützlich sein.

20

Ich vergewissere mich gar nicht erst, ob Adriani zu Hause ist, um ihr einen guten Abend zu wünschen, sondern eile direkt zum Fernsehgerät und drücke auf die Fernbedienung. Ich bin gespannt, ob ein Bekennerschreiben gefunden wurde, selbst wenn es kein Motiv nennt.

Adriani hat mich nicht aufschließen hören, aber die Stimmen aus dem Fernseher treiben sie aus der Küche. Sie bleibt an der Wohnzimmerschwelle stehen, fixiert mich und bedenkt mich mit einem ihrer Kommentare. »Am Ende ist man genau wie der, über den man sich lustig macht.«

»Was soll dieser Spruch jetzt?«, frage ich überrascht.

»Früher hast du dich über mich lustig gemacht, wenn ich vor der Mattscheibe klebte. Jetzt bist du es, der grußlos zum Einschaltknopf rennt.«

»Das hier ist eine Ausnahme! Ich warte auf neue Entwicklungen in einem Fall, der uns zu schaffen macht«, rechtfertige ich mich.

Meine Erklärung fruchtet wenig. »Wenn du wenigstens Serien gucken würdest! Dann könnte man behaupten, dass wir uns gut ergänzen. Aber dich interessieren weder Politik noch Serien, nur Morde und Verbrechen«, erwidert sie, bevor sie in die Küche zurückkehrt.

Gerade wird, als Appetithäppchen vor der Nachrichtensendung, der TV-Werbeblock kredenzt. Adriani nimmt neben mir Platz.

»Ich möchte die Nachrichten sehen, du die Gewalttaten«, meint sie amüsiert.

Doch sie hat Pech gehabt, da das Bekennerschreiben zum Kaplanis-Mord noch vor allen anderen Nachrichten thematisiert wird.

»Sehr geehrte Zuschauer, soeben ist das Bekennerschreiben zur Ermordung von Lasaros Kaplanis in unsere Hände gelangt. Die Einzelheiten erfahren Sie von Manos Jeralis«, sagt die Nachrichtensprecherin. Sie dreht sich um und fragt ihren zugeschalteten Kollegen: »Wie ist das Schreiben zum Sender gelangt, Manos?«

»Es wurde uns diesmal nicht zugestellt, sondern diktiert«, antwortet der Journalist.

Die Moderation weicht perplex einen Schritt zurück, und ich schnelle vom Sofa hoch. »Diktiert?«, wundert sich die Moderatorin und blickt genauso ungläubig drein wie ich.

»Ja, aber werfen wir zuerst einen Blick auf den Text, bevor wir ins Detail gehen.«

Diesmal erscheint der Bekennerbrief in Druckschrift auf dem Bildschirm.

Gestern Abend haben wir Lasaros Kaplanis hingerichtet. Wie im Fall Paris Fokidis nennen wir den Grund dafür nicht. Es ist Aufgabe der Polizei, das herauszufinden. Wir sagen nur: Er hat den Tod verdient.

Das Heer der Nationalen Idioten

Grundsätzlich ist der Wortlaut ähnlich wie bei Fokidis. Die Täter belassen ihr Motiv im Dunkeln und bürden uns die Drecksarbeit auf, es herauszufinden.

Die Nachrichtensprecherin lässt den Zuschauern noch ein wenig Zeit zum Lesen des Textes, bevor sie sich wieder an ihren Kollegen wendet. »Jetzt sind wir auf die Einzelheiten gespannt, Manos.«

»Ein Anrufer hat sich in der Zentrale gemeldet und wollte den Nachrichtenchef sprechen. Es liege ihm das Bekennerschreiben zur Ermordung von Lasaros Kaplanis vor. Als Herr Stamou das Telefon abnahm, befahl ihm der Anrufer, etwas zum Schreiben zur Hand zu nehmen, da man ihm den Text diktieren würde. Herr Stamou zögerte zuerst und stellte ein paar Fragen. Der Anrufer unterbrach ihn und sagte, wenn er den Bekennerbrief nicht hören wolle, gäbe es auch andere Sender, die ihn gern veröffentlichen würden.«

»Wann ist das Bekennerschreiben bei uns eingegangen?«

»Etwa eine Viertelstunde vor Beginn der Abendnachrichten.«

»Wer war am Apparat, eine Frau oder ein Mann?«, fragt die Moderatorin.

»Ein Mann. Herr Stamou musste exakt den Wortlaut niederschreiben, den die Zuschauer gerade gelesen haben.«

»Anscheinend habt ihr es da mit ein paar Geistesgestörten zu tun«, bemerkt Adriani. »Von Terroristen, die ein Bekennerschreiben diktieren, hör ich zum ersten Mal!«

Ich bleibe ihr die Antwort schuldig, da ich mit meinen Gedanken ganz woanders bin. Nach dem handgeschriebenen Fokidis-Bekennerschreiben in Schönschrift beweisen sie nun schon zum zweiten Mal Originalität, sage ich mir.

Ich trete in den Flur und rufe Dermitsakis auf dem Handy an. Zum Glück geht er sofort ran. »Die treiben uns noch zum Wahnsinn!«, sagt er, sobald er meine Stimme hört.

»Ruf die anderen TV-Sender an und frag, wer sonst noch den Bekennerbrief erhalten hat. Dabei interessieren uns vor allem zwei Punkte. Erstens die Uhrzeit der Anrufe und zweitens, ob eine Frau oder ein Mann am Telefon war. Dann gibst du mir umgehend Bescheid.«

Nach Beendigung des Gesprächs kehre ich auf meinen Platz vor dem Fernseher zurück. Das Thema ist jetzt abgeschlossen, nur noch eine Eilmeldung, die oben rechts über den Bildschirm läuft, erinnert an den Bekennerbrief.

»Guckst du die Nachrichten fertig oder konsultierst du dein *Dimitrakos*-Lexikon?«, will Adriani von mir wissen.

»Ich bleibe bei den Nachrichten«, antworte ich. Eine Wörterbuch-Recherche hat etwas Meditatives. Ich bin jedoch ganz kribbelig vor Ungeduld.

»Ich nehme die Mordgeschichten und du die Nachrichten in Kauf. Heute sind wir ja geradezu ein harmonisches Ehepaar«, bemerkt sie fröhlich.

Der einzige Zeitpunkt, da ich dankbar für Polizeimeldungen bin, ist beim Nachrichtengucken. In Polizeimeldungen erfährt man immer etwas Neues. Die Nachrichtensendungen hingegen handeln immer von ein und demselben: Die Regierung sagt, dass alles unter Kontrolle ist und prima läuft, während die Opposition schimpft, dass die Regierung nur Mist baut. Zwischendurch gibt es, als kulinarische Beilage sozusagen, Kommentare zum gnadenlosen Spardiktat der Deutschen.

Mein Blick ist zwar auf den Bildschirm gerichtet, aber meine Gedanken sind weit weg. Die Nachrichtensprecherin und Adriani mögen ja vom originellen Vorgehen der Täter beeindruckt sein. Ich aber weiß, dass uns die Fokidis-Kalligraphie und das Kaplanis-Diktat nichts als Kopfschmerzen und Scherereien bereiten werden. Zunächst einmal haben wir es mit einem Bombenleger zu tun, der sein Handwerk versteht. Das passt zum Profil eines Terroristen, nicht aber die Art und Weise, wie die Bekennerschreiben in Umlauf gebracht werden, noch, dass kein Motiv genannt wird. Bei Terroristen gilt die Regel, dass sie ausführlich erläutern, wieso sie ihr Opfer getötet haben, und ihre Analyse mit ideologischem Brimborium garnieren.

Das Klingeln meines Handys unterbricht mein Grübeln. Wieder trete ich in den Flur, um besser hören zu können, was mir Dermitsakis zu sagen hat.

»Sie haben drei Sender angerufen und den Bekennerbrief diktiert. Alle drei zur selben Uhrzeit, kurz vor Beginn der Hauptausgabe der Tagesschau. Bei zwei Anrufen war ein Mann und in einem Fall eine Frau am Apparat. Bestimmt haben sie von öffentlichen Telefonzellen aus angerufen.«

»Daran zweifle ich nicht.«

Wir verschieben alles Weitere auf morgen früh, wenn wir wieder im Dienst sind, und legen auf. Die Nachrichten sind zu Ende, und Adriani steht wieder in der Küche, um das Abendessen vorzubereiten.

Ich setze mich aufs Sofa, um meine Gedanken zu ordnen. Nach den beiden Morden zeichnet sich das Bild eines

Bombenlegers in Gestalt eines einsamen Cowboys ab, der den Beistand einer Unterstützergruppe genießt, die nach unseren Erkenntnissen aus lauter Fünfzigjährigen bestehen muss. Damit verkomplizieren sich die Dinge immer weiter. Wie soll man einen Terroristen mit einer so diffusen Unterstützergruppe aufspüren? Karabetsos wird heulen vor lauter Frust, aber auch für uns liegen die Dinge nicht einfach.

»Essen ist fertig!«, ruft Adriani.

Ich mache mich auf den Weg in die Küche, doch schon wieder hält mich mein Handy zurück. Diesmal ist der Vizepolizeipräsident dran.

»Haben Sie das Bekennerschreiben gesehen?«, fragt er.

»Ja«, antworte ich und berichte von Dermitsakis' kurzfristiger Recherche.

»Was schließen Sie daraus?«

»Erst mal noch gar nichts. Nur, dass wir in der Patsche sitzen.« Dann lege ich ihm die Argumente dar, die mir vor seinem Anruf durch den Kopf gegangen sind.

Es bleibt still in der Leitung. »Mit anderen Worten: Jetzt wird's haarig«, lautet schließlich seine treffende Schlussfolgerung. »Ich fürchte, dass es nicht dabei bleiben wird.«

»Das fürchte ich auch, aber versuchen wir zuerst das Motiv für Kaplanis' Ermordung herauszufinden. Vielleicht öffnet uns das ein Türchen.«

»Ich würde gern morgen ein Treffen mit dem Polizeipräsidenten anberaumen. Besser, wenn er alles von Ihnen persönlich hört.«

»Ja, aber erst am frühen Nachmittag, damit ich zuerst meine Lagebesprechungen machen und die nächsten Schritte abstimmen kann.«

Bei diesen Worten fluche ich innerlich, da ich womöglich aus diesem Grund morgen unseren Enkel schon wieder nicht sehe.

»Kommen Sie, sobald Sie fertig sind«, meint er.

Auf dem Weg in die Küche treffe ich eine Entscheidung. Die Terroristen werden mich mit ihrem Versteckspiel nicht davon abhalten, Lambros zu besuchen.

Adriani hat Moussaka zubereitet. Wieder einmal frage ich mich, wann sie das bloß alles schafft.

»Warte morgen bei Katerina auf mich. Ich komme auf jeden Fall vorbei, um den Kleinen zu sehen«, kündige ich ihr an.

»Schön, dann bereite ich dort etwas zum Essen vor. Ich lade auch Sissis ein, damit er seinen Namensvetter wieder mal zu Gesicht bekommt.«

Damit endet unser Gespräch, und wir genießen schweigend das Moussaka. Gleich nach den gefüllten Tomaten sind Auberginen, in jeder von Adrianis Zubereitungsweisen, meine größte Schwäche.

21

Zum ersten Mal enttäuscht mich das *Dimitrakos*-Wörterbuch. Als ich nach dem Eintrag »Terrorist« suche, werde ich nicht fündig. Dann versuche ich es mit »Bombenleger«, aber auch dieser Begriff existiert nicht. Stattdessen blättere ich zum Buchstaben A und stoße auf »Attentäter«:

Attentäter, der: jmd., der einen Mordanschlag verübt; Substantiv, abgeleitet von Attentat, volksetymologisch angelehnt an »Täter«. Das Fremdwort Attentat wird zunächst im Sinne von »versuchtes Verbrechen« verwendet, seit dem 18. Jh. hat es durch den Einfluss von frz. attentat *nur noch die Bedeutung »Mordanschlag auf einen politischen Gegenspieler«.*

Hierzulande werden Terrorattentate mit Autobomben verübt, und der Fahrer ist zu Brei geworden, noch bevor er überhaupt Angst oder Schrecken empfinden kann. Leider kann ich Dimitrakos nicht mehr verständlich machen, dass der Eintrag »Terrorist« fehlt. Schließlich begnüge ich mich mit folgendem Fund:

Feuerwerker, der: Fachmann auf dem Gebiet der Pyrotechnik.

Alles gut und schön, nur betrifft die Pyrotechnik heutzutage nicht mehr bloß Feuerwerke. Hierzulande genügt ein Souterrain oder eine Zweizimmerwohnung, um von Molotowcocktails bis zu Bomben alles Mögliche zu basteln. Wäre Dimitrakos noch am Leben, bräuchte er dringend Nachhilfeunterricht bei Karabetsos, um sein Lexikon zu aktualisieren.

Mit diesen Überlegungen spiele ich, während ich zum Alexandras-Boulevard unterwegs bin. Vor allem deshalb, um die Gedanken an den schweren Tag, der mir bevorsteht, zu verscheuchen.

Als ich für meinen morgendlichen Imbiss in der Cafeteria vorbeischaue, treffe ich dort Karabetsos an, der gerade seinen Morgenkaffee genießt.

»Offenbar glaubst du allen Ernstes, dass du aus den Ermittlungen entlassen bist, so entspannt, wie du aussiehst!«, sage ich zu ihm.

»Komm, setz dich zu mir«, schlägt er vor.

»Keine Zeit, bin jetzt bei der Taucherbrigade und muss das neue Bekennerschreiben aus der Tiefe bergen.«

Sein Lachen schallt noch hinter mir her, während ich zum Fahrstuhl gehe. Ich stelle den Imbiss auf meinen Schreibtisch und rufe Koula zu mir, um zu erfahren, wann Kaplanis' Frau eintrifft.

»Wir haben einen Termin um elf vereinbart.«

»Führen Sie sie nicht in den Verhörraum, sondern in mein Büro. Hier herrscht eine angenehmere Atmosphäre.«

Erleichtert stelle ich fest, dass mir noch genügend Zeit für mein Frühstück bleibt. Doch ich habe die Rechnung ohne den Wirt, das heißt in diesem Fall Koulakos, gemacht.

»Es gibt neue Erkenntnisse«, verkündet er am Telefon.

»Gib mir fünf Minuten, dann bin ich bei dir im Büro.«

Die Hoffnung, in aller Ruhe mein Croissant zu essen, hat sich in Luft aufgelöst. Ich würge es hastig hinunter und fahre zu Koulakos' Büro hoch. Den mitgebrachten Kaffee in der Hand haltend, warte ich auf die Eröffnung der Neuigkeiten.

Koulakos beugt sich zu mir herüber und spricht fast im Flüsterton, als säße er in einem verwanzten Büro.

»Ein Freund von mir sitzt im EU-Parlament. Gestern, nach unserem Gespräch, habe ich ihn angerufen und gebeten, er soll sich bei seinen Kontaktpersonen in der Europäischen Kommission nach dem Verhältnis zwischen Kaplanis und Eurostat erkundigen. Spätabends hat er mich dann zurückgerufen und berichtet, dass nicht nur Eurostat, sondern auch die EU-Kommission mit Kaplanis hochzufrieden war. Ihre Zusammenarbeit war tadellos. Ganz im Vertrauen erzählte er mir dann noch, der griechische Minister hätte Kaplanis einmal ablösen wollen. Aber die Kommission hätte ihr Veto eingelegt, und er musste klein beigeben.«

»Somit trifft die Theorie der Stergiou nicht zu«, schlussfolgere ich.

»Nein, es gab keine Unstimmigkeiten. Die Europäer haben Kaplanis gehätschelt.«

»Zumindest hat sich jetzt aus zuverlässiger Quelle bestätigt, dass dieser Ansatz nirgendwohin führt.« Ich bin nicht sonderlich enttäuscht, denn die Stimme der Vernunft sagt mir, dass Kaplanis' Ermordung nicht auf Meinungsverschiedenheiten oder Konflikte mit der europäischen Statistikbehörde zurückgehen kann.

»Ich habe auch noch etwas zum Fall Fokidis gefunden«, sagt Koulakos noch schnell, als ich schon gehen will.

»Ja?«

»Sein Verhältnis zum Griechischen Hotelierverband war angespannt. Man warf ihm vor, dass sein Londoner Reisebüro vorzugsweise Buchungen für seine eigenen Hotels vornimmt und andere Unterkünfte außen vor lässt.«

»Schön, das könnte ein Mordmotiv sein. Nur sehe ich keinen Zusammenhang mit Kaplanis.«

»Ich auch nicht«, räumt er ehrlicherweise ein.

»Warten wir ab, ob ich von Kaplanis' Exfrau etwas herausbekomme. Dann reden wir weiter.«

Ich gebe Koula Bescheid, dass ich wieder in meinem Büro bin. Kurz darauf erscheint sie mit einer hochgewachsenen, eleganten und immer noch attraktiven Fünfzigjährigen.

Nach der wechselseitigen Vorstellung nimmt die Safiratou mir gegenüber Platz. Wie immer, wenn ich Frauen vernehme, habe ich Koula als Unterstützung dabei.

Ich komme gleich zur Sache, um keine Zeit zu verlieren, aber auch um die Safiratou nicht unnötig aufzuhalten. »Ich habe Sie vorgeladen, um Ihnen ein paar Fragen zu Lasaros Kaplanis zu stellen. Da wir leider immer noch vollkommen im Dunkeln tappen, kann uns der kleinste Hinweis nützlich sein.«

»Da würde ich Ihnen ein Gespräch mit meinem Sohn Christos empfehlen. Von ihm werden Sie mehr erfahren.«

»Warum?«

»Weil Christos eine sehr enge Beziehung zu seinem Vater hatte, wie übrigens auch zu mir. Anscheinend hat ihn die Scheidung dazu animiert, seine Liebe ausgewogen zwischen seinen Eltern aufzuteilen. Mein Kontakt zu Lasaros hingegen hat sich auf das Nötigste beschränkt, weil wir bei jedem Telefonat zu streiten anfingen.«

»War Ihr Verhältnis angespannt?«, frage ich.

»Ja, wegen unseres Sohnes«, erläutert sie. »Lasaros hatte sich für Christos etwas anderes erträumt. Er wollte, dass er Betriebswirtschaft studiert und Fremdsprachen lernt. Er glaubte, seinem Sohn, selbst wenn er kein Unternehmer würde, durch seine Beziehungen einen guten EU-Posten sichern zu können. Christos spricht tadellos Englisch und Französisch, nur von Betriebswirtschaft wollte er nichts wissen. Sein Traum war, Schauspieler zu werden. Als Lasaros das hörte, war er äußerst aufgebracht und hat alles mir in die Schuhe geschoben.«

»Warum Ihnen? Haben Sie Ihren Sohn überredet, Schauspieler zu werden?«, schaltet sich Koula mit einer Frage ein.

Die Safiratou blickt sie mit ernster Miene an. »Ich habe meinem Sohn nie vorgeschrieben, was er studieren soll. Ich habe ihn selbst entscheiden lassen. Außerdem sind Lasaros und ich wohlhabend genug, um Christos zu unterstützen, bis die von ihm gewählte Karriere in Schwung kommt. Lasaros glaubte jedoch, Christos wäre in meiner Weinbar, in der viele Kulturschaffende verkehren, auf die Idee mit dem Künstlerdasein verfallen. Er hat mir vorgeworfen, Christos würde arbeitslos werden und als Kellner in meinem Lokal enden.« Sie macht eine Pause und lächelt. »Kellner wäre er bestimmt nicht geworden. Als Sohn der Inhaberin hätte ihm später das Lokal gehört.«

»Können Sie uns Ihren Exmann beschreiben?«, frage ich sie. »Was war er für ein Mensch? Gab es Auseinandersetzungen im Kollegenkreis oder mit seinem übrigen Umfeld?«

»Ich kann Ihnen nur eins sagen: Er war der abweisendste Mensch, dem ich je begegnet bin. Daher weiß ich nicht, was für Beziehungen er zu seinem Umfeld hatte, ob es Konflikte, Streitereien oder Feindschaften gab. Stellen Sie sich vor, er hat mir nicht mal erzählt, wenn er zum Arzt musste! Habe ich es dann herausbekommen und ihn danach gefragt, meinte er bloß, er habe mich nicht beunruhigen wollen.«

Sie hält inne und fährt dann fort. »Aus diesem Grund wollte ich die Scheidung, Herr Kommissar. Mit einem Menschen, der so verschlossen ist wie ein Panzerschrank, kann man kein Familienleben führen. Bei Panzerschränken muss man den Code kennen. Bei Lasaros wusste nur er allein, wie er lautet.«

Schon wieder! Wen wir auch befragen, immer stoßen wir uns an Kaplanis' Schutzwall den Kopf ein. Ich mache einen letzten Versuch.

»Sie können uns also nicht sagen, wer einen Grund gehabt hätte, ihn zu töten?«

Die Safiratou zuckt mit den Schultern. »Hm, ich habe mich im Verlauf unserer Ehe immer wieder gefragt, ob so ein Dasein lebenswert ist. Aber es kommt mir unwahrscheinlich vor, dass er dafür den Tod verdient haben soll, wie es im Bekennerschreiben heißt.« Sie überlegt kurz. »Lasaros hatte in seinem Leben nur eine Passion, Herr Kommissar: die Welt der Finanzen und der Wirtschaft. Darüber hinaus ließ er vielleicht noch Ärzte und Rechtsanwälte gelten. Alles andere hat er aus seinem Leben gestrichen. Ob diese Passion die Ursache für seine Ermordung war, muss die Polizei klären.«

Ganz zu Recht spielt sie mir den Ball zurück. Ich wüsste nicht, welche Fragen ich noch stellen sollte, deshalb verabschiede ich die Safiratou. Ich bitte Koula, sie zum Fahrstuhl zu begleiten und anschließend die Kollegen zu informieren. Ich muss ja nicht eigens eine Lagebesprechung einberufen, um alles zu wiederholen. Lieber bleibe ich ein bisschen allein, um meine Argumente zu sortieren, bevor ich dem Vizepolizeipräsidenten Bericht erstatte.

Der einzige neue Aspekt, den wir von der Safiratou erfahren haben, ist Kaplanis' Leidenschaft für die Welt der Finanzen und der Wirtschaft. Das verbindet ihn mit Fokidis. Fokidis war Unternehmer, Kaplanis war Beamter mit einem brennenden Interesse für diesen Berufszweig. Fokidis hat für sein unternehmerisches Genie und für seine Gier mit dem Leben bezahlt. Und Kaplanis? Er mag sich ja leidenschaftlich für die Wirtschaftswelt interessiert und es aus diesem Grund auch bis zum Abteilungsleiter im Griechischen Statistikamt gebracht haben. Aber dass er deshalb umgebracht wurde? Wohl kaum.

Wir müssen tiefer schürfen, uns fragen, ob es nicht doch eine Verbindung zwischen Fokidis und Kaplanis gibt, die beide Taten zueinander in Beziehung setzt. Obwohl ich nicht viel Hoffnung habe, könnte eine von beiden geteilte Passion womöglich ein Türöffner für uns sein. Diese Tür weiter aufzustoßen kann nur gelingen, wenn wir Fokidis' Leben durchleuchten, da Kaplanis – in den Worten seiner Exfrau – unzugänglich wie ein Panzerschrank war.

Ich rufe Dermitsakis und Dervisoglou zu mir. Noch

während ich ihnen meinen Gedankengang darlege, macht sich Skepsis auf ihren Gesichtern breit.

»Wir haben ihn völlig durchgecheckt und nichts gefunden, Herr Kommissar«, meint Dermitsakis.

»Klar, wir suchen die Nadel im Heuhaufen. Aber wir sollten noch einen weiteren Versuch starten. In welchem Bereich habt ihr am wenigsten recherchiert?«

»Im Studentenheim«, antwortet Dervisoglou.

»Dann nehmt euch das vor. Vielleicht finden wir über mittellose Studierende mit arbeitslosen Eltern irgendeinen Anhaltspunkt.«

Ihre Gesichter sind immer noch skeptisch, als sie wieder gehen. Offensichtlich habe ich sie nicht überzeugen können. Der Ertrinkende, wie auch schon der Vizepolizeipräsident anmerkte, klammert sich an den letzten Strohhalm.

Ihm gebe ich jetzt auch telefonisch Bescheid, dass ich losfahre. Kurz geht mir der Gedanke durch den Kopf, einen Streifenwagen zu nehmen. Aber ich entscheide mich dagegen. Mir ist mein Privatwagen lieber, da ich im Anschluss an die Besprechung für heute Schluss machen und unser Enkelkind besuchen möchte.

Die Wächter im Vorraum winken mich mit einem kurzen Nicken durch, ohne dem Vizepolizeipräsidenten mein Eintreffen anzukündigen.

Bei meinem Anblick erhebt er sich. »Gibt's was Neues?«, fragt er. Offenbar kann er meinen Bericht nicht abwarten, bis wir im Büro des Polizeipräsidenten sind.

»Es liegen ein paar Informationen vor, aber ob sie zu neuen Erkenntnissen führen, ist noch nicht absehbar.«

»Kommen Sie, der Polizeipräsident erwartet uns. Dort besprechen wir alles ausführlicher.«

Wir gehen den Korridor entlang, treten ins Vorzimmer, grüßen nach links und nach rechts und landen schließlich im Büro des Polizeipräsidenten.

Er deutet auf die beiden Sessel vor seinem Schreibtisch. Sobald wir sitzen, heftet er den Blick auf mich: »Ich höre.«

Ich beginne mit einer eingehenden Erörterung, der meine Vorgesetzten ohne Unterbrechungen oder Zwischenfragen lauschen.

»Der Hinweis der Journalistin zur Europäischen Statistikbehörde führt also ins Leere«, räumt der Polizeipräsident ein, als ich zu Ende gesprochen habe. »Schließen Sie die Möglichkeit einer ausländischen Beteiligung an den beiden Terrorakten aus?«

»Zum derzeitigen Punkt der Ermittlungen können wir gar nichts ausschließen«, erwidere ich. »Aber warum sollten ausländische Terroristen einen griechischen Unternehmer und einen griechischen Beamten töten? Die haben doch in ihren eigenen Ländern genug Unternehmer und Beamte.«

»Vielleicht, weil sie uns krisenbedingt für schlechter organisiert halten«, lautet das Argument des Vizepolizeipräsidenten.

»Die griechische Polizei hat neben den britischen und spanischen Kollegen mehr Erfahrungen und Kenntnisse in der Bekämpfung von Terrororganisationen als andere europäische Länder. Darüber hinaus gibt es aber noch einen weiteren Punkt.«

»Und welchen?«, fragt er mich.

»Welche ausländische Terrorgruppierung schafft es, in

Griechenland Mittäter mit kalligraphischer Begabung aufzutreiben, die ihr das Bekennerschreiben zu Fokidis' Ermordung verfassen? Und welche findet gleich drei Unterstützer, die das Bekennerschreiben zum Mord an Kaplanis verschiedenen Fernsehsendern diktieren?«

»Schon gut, Sie haben uns überzeugt«, gibt der Polizeipräsident zu. »Leider bringt uns das der Lösung nicht näher.«

»Nein, ganz im Gegenteil, uns sind die Hände gebunden.«

»Wie, die Hände gebunden?«, wundert sich der Vizepolizeipräsident.

»Nun, ich fürchte, wir müssen abwarten, bis die Terroristen einen Fehler begehen, damit wir den ganzen Fall entschlüsseln können. Meiner Erfahrung nach machen sie irgendwann immer einen Fehler. Nur wissen wir nicht, was uns bis dahin ins Haus steht.«

Die Besprechung hat uns alle in eine Depression gestürzt. Doch als ich in den Seat steige und den Weg zur Wohnung meiner Tochter einschlage, lässt mich die Vorfreude auf unseren Enkelsohn kurzerhand alle unerfreulichen Dinge vergessen.

22

Während ich an seinem Bett stehe, mustere ich ihn. Seine Äuglein sind geschlossen. Er ist ein Winzling, der so, wie alle anderen Menschen auch, im Schlaf atmet. Ich habe den Eindruck, dass er gewachsen ist, seit ich ihn zuletzt gesehen habe, aber das kann ich mir bloß einbilden. Babys wachsen andererseits wirklich sehr schnell. Bei Katerina hatte ich damals den gleichen Eindruck.

Auf Zehenspitzen schleiche ich aus dem Kinderzimmer, um ihn nicht zu wecken, und gehe ins Wohnzimmer. Dort ist die ganze Familie samt der künftigen Taufpatin mit ihrem deutschen Partner versammelt.

»Man darf es nicht zu laut sagen, aber er ist so ein hübscher Junge!«, erkläre ich der Runde.

»Seit Jahren habe ich meinen Vater nicht mehr so begeistert gesehen!«, meint Katerina fröhlich.

Damit hat sie ganz recht. Wenn man sein halbes Leben im Polizeipräsidium verbringt und sich beinahe tagtäglich mit Mördern und Verbrechern herumschlagen muss, kann man sich schwer für etwas begeistern. Nagende Zweifel und ständiges Misstrauen schleichen sich ein, und man lernt, seine Erwartungen herunterzuschrauben.

»Ich gehe Lambros stillen«, sagt Katerina und steht auf.

»Dann weckst du ihn aber«, sage ich. Das Bild unseres

friedlich schlummernden Enkels steht mir noch lebhaft vor Augen.

»Wenn ich ihn an die Brust lege, nuckelt er im Schlaf. Du hast ja wirklich alles vergessen, Papa.«

»Deinem Mann wird es nicht anders ergehen. Mach dir keine allzu großen Hoffnungen«, sagt Adriani zu ihr und schlägt mit ihrem Spruch gleich zwei Fliegen mit einer Klappe.

Uli, der verwundert vom einen zum anderen blickt, sagt schließlich mit Blick auf Mania: »Bekommen die Frauen in Griechenland nicht frei, wenn sie ein Kind zur Welt bringen?«

»Das heißt Mutterschaftsurlaub, Uli«, erklärt ihm Mania. »Aber Katerina und ich bekommen als Freiberuflerinnen so etwas nicht, sondern nur Angestellte.«

»Ja, eben«, stimmt Uli zu und wendet sich an Adriani. »Bei uns gibt es die sogenannte Elternzeit. Dennoch gehen oft die Väter, genau wie in Griechenland, auch in Deutschland weiter arbeiten, und die Frauen kümmern sich um die Babys.«

Adriani weicht Ulis Blick aus und bleibt stumm. Nur ein Deutscher kann meine Frau zum Schweigen bringen, denke ich.

Die Diskussion endet hier, da die Türglocke schellt. Mania geht öffnen. Es ist Sissis, der ein Päckchen in der Hand hält.

»Schon wieder ein Mitbringsel?«, schimpft ihn Adriani. »Haben wir uns nicht geeinigt, dass du damit aufhören sollst? Du gehörst doch zur Familie, Lambros. Geschenke bringt man doch nur zum Besuch bei Fremden mit.«

Sissis tritt wortlos auf sie zu und überreicht ihr das Päckchen. »Schau mal rein«, sagt er.

Adriani macht das Paket auf und holt eine Babyrassel aus Plastik hervor. Als sie die Rassel schüttelt und dem Klang lauscht, muss sie lachen.

»Du bist wirklich unglaublich!«, sagt sie zu ihm.

»So eine Rassel war mein einziges Spielzeug, als ich klein war«, erläutert er ihr. »Zu unserer Zeit waren sie aber aus Metall. Ich habe eine solche gesucht, aber keine gefunden«, fügt er fast entschuldigend hinzu.

In diesem Moment erscheint Katerina mit dem Enkel. Sissis geht direkt auf die beiden zu.

»Na, wie läuft's, Namensvetter?«, fragt er, während er sich über ihn beugt. »Du bist ja schon wieder mächtig gewachsen!«

Fanis steht auf, nimmt Adriani die Rassel aus der Hand, tritt zu seinem Sohn und zeigt sie ihm. »Sieh mal, was Opa Lambros mitgebracht hat!«

Adriani, Katerina und ich blicken uns unwillkürlich an. Bis jetzt haben wir Sissis nie Opa genannt. Wir befürchteten, Fanis könnte vielleicht glauben, dass wir seinem Vater einen Konkurrenten an die Seite stellen wollen. Aber nun hat Fanis selbst diese Lösung gewählt.

Fanis scheint unsere Gedanken zu lesen, denn er fügt hinzu: »Es ist doch nichts Schlimmes, wenn Lambros drei Großväter hat.«

»Ganz und gar nicht!«, pflichtet Adriani, ohne zu zögern, bei.

»Hauptsache, er hat keine zwei Väter«, fügt Fanis mit einem Auflachen hinzu.

»Pff, du mit deinen dummen Sprüchen«, tadelt ihn Katerina streng.

Mit einem Mal schlägt unser Enkel die Augen auf, als hätte er begriffen, dass von ihm die Rede ist. Zuerst blickt er seine Mutter an, dann wendet er den Kopf ein bisschen zur Seite, um die anderen zu betrachten.

»Na bitte, er hat verstanden, dass wir von ihm reden. Ein kluges Kind!«, sagt Adriani begeistert und eilt zu ihm. »Mein lieber Junge!«

Der ganze Aufruhr wird Lambros zu viel, und er beginnt zu weinen.

Katerina ruft uns zur Ordnung. »Mein Sohn ist noch nicht wirklich gesellschaftsfähig«, erklärt sie und bringt Lambros in sein Zimmer.

Sissis nähert sich Fanis. »Danke, dass du mich zum Großvater gemacht hast, obwohl ich in meinem Leben nie Vater geworden bin«, sagt er und umarmt ihn.

Adriani geht in die Küche, um das Essen zuzubereiten. Sie hat beschlossen, dass wir heute Abend ein Familienessen veranstalten. Mania folgt ihr wie immer, um ihr zur Hand zu gehen.

»Wie läuft die Sache mit den ›Nationalen Idioten‹?«, fragt mich Fanis, als die Herrenrunde allein zurückbleibt.

Diesen Fall, der mir so schwer auf der Seele liegt, will ich hier um keinen Preis besprechen, weshalb ich vom Thema ablenke.

»Fanis, ich befasse mich den ganzen Tag mit den ›Nationalen Idioten‹, mir steht die Sache bis hier oben«, erläutere ich mit einer Handbewegung. »Das Einzige, was ich dir dazu sagen kann, ist: Sie haben uns ebenfalls zu Idioten gemacht. Wir wissen gar nicht mehr, wo uns der Kopf steht.«

»Zumindest das ist ihnen gelungen«, kommentiert Sissis. »Jahrelang haben wir zu beweisen versucht, dass Polizisten Idioten sind. Aber ohne Erfolg!«

Als Katerina ihre Mutter und Mania nicht im Wohnzimmer erblickt, schlägt sie den Weg zur Küche ein.

»Bleib hier«, kommt ihr Fanis zuvor. »Setz dich und erhol dich ein bisschen. Zu viele Köche verderben den Brei.« Außerdem deckt Mania schon den Tisch. Als sie fertig ist, kehrt sie in die Küche zurück. Kurz darauf taucht sie zusammen mit Adriani wieder auf, und sie beginnen, Tellerchen auf dem Tisch aufzureihen.

»Nehmt ruhig schon Platz«, meint Adriani.

Wir erheben uns, und dabei sehe ich, dass auf den Tellerchen geräucherte Makrelen, Forellen und auch Sardinen liegen. Angesichts der tiefen Teller schließe ich, dass wir eine Art Suppe essen werden.

Meine Prophezeiung bewahrheitet sich, als Mania mit einem Topf hereintritt und Adriani die Teller mit Bohnensuppe füllt. Als Erster äußert Uli seine Bewunderung.

»Offenbar hast du eine Schwäche für Bohnensuppe«, meint Sissis.

»Tja, er beschwert sich, weil ich sie zu Hause nie koche«, erläutert Mania.

»Frau Adriani, darf ich mal zu Ihnen nach Hause kommen?«, fragt Uli.

»Gern, Uli, aber wozu?«

»Damit Sie mir zeigen, wie man Bohnensuppe zubereitet.«

Sissis klatscht in die Hände, auch die Übrigen fallen ein, nur Mania wirft Uli einen schrägen Blick zu.

Fanis holt eine Flasche Rotwein und füllt die Gläser. Uli greift sofort nach seinem Glas und erhebt es.

»Willst du einen Toast ausbringen?«, wundert sich Mania.

»Ja, ich möchte euch gern sagen, dass ihr eine ganz tolle Familie seid. So ähnlich soll auch unser Kind aufwachsen, wenn es bei uns so weit ist.«

»Aber wie soll das gehen? Wie kann unser Kind so ähnlich aufwachsen?«, wundert sich Mania. »Meine Eltern sind gestorben. Sollen wir deine aus Freiburg herholen, damit wir eine richtige Familie sind?«

»Ich meine doch nur, dass es in dieser Familie aufwachsen soll«, erläutert ihr Uli, und alle erheben sich, um ihm zuzuprosten.

»Uli, mein Junge, warum nimmst du nicht unsere Staatsbürgerschaft an?«, meint Adriani zu ihm. »Bald bist du griechischer als wir alle zusammen!«

»Sie hat ganz recht«, unterstützt Katerina sie. »Mit mir als deiner Freundin und Rechtsanwältin und meinem Vater als Polizist bist du *pits fitili* eingebürgert.«

»Was heißt denn das?«, wundert sich Uli.

Wir lachen alle über den lautmalerischen Ausdruck, und Katerina erklärt Uli, dass die ursprünglich türkische Redewendung besagt: so schnell, wie du eine Lunte zündest.

»Was ist so lustig?«, will Uli von uns wissen. »Das ist genauso, wie wenn ich zum Kommissar *Opa!* sage und er ›hopp‹ versteht und aufsteht und tanzt. Dabei heißt *Opa* auf Deutsch Großvater.«

Er hat erneut für Heiterkeit gesorgt, und die vergnügte Atmosphäre hält bis zum Ende des Essens an. Anscheinend will uns auch das Baby die Stimmung nicht verderben, denn es gibt keinen Mucks von sich. Katerina geht mehrmals hinüber, um einen Blick auf den Kleinen zu werfen, aber er schlummert friedlich.

»Heute haben wir uns wirklich gut unterhalten«, bemerkt Adriani zu mir, als wir unterwegs nach Hause sind.

»Ja, ein bisschen Spaß hatte ich nötig.« Tatsächlich ist es mir zum ersten Mal seit langem gelungen, den beruflichen Ärger kurz zu vergessen und mich zu entspannen.

23

Weder Koulakos noch Karabetsos überbringt mir die Neuigkeit, sondern meine Assistentin. Kaum bin ich im Büro, stürmt Koula herein und legt mir einen Computerausdruck vor.

»Was ist das?«

»Lesen Sie, dann sehen Sie selbst.«

Gehorsam mache ich mich an die Lektüre.

Unsere Polizei ist keinen roten Heller wert. Habt ihr Bullen wirklich geglaubt, dass es eine Verbindung zwischen Kaplanis und Fokidis gibt? Kaplanis war die größte Kanaille, die der griechische öffentliche Dienst je gesehen hat. Er stellte anderen Fallen und ging für seinen Aufstieg über Leichen. Hätte die Polizei nur ein bisschen Grips und wäre sie im Finanzministerium vorstellig geworden, wo Kaplanis seine Karriere gestartet hat, hätten ihr dort viele erzählen können, was für Spielchen er trieb, um sich bis zum ersehnten Posten beim Griechischen Statistikamt hochzudienen. Politische Ränkespiele, Verleumdungen, anderen ein Bein stellen, das ganze Programm. Hinter dem unbeschriebenen Blatt namens Kaplanis verbirgt sich ein intriganter Ränkeschmied. Und die Bullen suchen nach irgendwelchen ›Nationalen Idioten‹. Wer sind jetzt die größeren Idioten? Die Mörder oder die Polizei?

Die Unterschrift unter dem Text lautet: *Der Troglodyt im Klientelstaat.*

»Wo haben Sie das aufgetrieben?«, frage ich Koula, nachdem ich alles ein zweites Mal durchgelesen habe, um es mir einzuprägen.

»Auf Facebook. Jeden Morgen schaue ich mich auf der Suche nach Hinweisen dort um. Dabei bin ich darauf gestoßen.«

»Bringen Sie mir gleich drei Ausdrucke davon.«

In der Zwischenzeit ersuche ich Stella, Koulakos und Karabetsos, aber auch Vellidis von der Computerkriminalität in Gikas' Büro zu rufen. Ich bin schon drauf und dran, den Vizepolizeipräsidenten zu kontaktieren, überlege es mir aber anders. Besser, ich informiere ihn erst nach der Lagebesprechung, wenn wir wissen, wie wir vorgehen wollen.

Sobald mir Koula den Text in dreifacher Ausfertigung gebracht hat, begebe ich mich hoch in Gikas' Büro. Vellidis und Karabetsos sind schon eingetroffen, wir warten nur noch auf Koulakos.

»Was habe ich mit der Sache zu tun? Ich dachte, ich wäre aus dem Schneider«, sagt Vellidis zu mir.

»Wenn Ilias da ist, besprechen wir das ausführlicher.«

Nach Koulakos' Eintreffen verteile ich den Ausdruck. Die anderen vertiefen sich in die Lektüre und richten dann ihre Blicke auf mich.

»Wer ist dieser Troglodyt?«, fragt mich Karabetsos.

Ohne auf die Frage einzugehen, wende mich an Vellidis.

»Genau deswegen habe ich dich hergebeten. Wir müssen herausfinden, wer sich hinter der Bezeichnung ›Troglodyt im Klientelstaat‹ verbirgt.«

»Mit ein bisschen Glück kriegen wir es schnell heraus, es könnte aber auch ein Weilchen dauern.«

»Was sollen wir in der Zwischenzeit tun?«, will Koulakos von mir wissen.

»Das Problem ist«, antwortet Karabetsos an meiner Stelle, »dass dieser Troglodyt sehr allgemein und unbestimmt argumentiert, ohne konkrete Namen zu nennen. Selbst wenn wir herausfinden, an welcher Dienststelle er im Finanzministerium tätig war, können wir dort nicht einfach aufmarschieren und aufs Geratewohl Fragen stellen. Die meisten werden den Mund halten, nicht nur aus Rücksicht auf Kaplanis' Andenken, sondern auch aus Angst, dass ihre eigene Schmutzwäsche in der Öffentlichkeit gewaschen wird.«

»Du hast recht, aber da gibt es noch etwas anderes«, füge ich hinzu. »Wenn man in höheren Sphären davon erfährt, kann es durchaus sein, dass man unseren Minister kontaktiert und der Vernehmung einen Riegel vorschiebt.«

»Das passiert sogar ganz sicher, aber aus einem anderen Grund«, meint Koulakos. »Die Eurostat hielt große Stücke auf Kaplanis. Sie wird Druck ausüben, und zwar aus Angst, dass Unregelmäßigkeiten ans Licht kommen, die sie in die Bredouille bringen könnten.«

»Und, was machen wir?«, fragt Karabetsos.

»Es gibt nur eine Lösung«, erläutere ich ihnen. »Unser Minister setzt sich mit dem Finanzministerium in Verbindung und sichert uns in dessen Führungsgremium eine

Kontaktperson. Wenn wir den offiziellen Weg beschreiten, kann das Finanzministerium unsere Befragung nicht verhindern.«

»Einverstanden, das ist die beste Lösung«, sagt Vellidis.

»Und, wie gehen wir jetzt weiter vor?«, fragt Koulakos.

»Ich schicke den Text an den Vizepolizeipräsidenten und erkläre ihm, worauf wir uns geeinigt haben. Ich hoffe nur, dass wir in der Hierarchie der zuständigen Funktionäre nirgendwo hängen bleiben.«

Sobald ich wieder in meinem Büro bin, rufe ich den Vizepolizeipräsidenten an. »Ich schicke Ihnen einen Text, den wir auf Facebook gefunden haben. Bitte lesen Sie ihn durch, dann sprechen wir darüber.«

Ich bitte Koula, den Facebook-Eintrag sofort an den Vizepolizeipräsidenten zu mailen. Zehn Minuten später ruft er zurück.

»Glauben Sie, dass der Typ recht hat und es keine Verbindung zwischen den beiden Mordfällen gibt?«, fragt er mich.

»Vellidis versucht gerade, die Identität dieses Troglodyten festzustellen, während wir dringend einige Führungskräfte aus dem Finanzministerium vernehmen sollten.« Und ich fasse ihm die interne Besprechung zusammen.

Er überlegt nicht lange. »Ihr Gedankengang ist richtig, und ich werde ihn dem Polizeipräsidenten nahelegen. Hoffentlich gibt es keine Einwände seitens des Ministers.«

Da ich weiß, dass das Gespräch mit dem Minister und die Kontaktaufnahme mit dem Finanzministerium Zeit brauchen, bitte ich meine Leute zur Lagebesprechung. Alle haben den Text gelesen, ich meinerseits bin ihnen noch ein

Update zum Gespräch mit den anderen Abteilungsleitern schuldig.

»Können wir ausschließen, dass es sich um *fake news* handelt? Davon wimmelt es doch auf Facebook nur so«, fragt Askalidis.

»Nein, können wir nicht. Die Vorwürfe sind nur angedeutet, daher können wir nicht wissen, ob es sich um Phrasendrescherei oder um handfeste Informationen handelt. Wir müssen überprüfen, ob die Behauptungen im Facebook-Text stimmen. Das ist die einzige Lösung.«

»Glauben Sie, die Leute im Finanzministerium werden uns die Wahrheit sagen?«

Bei Dermitsakis' Einwand platzt mir die Hutschnur. »Was schlägst du dann vor, bitte schön?«, frage ich ihn erbost. »Willst du sagen, dass es sich nicht lohnt, die Informationen nachzuprüfen, da man uns ohnehin nur anlügen wird?«

»Natürlich nicht, ich bin bloß pessimistisch.«

»Die Ermittlungen hängen nicht von unserem Pessimismus oder Optimismus ab, Dermitsakis. Wir haben gewisse Informationen erhalten, und denen müssen wir nachgehen. Sehr wahrscheinlich werden wir auf eine Mauer des Schweigens stoßen, aber wir können diese Informationen nicht einfach abtun, nur weil die Möglichkeit besteht, dass die Befragten sich nicht äußern wollen.«

»Wenn die Gerade nicht zum Ziel führt, könnte eine Kurve helfen«, wirft Dervisoglou ein.

»Was für eine philosophische Bemerkung! Aber sagen Sie geradeheraus, was Sie denken, Sie wissen ja, wir sind hier alles simpel gestrickte Bullen.«

»Ich will damit Folgendes sagen: Wenn wir von den Führungskräften im Finanzministerium auf direktem Weg nichts über Kaplanis erfahren, könnten wir die Ermittlungen auf das Umfeld der Befragten ausdehnen.«

»Das ist eine gute Idee –« Ich muss mein Loblied auf Dervisoglou unterbrechen, da sich der Vizepolizeipräsident telefonisch dazwischenschaltet.

»Der Abteilungsleiter für Finanzpolitik, Herr Themis Lytras, erwartet Sie. Sie werden allein, ohne Mitarbeiter hingehen. Wenn Sie fertig sind, kommen Sie zu uns, weil der Minister Ihren Bericht hören will.«

Ich ersuche Koula um die Bereitstellung eines Streifenwagens, da ich nicht vorhabe, die Fahrten in meinem Privatwagen zu absolvieren und wie ein Wahnsinniger einen Parkplatz zu suchen.

Bereit zum Aufbruch, höre ich auf dem Korridor den vertrauten Krawall, der das Eintreffen der Reportermeute ankündigt. Ich werde wütend. Auf einen Plausch mit den Journalisten habe ich jetzt wirklich keine Lust.

Als ich auf den Korridor trete, höre ich von allen Seiten dieselbe, nur unterschiedlich formulierte Frage.

»Haben Sie den Post auf Facebook gesehen, Herr Kommissar?«

»Wir haben ihn registriert, aber es ist verfrüht, dazu irgendeine Erklärung abzugeben«, antworte ich so ruhig wie möglich. »Erstens, weil wir die Behauptungen in diesem Post noch nicht gegenprüfen konnten. Und zweitens, weil wir derzeit versuchen, die Identität des unbekannten Urhebers zu klären. Daher kommt Ihre Frage zum falschen Zeitpunkt.«

Danach gehe ich, ohne mich noch mal umzublicken, geradewegs zum Fahrstuhl.

Mit dem Streifenwagen brauche ich circa eine Viertelstunde zum Ministerium. Anscheinend wurde mein Name an der Rezeption hinterlegt, da man mich sofort und ohne weitere Nachfragen zum Büro des Leiters der Abteilung für Finanzpolitik schickt.

Die Sekretärin führt mich umgehend in sein Arbeitszimmer. Er ist in den Fünfzigern, dick und glatzköpfig.

»Marianna, rufen Sie Michaleas und Jannoukos her«, sagt er zu seiner Sekretärin. Dann wendet er sich mir zu. »Setzen Sie sich, Herr Kommissar.« Dabei deutet er auf den Stuhl vor seinem Schreibtisch.

Einen Augenblick lang messen wir uns mit den Blicken. Er mustert mich, während ich darauf warte, dass er als Erster den Mund aufmacht. Schließlich tut er mir den Gefallen.

»Glauben Sie, dass der Quatsch, den dieser Typ auf Facebook verbreitet, irgendeine Grundlage hat? Auf Facebook und Twitter kann jeder x-Beliebige Unsinn faseln.«

Ich bemühe mich, zurückhaltend und neutral zu reagieren. »Da kann ich nicht widersprechen, Herr Lytras. Nur stehen wir in den Ermittlungen im Fall Lasaros Kaplanis an einem toten Punkt. In solchen Fällen muss die Polizei jedem Hinweis und jeder auch noch so unwahrscheinlichen Information nachgehen.«

Ihm bleibt keine Zeit für eine Antwort, da die Tür aufgeht und seine beiden Mitarbeiter eintreten. Der Generalsekretär stellt sie mir vor. Michaleas ist in seinem Alter, Jannoukos hingegen jünger.

»Herr Michaleas und Herr Jannoukos haben mit Lasaros

Kaplanis zusammengearbeitet und werden Ihnen Rede und Antwort stehen.«

»Ich nehme an, Sie haben den Facebook-Post gelesen«, sage ich einleitend.

»Ja«, antworten beide wie aus einem Mund.

»Wenn wir die Person hinter dem Pseudonym ›Troglodyt im Klientelstaat‹ gefunden haben, werden wir ihn vernehmen«, sage ich, da ich ihnen von Anfang an zu verstehen geben will, dass wir ihre Aussagen damit abgleichen werden. »Ich würde gern Ihre Meinung hören. Liegt in den Behauptungen des Unbekannten auch nur ein Körnchen Wahrheit verborgen?«

Erst einmal folgt Stille, dann ergreift Michaleas das Wort. »In der Bezeichung ›unbeschriebenes Blatt‹ steckt schon ein Körnchen Wahrheit«, sagt er. »Kaplanis kann man in der Tat so nennen. Er war nicht nur introvertiert, sondern hinterhältig und ein Kulissenschieber. Seine Beziehungen hat er im Verborgenen spielen lassen.«

Michaleas' Ansicht eröffnet automatisch eine zweite Ebene – hinter den Kulissen –, die wir nun, wie Dervisoglou vorausgesehen hatte, untersuchen müssen. Wie wir allerdings Kaplanis' Kulissenschieberei durchschauen sollen, muss ich mir später überlegen.

So wende ich mich an Jannoukos. »Wollen auch Sie Ihre Meinung äußern?«, frage ich.

Er antwortet nicht sofort, sondern blickt mich mit einem Lächeln an. »Ich bin keine Führungskraft wie Herr Michaleas, Herr Kommissar, sondern ein kleiner Angestellter. Kaplanis war mein Vorgesetzter in der Abteilung für Finanzpolitik. Alle haben vor ihm gezittert. Nicht weil er ein strenger Vorgesetzter, sondern weil er ein Denunziant war. Er hat alle ohne jeden Unterschied denunziert. Die niedrigeren Ränge kennen sich mit zwei Dingen besser aus als ihre Vorgesetzten: mit der notwendigen Drecksarbeit und mit dem Geflüster auf den Korridoren. Unter Kollegen erfährt man jede Menge. Immer wieder war von Versetzungen die Rede, des Öfteren war ein Kollege am Boden zerstört, weil er eine Abmahnung bekommen hatte. Alle wussten, dass Kaplanis dahintersteckte. Ob die anderen Aussagen auf Facebook stimmen, kann ich nicht sagen, da sie ranghöhere Beamte betreffen. Zu diesen Kreisen haben Normalsterbliche keinen Zugang.«

Alle waren sich also einig, dass Kaplanis Spielchen spielte, aber keiner wusste genau, was für welche. Da Kaplanis schwieg wie ein Grab, konnte niemand nachbohren. Gräber werden von Grabräubern aufgebrochen, und ich fürchte, das wird nun die Rolle der Polizei sein.

Ich lobe sie, um ihnen auf meine nächste Frage eine Antwort zu entlocken. »All diese Informationen sind wertvoll, aber ich frage mich eins: Wie ist es Kaplanis gelungen, als Abteilungsleiter für Finanzpolitik eine Führungsposition im Griechischen Statistikamt zu ergattern?«

Beide zugleich richten ihre Blicke auf Lytras. Der fühlt sich in die Enge getrieben und sucht nach Worten. »Das war vor meiner Amtszeit«, sagt er schließlich.

»Schon, aber ist in Ihrer Amtszeit seine Versetzung diskutiert worden oder sind Ihnen gewisse Informationen zu Ohren gekommen?«

Lytras zögert erneut, während ihn seine Mitarbeiter weiterhin fixieren. »Meines Wissens war es der Wunsch der

Europäischen Statistikbehörde«, antwortet er letztlich. Er merkt, dass ich ihn überrascht anstarre, und begreift, dass er mir Nachhilfeunterricht erteilen muss. »Kaplanis hatte als Abteilungsleiter für Finanzpolitik viele Kontakte zur Europäischen Kommission. Anscheinend hat er die Europäer überzeugt, dass er der geeignete Mann für die Statistikbehörde sei.« Nach einer kurzen Pause fügt er hinzu: »Offenbar hat die frühere Führung des Ministeriums wegen des ohnehin schon hohen Drucks, der auf Griechenland lastete, klein beigegeben.«

Hiermit sind meine Fragen erschöpft. Ich glaube nicht, dass weitere Antworten das Bild stärker erhellen können.

»Vielen Dank für Ihre Zeit und die Auskünfte, die Sie mir gegeben haben«, sage ich und erhebe mich. Nach einem dreifachen Händedruck mache ich mich auf den Weg.

Im Fahrstuhl geht mir der Gedanke durch den Kopf, dass angesichts der frisch gesammelten Eindrücke der Ausdruck »Kanaille« besser zu Kaplanis passt als »unbeschriebenes Blatt«. Durch das, was ich in Erfahrung bringen konnte, sehe ich ihn jetzt zwar deutlicher vor mir, doch leider lenkt das die Ermittlungen noch immer in keine konkrete Richtung.

Im Streifenwagen brause ich schließlich zur nächsten Besprechung.

24

Wie üblich empfängt mich der Vizepolizeipräsident. Schon am Empfang hatte er die Anweisung hinterlegt, mich direkt in sein Büro vorzulassen. Bei meinem Anblick kann er seine Anspannung nicht verbergen.

»Wie ist es gelaufen?«

Ich zucke die Achseln. »Reibungslos, aber es kam nichts Weltbewegendes heraus. Die Aussage aus dem Facebook-Post, dass Kaplanis eine Kanaille war, hat sich allerdings bestätigt.«

Er stößt einen Seufzer der Erleichterung aus. »Ich muss gestehen, dass der Polizeipräsident unseren Minister nur mit größter Mühe überzeugen konnte. Der wollte unter keinen Umständen, dass führende Beamte des Finanzministeriums vernommen werden.«

»Es gab keine Vernehmung, sondern nur ein Informationsgespräch. Wir suchen die Schuldigen ja nicht im Finanzministerium.«

Er beugt sich zu meinem Ohr und flüstert: »Die Beziehungen zu seinem Amtskollegen sind etwas angespannt, und er wünscht kein Aufsehen.« Dann hält er inne und sagt mit lauter Stimme: »Kommen Sie mit, der Polizeipräsident erwartet uns schon.«

Wir legen beim Büro des Polizeipräsidenten einen Zwischenhalt ein, aber nicht zu einer Besprechung, sondern um uns Verstärkung zu holen. Geschlossen marschieren wir zum Ministerbüro.

Die Wasserträger im Vorzimmer lassen uns eine Viertelstunde schmoren. Schließlich ruft uns die Sekretärin hinein.

Der Minister begrüßt uns mit Handschlag und steuert den Konferenztisch an. Kaum sitzen wir, wendet er sich an mich.

»Ich bin ganz Ohr«, sagt er.

Detailreich erörtere ich das Treffen im Finanzministerium. Je länger die Beschreibung dauert, desto entspannter wirkt er.

»Also gab es weder Reibungspunkte noch Konflikte?«, meint er, um ganz sicherzugehen.

»Ich versichere Ihnen, das ganze Gespräch ist mit großer Gelassenheit geführt worden. Der Generalsekretär und seine beiden Mitarbeiter haben alle meine Fragen beantwortet und zweifellos alles gesagt, was sie wussten.«

»Prima, Glückwunsch!«, sagt er zufrieden lächelnd, wird aber sofort wieder ernst. »Es gibt aber noch zwei Punkte. Zum einen darf das Gespräch im Finanzministerium nicht an die Journalisten durchsickern, ich will keine Beschwerden hören, wir hätten ihnen die Medien auf den Hals gehetzt. Wenn sie selbst öffentlich darüber berichten, dann ist das ihre Entscheidung. Zum Zweiten wünsche ich keine direkte Kontaktaufnahme der Polizei mit der Europäischen Statistikbehörde. Sollte in Zukunft so etwas nötig sein, informieren Sie mich, und ich ersuche im Büro des Ministerpräsidenten um eine Genehmigung. Doch Ihr Antrag müsste wasserdicht sein.«

»Ich glaube nicht, dass das erforderlich sein wird, Herr Minister«, sage ich. »Ich halte es für völlig unwahrscheinlich, dass Kaplanis ermordet wurde, weil die EU ihn zum leitenden Direktor in der Statistikbehörde machen wollte.«

»Das klingt erfreulich.« Jetzt, da er von seinen Sorgen erlöst ist, erwacht auch sein Interesse an den Ermittlungen wieder. »Helfen uns denn die Aussagen der führenden Mitarbeiter im Finanzministerium weiter?«

»Bei dem Gespräch kam nur heraus, dass Kaplanis eine Menge Spielchen spielte. Darin waren sich die beiden Beamten einig. Welche Spielchen das genau waren, wissen sie allerdings nicht, da Kaplanis, wie Herr Michaleas es ausdrückte, ein hinterhältiger Typ war. Somit hatten sie zwar einen begründeten Verdacht, aber keine Beweise.«

»Anders gesagt: Die erhoffte Goldgrube war nichts als ein Sack Kohle«, lautet die spöttische Bemerkung des Ministers. Er beliebt zu scherzen, solange das Opfer kein Großunternehmer oder Politiker ist, sondern nur ein Beamter.

»Unser Problem ist, dass wir das Motiv nicht kennen, Herr Minister. Wir wissen nicht, warum Kaplanis ermordet wurde, und das erschwert die Ermittlungen. Wir haben keine Ahnung, in welche Richtung wir tätig werden sollen. Eine gewisse Hoffnung, den Urheber des Posts im Internet ausfindig zu machen, besteht zwar, aber auch dann gibt es zwei Möglichkeiten. Die pessimistische Variante ist, dass er nur Verdachtsmomente hat, die er als Gewissheit präsentiert. Die optimistische Variante ist, dass er Einzelheiten kennt, die uns weiterbringen.«

»Dann wünsche ich Ihnen viel Erfolg!«, erwidert der Minister abschließend.

Wir ziehen uns zurück und begeben uns zu dritt zum Büro des Polizeipräsidenten, um eine interne Einschätzung der Lage vorzunehmen. Zuerst einmal wird mir ein Orden an die Brust geheftet.

»Ich möchte Ihnen zum Umgang mit diesem außerordentlich heiklen Thema gratulieren. Wie Sie dem Minister erklärt haben, gehen alle unsere Probleme auf das immer noch unklare Mordmotiv zurück. Welchen Weg wir auch bisher einschlugen, immer landeten wir in einer Sackgasse. Worauf warten wir also? Auf ein Wunder?«

»Oder darauf, dass die Täter einen Fehler machen«, ergänzt der Vizepolizeipräsident.

Beide richten den Blick auf mich, da ich die Ermittlungen leite und somit auch der Experte bin.

»Wir haben zwei Morde, die auf die gleiche Weise ausgeführt wurden«, erläutere ich. »Trotz fehlender Beweise können wir davon ausgehen, dass das zweite Mordmotiv mit dem ersten verwandt, wenn nicht sogar deckungsgleich ist.«

»Worauf wollen Sie hinaus?«, fragt der Polizeipräsident gespannt.

»Im Fall Fokidis war das Motiv seine Heuchelei. Ein Schwergewicht in der Hotel- und Tourismusbranche präsentierte sich als großzügiger Unterstützer mittelloser Studierender, um den Leuten Sand in die Augen zu streuen und seine Steuerflucht zu vertuschen. Ist in Kaplanis' Fall das Motiv ähnlich wie bei Fokidis gelagert, dann fragt man sich, worin die Heuchelei eines Staatsbeamten liegen könnte. Bei Fokidis geht es um eindrückliche finanzielle Summen und Betriebe. Bei Kaplanis kann ich nicht mal ein kleines, ohne Baugenehmigung hochgezogenes Wochenendhaus ausmachen. Hier liegt der Knackpunkt.«

»Und wenn wir diesen Troglodyten ausfindig machen?«, fragt mich der Vizepolizeipräsident.

»Das habe ich ja genau dem Minister vorgeschlagen. Dazu habe ich noch eine weitere Idee, die ich aber für mich behalten habe.«

»Und die wäre?«, wollen beide von mir wissen.

»Wir könnten den Journalisten zustecken, dass wir den Behauptungen des Troglodyten ausführlich nachgehen. Vielleicht locken wir so die Täter aus der Defensive. Dafür brauche ich aber Ihre Einwilligung«, sage ich zum Polizeipräsidenten.

Er überlegt kurz. »Warten wir lieber ab, ob in den kommenden Tagen die Abteilung für Computerkriminalität die Identität des Facebook-Schreiberlings aufdeckt. Wenn wir sehen, dass es sich hinzieht, bringen wir Ihren Plan zur Anwendung.«

Da sein Versprechen offensichtlich den Schlusspunkt der Diskussion bildet, erhebe ich mich. Der Vizepolizeipräsident bleibt noch, da er mit dem Polizeipräsidenten anscheinend noch mehr zu besprechen hat.

Ich habe allen Grund, mit den Terminen in beiden Ministerien zufrieden zu sein, zumal ich auch vom Polizeipräsidenten gelobt wurde. Es ist nicht zu verachten, wenn deine Aktien steigen, obwohl du rein gar nichts herausgefunden hast. Das ist der einzige Schatten, der sich auf meine gute Stimmung legt, doch ich verjage den Gedanken wie eine lästige Fliege. Schließlich darf ich mir auch mal eine Atempause und ein wenig Zuversicht gönnen.

Während ich im Vorhof auf den Streifenwagen zusteuere, höre ich plötzlich eine Stimme hinter mir herrufen: »Herr Kommissar!« Als ich mich umwende, sehe ich, wie mir der Wachmann an der Rezeption zuwinkt.

»Der Polizeipräsident will Sie sofort in seinem Büro sprechen.«

Ich mache kehrt und eile fast im Laufschritt zurück zum Ministerium. Meine ganze gute Laune ist verflogen. Keine Ahnung, was der Polizeipräsident von mir will. Wenn er mich gleich nach unserem Treffen wieder zurückpfeift, bedeutet das nichts Gutes.

»Schnell, es ist dringend«, sagt der Polizeibeamte im Vorzimmer und scheint zu bedauern, dass er mir keinen Roller zur Verfügung stellen kann.

Ich trete ein und sehe, dass meine Vorgesetzten zwei Sessel vor dem TV-Bildschirm links neben dem Schreibtisch des Polizeipräsidenten platziert haben.

»Ein Glück, dass ich Sie noch erwischt habe!«, meint der Polizeipräsident. »Nehmen Sie den anderen Stuhl und setzen Sie sich zu uns.«

Beim Hinsetzen fällt mein Blick auf den Bildschirm, wo ich folgende Überschrift sehe: »Neues Bekennerschreiben der Nationalen Idioten«.

»Wurde es schon gesendet?«, frage ich.

»Noch nicht, deshalb haben wir Sie zurückgerufen«, erwidert der Vizepolizeipräsident.

Anscheinend hat der Sender auf meine Wenigkeit gewartet, denn sogleich taucht die nächste Überschrift auf: »Sondersendung: Neues Bekennerschreiben der Nationalen Idioten«.

Gleich danach erscheint die Moderatorin mit dem unerlässlichen Kommentator. »Wie Sie sehen, sehr geehrte Zuschauer, wurde uns erneut ein Bekennerschreiben der Mörder von Paris Fokidis und Lasaros Kaplanis zugespielt.«

Sie hält inne und wendet sich an den Kommentator. »Wie ist das Schreiben diesmal zum Sender gelangt, Manos? Wurde es erneut von den Tätern diktiert?«

»Nein, Nena. Diesmal ist ein Motorradfahrer mit hoher Geschwindigkeit beim Sender vorgefahren, hat am Eingang einen Pappkarton abgeworfen und ist dann, ohne anzuhalten, davongebraust. Der Portier hat sofort die Polizei gerufen, da er einen Bombenangriff befürchtete. Die hat dann festgestellt, dass im Inneren des offenen Pappkartons ein Briefumschlag klebte. Darin fand man das Bekennerschreiben.«

»Dann geben wir jetzt unseren Zuschauern Gelegenheit, den Brief zu lesen, bevor wir auf die Einzelheiten eingehen«, sagt die Moderatorin.

Das auch diesmal am Computer verfasste Bekennerschreiben flimmert über die Mattscheibe.

Seid ihr Journalisten noch bei Trost? Glaubt ihr den Fake-News des Facebook-Lügners? Die Polizei ist mit Sicherheit keinen Deut schlauer und versucht diesem Gefasel auf den Grund zu gehen. Früher hatten wir nur eine Fake-Wirtschaft, jetzt haben wir auch Fake-News. In Griechenland ist man schon früh auf diesen Zug aufgesprungen, das Faken ist hier seit den achtziger Jahren, in denen der Fake-Reichtum begann, zu einem Grundpfeiler für das Wachstum geworden.

Kaplanis haben wir nicht getötet, weil er seine Kollegen hintergangen hat. Wir haben ihn wegen seiner Heuchelei getötet. Wir haben ihn getötet, weil er sinkende Arbeitslosenzahlen verkündet hat. Dabei verdienen die angeblich in Lohn und Brot Stehenden zweihundertfünfzig bis dreihundert Euro im Monat und können davon nicht einmal genug zu essen kaufen. Kaplanis und seine Freundchen bei der EU *heucheln uns vor, dass man mit hundert Euro Lohn im Monat ein normaler Arbeitnehmer ist. Dabei nehmen selbst Bettler mehr ein.*

Der Grund, warum wir Kaplanis umgebracht haben, ist seine Heuchelei.

Tod den Heuchlern!
Das Heer der Nationalen Idioten

Der Polizeipräsident macht den Fernseher aus, da wir uns die Diskussion zwischen Moderatorin und Kommentator sparen können.

»Die Journalisten sind Ihnen zuvorgekommen und haben von selbst erledigt, was Sie vorhatten«, meint er. »Jedenfalls hatten Sie recht mit dem Köder. Jetzt wissen wir, dass es in beiden Fällen dasselbe Motiv ist: Heuchelei.«

»Nur die Art des Bekennerschreibens ändert sich. Das ist jedes Mal anders«, bemerkt der Vizepolizeipräsident.

»Das tun sie, um uns die Arbeit zu erschweren«, erläutere ich ihnen. »Wenn sich etwas wiederholt, kann man den Ursprung leichter zurückverfolgen. Wenn jedes Mal unterschiedlich vorgegangen wird, dann verwirrt man sein Gegenüber.«

»Sie sind jedenfalls intelligent«, meint der Polizeipräsident.

»Und gebildet«, füge ich hinzu. »Wir haben es nicht mit Terroristen zu tun, die eine bekannte Persönlichkeit umbringen und sich einbilden, damit eine Revolution anzetteln zu können. Die hier haben Köpfchen und einen Plan. Sie wählen ihr Ziel sehr genau aus.«

Schweigen macht sich breit. Der Vizepolizeipräsident blickt den Polizeipräsidenten an. »Jetzt ist, glaube ich, der richtige Zeitpunkt gekommen«, sagt er zu ihm.

Der Polizeipräsident wendet sich an mich. »Ich habe vor, Ihre Beförderung zu beantragen«, sagt er zu mir, als handelte es sich um die selbstverständlichste Sache der Welt.

Die Ankündigung trifft mich so unerwartet wie der berühmte Ziegelstein, der einem auf den Kopf fällt. Ein »Dankeschön« ist das Einzige, was ich stottern kann.

»Danken Sie nicht mir. Sie haben sich die Beförderung durch Ihre Leistung verdient. Seit wir zusammenarbeiten, hatte ich genug Gelegenheit, nicht nur Ihre Erfahrung, sondern auch den Weitblick wertzuschätzen, mit dem Sie im Präsidium agieren. Ich kann Ihnen nicht sagen, zu welchem Dienstgrad Ihre Beförderung führen wird, aber ich bin mir eigentlich sicher, dass ich auf keine Schwierigkeiten oder Einwände treffen werde. Auch der Minister ist mit der Zusammenarbeit mit Ihnen sehr zufrieden.«

»Betrachten Sie diese Nachricht als Stärkung Ihrer Position, denn im aktuellen Fall stehen Sie von allen Seiten unter Beschuss«, ergänzt der Vizepolizeipräsident.

Sie geben mir beide zum Abschied die Hand, und wir gehen mit zufriedenen Gesichtern auseinander.

Am liebsten würde ich die Treppenstufen hinunterspringen, aber dann stolpere ich bestimmt vor lauter Freude über meine eigenen Füße. Daher nehme ich besser den Fahrstuhl.

Die Auszeichnung durch den Minister und den Polizeipräsidenten ist keine bloße Formalität. Der Spalt, in den ich, nicht zuletzt auf Adrianis Drängen hin, schon so lange meinen Fuß zwänge, ist plötzlich aufgegangen. Und jetzt steht die Tür sperrangelweit offen. Jedenfalls hoffe ich, in ein – und sei's auch noch so kleines – Wohnzimmer zu treten und nicht in ein Schlafzimmer, in dem ich nach der Versetzung meinen Büroschlaf halte, weil mich die neue Arbeit so langweilt.

25

Ich kann mich nicht erinnern, wann sie mir zum letzten Mal weinend vor Glück um den Hals gefallen ist.

»Du hast es verdient, Kostas!«, sagte sie immer wieder. »Es kommt zwar spät, aber besser spät als nie!«

Adrianis Gefühlsausbruch war durch die Nachricht von meiner bevorstehenden Beförderung ausgelöst worden. Auch meine eigene Hochstimmung hatte sich in Rührung verwandelt, da mir jetzt erst klarwurde, wie sehr sie meine Beförderung herbeigesehnt hat. Auch wenn sie sich nichts anmerken ließ und mich auch nie kritisierte.

Als die erste Gefühlsaufwallung abgeklungen war, schlug sie vor, Katerina und Fanis Bescheid zu sagen, aber ich bremste ihren Tatendrang.

»Das sollte vorläufig unter uns bleiben«, meinte ich. »Das war erst eine Ankündigung, mal sehen, ob sie sich bewahrheitet. Wenn die Sache morgen schiefläuft, müssen wir nicht nur uns selbst, sondern auch die anderen trösten.«

Um ihr die bittere Pille zu versüßen, schlug ich vor, feiern zu gehen. »Wir waren nie allein aus, seit unser Enkel auf der Welt ist.«

»Und wo gehen wir hin?«

Tavernen sind nicht mein Spezialgebiet. In der Regel treffen die anderen die Auswahl, und ich schließe mich einfach an. Die einzige Taverne, die ich in Pangrati kenne, ist Vyrinis, und dagegen hatte auch Adriani nichts einzuwenden.

Dabei lockte uns diesmal weniger die Aussicht aufs Essen außer Haus als die Freude, die Erfüllung eines langgehegten, jedoch seit Jahren abgeschriebenen Wunsches zu feiern.

Tags darauf, als ich schon die Türklinke in der Hand habe, rückt Adriani mit der Überraschung heraus.

»Heute mache ich gefüllte Tomaten. Es geht doch nicht an, dass wir so ein wichtiges Ereignis ohne gefüllte Tomaten begehen.« Als sie mein Lächeln sieht, fügt sie hinzu: »Ich bringe auch den Kindern etwas mit, aber den Grund werden sie nicht erfahren. Den kennen nur wir beide.«

Auf der Fahrt zum Alexandras-Boulevard versuche ich, mein Hochgefühl ein wenig zu zügeln und meine professionelle Alltagsmiene aufzusetzen.

Zuerst schaue ich in der Cafeteria vorbei, um mein gewohntes Frühstück zu holen. Dabei treffe ich auf Vellidis, der gerade seinen Kaffee trinkt.

»Da bin ich aber neugierig, wie du nach dem neuen Bekennerschreiben auf einen grünen Zweig kommen willst«, meint er mit spöttischem Lächeln.

»Gemeinsam sind wir stark! Ich lege einen kurzen Zwischenstopp in meinem Büro ein, dann rufe ich euch, wie jeden Tag, zum Kreuzworträtsellösen.«

Es heißt, gute Neuigkeiten regen den Appetit an, und das stimmt wirklich. Trotz des gestrigen Essens bei Vyrinis bin ich hungrig wie ein Bär. Genüsslich verspeise ich mein Croissant und trinke den Kaffee aus, bevor ich meine Leute zur Lagebesprechung zusammenrufe. Alle erscheinen mit einem breiten Lächeln im Gesicht.

»Offensichtlich ist heute ein Freudentag«, stelle ich fest.

»Ja, denn das sind die ersten Täter, die uns freiwillig unterstützen«, meint Dermitsakis. »Kaum sind wir auf der falschen Spur, tauchen sie auf und führen uns auf den richtigen Weg.«

»Sie sollen uns besser verraten, wo genau wir zu suchen haben. Aber sie lassen uns im Ungewissen«, bemerkt Koula.

»Ihr habt beide recht«, sage ich. »Die Täter haben uns tatsächlich geholfen, weil sie uns ihr Motiv offenbart haben. So haben wir keine Zeit mit zwecklosen Ermittlungen vergeudet. Sie haben uns auch verraten, dass hinter der Ermordung von Fokidis und Kaplanis dasselbe Motiv steckt. Aber sie stellen uns vor eine praktisch unlösbare Aufgabe. Wie sollen wir griechenlandweit nach Personen fahnden, die einen Grund gehabt hätten, einen Unternehmer und einen Beamten wegen ihres heuchlerischen Verhaltens zu töten! Dazu kommt, dass schwer vorherzusagen ist, wer das nächste Opfer sein wird. Die Welt ist doch voller Heuchler. Daher suchen wir die Stecknadel im Heuhaufen!«

»Tja, was machen wir jetzt? Fangen wir mit den Geschädigten an?«, fragt mich Dermitsakis.

»Also mit allen, die dreihundert Euro im Monat verdienen und somit aus der Arbeitslosenstatistik fallen? Weißt du, wie viele das sind? Das ist doch genau das Problem: Die Spannweite unserer Ermittlungen ist so enorm, dass wir überhaupt nicht wissen, wo wir anfangen sollen.«

Ich blicke sie an. Alle sind verstummt und malen sich im Geiste die Schinderei aus, die uns bevorsteht. »Geht erst mal in euer Büro und überlegt euch, wie wir vorgehen wollen. Das ist kein bequemer Routinefall.«

Meine Worte haben die Truppe nicht gerade aufgebaut, aber in meinem Inneren sieht es auch nicht besser aus. Ich haste von einer Besprechung zur nächsten, weiß aber gleichzeitig, dass Verbrechen nur durch Laufarbeit von Tür zu Tür und nicht am Schreibtisch zu lösen sind.

Plötzlich kommt mir eine Idee. Es könnte doch sein, dass uns die beiden Autobombenattentate in die Irre führen. Wenn man die Mordmethode ausklammert, wollen diese Fünfzigjährigen das System nicht wie Terroristen umstürzen, sondern jene bestrafen, die vom System profitieren.

Wenn wir weiterermitteln wie gehabt, befürchte ich, dass wir bei jedem Schritt einen Stolperstein vorfinden. Wir brauchen jemanden, der uns die Denkweise der Täter nahebringt. Bei beiden Morden kennen wir ihr Motiv. Gut, jeder von uns erlebt in seinem Umfeld heuchlerisches Verhalten, aber das macht ihn noch lange nicht zum Mörder. Uns fehlt die entscheidende Information, was genau die Täter dazu gebracht hat, ihre Grenzen zu überschreiten.

Der Einzige, der in solchen Dingen erfahren genug ist, mir einen Rat zu geben, ist Sissis. Sein ganzes Leben lang hat er Grenzen überschritten, das hat ihn geprägt.

Ich melde mich bei Koula für etwa zwei Stunden ab. Dann steige ich in den Seat und steuere über den Alexandras-Boulevard nach Kypseli. Morgens war ich noch nie im Obdachlosenheim. Ich weiß gar nicht, ob Sissis zu sprechen ist, aber ich kann es mir nicht leisten, länger zu warten.

Bei meinem Eintreffen finde ich Sissis am Eingang vor.

Er beaufsichtigt gerade ein paar junge Leute, die Pappkartons entladen, und blickt mir besorgt entgegen.

»Ist was passiert?«

»Kann man so sagen«, antworte ich. »Ich komme bei diesem Fall nicht weiter und möchte mir dir darüber reden. Vielleicht bringst du mich auf eine Idee.«

»Warte kurz, bis ich mit der Lieferung fertig bin.« Zehn Minuten später ist alles zu seiner Zufriedenheit an Ort und Stelle verstaut.

»Gehen wir«, sagt er und führt mich in das kleine Rentnerkafenion.

Als wir vor unserem Mokka sitzen, beschreibe ich ihm den Fall von Anfang an bis hin zu unserer derzeitigen Zwangslage.

»Ich dachte, du könntest eine neue Facette aufzeigen, weil du die Dinge mit anderen Augen siehst«, sage ich zum Abschluss.

Er denkt nach, den Blick auf mich geheftet. »Komm mit!«, sagt er unvermittelt und steht auf.

»Wohin denn?«

»Zum Obdachlosenheim. Hör dir erst mal alles an, danach reden wir weiter.«

Nachdem er die Mokkas bezahlt hat, kehren wir ins Obdachlosenheim zurück. Er bittet mich, in der Cafeteria zu warten, und verschwindet. Ich bin gespannt, was er vorhat, fasse mich aber in Geduld.

Kurz darauf strömen die Obdachlosen herein. Die meisten kennen mich und fragen, wie es meinem Enkel geht, da sie von Kinderfrau Melpo auf dem Laufenden gehalten werden. Als Letzter tritt Sissis ein.

»Ich möchte, dass ihr dem Kommissar sagt, was ihr von dem Bekennerschreiben und den Argumenten der Mörder haltet, die ihr gestern Abend im Fernsehen gelesen habt«, sagt er zu ihnen. »Ihr alle kennt Kommissar Charitos. Er kommt regelmäßig zu Besuch, und Melpo kümmert sich um seinen Enkel. Also habt ihr keinen Grund, misstrauisch zu sein. Ihr könnt ihm offen sagen, was ihr denkt. Er wird keinen von uns deswegen festnehmen.«

»Recht geschieht ihm!«, ruft Anna, die so toll kochen kann, als Erste. »Mein Sohn arbeitet als Lieferant. Zum Glück hat ihm sein seliger Vater in guten Zeiten ein Motorrad gekauft. Aber er muss das Benzin aus eigener Tasche zahlen und kann froh sein, wenn ihm am Ende des Monats dreihundert Euro übrig bleiben. Und wie wird er gezählt? Als vollbeschäftigter Arbeitnehmer!«

»Meine Tochter arbeitet für zweihundertfünfzig Euro im Monat bei einem Chinesen in der Evripidou-Straße. Zwölf Stunden täglich schuftet sie, und das ohne Versicherung«, berichtet eine andere, deren Namen ich nicht kenne.

»Dieser hochbezahlte Heuchler und das ganze System, dem er dient, tun so, als ob die Arbeitslosenzahlen gesunken wären. Dabei unterschlägt man, dass die Löhne im Keller sind. Du arbeitest für einen Hungerlohn, von dem du unmöglich leben kannst«, ergänzt Stathis, der Tavli-Champion der Cafeteria.

»Das heißt aber nicht, dass das erste Opfer – wie hieß dieser Hotelier noch mal? – den Tod nicht verdient hätte …«, hält ihm Anna entgegen.

»Fokidis«, ergänzt Stathis.

»Genau. Das ist einer von denen, die durch angebliche

Wohltätigkeit Steuern sparen. Uns werden die Renten gekürzt, und diejenigen, die durch ihre Steuern unsere Renten finanzieren sollten, finden immer einen Schlupfweg, billig davonzukommen. Meine Rente ist auf vierhundert Euro gesunken. Davon gebe ich meinem Sohn noch etwas ab, damit er nicht hungern muss. Und ich bin im Obdachlosenheim gelandet.«

»Das ist aber noch nicht alles«, wirft ein anderer ein. »Als die Firma, in der ich gearbeitet habe, zu Beginn der Krise dichtgemacht hat, war ich fünfzig. Seit damals habe ich keinen Job mehr gefunden. Wer stellt einen Fünfzigjährigen ein, wenn er einen jungen Menschen wie Asiminas Tochter für zweihundertfünfzig im Monat haben kann? Wenn es heißt, dass die Arbeitslosigkeit zurückgegangen ist, dann gilt das nur für die jungen Leute. Wir Fünfzigjährigen fallen in dieser Statistik durch den Rost.«

»In Ordnung, Leute, vielen Dank!«, mischt sich Sissis ein. »Der Kommissar hat's begriffen, wir müssen ihm nicht weiter das Herz schwermachen.«

»Hoffentlich sind Sie uns nicht böse, dass wir Ihnen die Wahrheit gesagt haben. Sonst schimpft Melpo mit uns«, sagt Anna zu mir. »Schon klar, dass es Ihre Aufgabe ist, die Mörder zu fassen. Wir sagen ja nur, dass die Opfer nicht unschuldig waren, sondern ihr Schicksal verdient haben.«

»Ich bin überhaupt nicht böse«, erwiderte ich. »Ganz im Gegenteil, Sie helfen mir zu verstehen, was die Mörder mit den Opfern verbindet.«

»Gehen wir«, sagt Sissis zu mir, um die Diskussion zu beenden.

Nachdem ich mich von den Obdachlosen verabschiedet

habe, kehren wir in das kleine Kafenion zurück und bestellen noch eine Runde Mokka. Sissis, der mir gegenübersitzt, blickt mich an.

»Verstehst du jetzt, warum du mit ihnen sprechen solltest?«, fragt er.

»Ja, ich sollte wohl begreifen, dass Menschen, die vom Leben hart getroffen sind, die Morde als ausgleichende Gerechtigkeit empfinden.«

»Genau. Terroristen töten, weil sie angeblich das System ändern wollen. Aber sie versetzen damit nur die kleinen Leute in Angst und Schrecken. Die Mörder, nach denen du suchst, terrorisieren die Leute nicht, sondern ernten vom Großteil der Bevölkerung Beifall.«

Er hält inne und blickt mich an. »Wollen wir ein wenig in die Vergangenheit zurückgehen?«, fragt er.

»In die Vergangenheit?«, wundere ich mich.

»In die Zeit, als wir uns kennengelernt haben. Du weißt, Kostas, dass ich im Widerstand war, im Bürgerkrieg kämpfte und anschließend auf verschiedenen Verbannungsinseln wie Ai Stratis und Makronissos war. All das habe ich auf mich genommen, um dem Proletariat zum Sieg zu verhelfen. Am Schluss ist das Proletariat untergegangen und wir gleich mit. Nur Lenin hat als Einziger recht behalten.«

Der Name Lenin erinnert mich an Diskussionen, die mein Vater mit seinen Freunden führte. Dabei wurde er mal verspottet, mal verflucht.

»Wieso denn das?« Meine Frage hat ihre Berechtigung, denn warum soll Lenin recht behalten haben, wo doch die Kommunisten untergegangen sind.

»Weil der Titel eines seiner Bücher exakt beschreibt, wie

es uns in Griechenland ergeht: *Ein Schritt vorwärts, zwei Schritte zurück*. Aber Lenin war zu optimistisch. Wir machen nicht zwei Schritte zurück, sondern mindestens fünf. Die drei Rückschritte zusätzlich sind die Strafe dafür, dass wir den einen Schritt vorwärts gemacht haben.«

Ich bleibe lieber stumm, da ich keine Ahnung von Lenins Buch habe, zum anderen aber auch Sissis' bittere Miene registriere.

Er findet seine Stimme wieder. »Wenn du unter Terroristen suchst, Kostas, fürchte ich, wirst du nicht fündig. Diejenigen, die hier töten, sind Menschen in großer Verzweiflung. Wenn du sie trotzdem als Terroristen betrachten willst, dann sind es Terroristen der Hoffnungslosigkeit.«

Er steht auf. »Ich muss ins Obdachlosenheim zurück, ich habe noch jede Menge zu tun«, sagt er abschließend.

Mir will keine weitere Frage einfallen. Ich bedanke mich und lasse ihn gehen. Jetzt bleibt mir die Aufgabe, alle Meinungen zu sortieren, die ich innerhalb und außerhalb des Obdachlosenheims gehört habe.

Sissis hat recht. Die Mörder sind keine Terroristen, sondern die frustrierten Loser des Systems. Unter ihnen muss ich suchen. Das ist zwar die logische Konsequenz, jedoch schwer umzusetzen. Denn wie soll man unter all den hoffnungslosen und verzweifelten Krisenverlierern, die die Hölle durchmachen, die richtigen herausfiltern?

26

Na gut, aber bleibt die Frage, wo wir suchen sollen. Im Haufen der Arbeitslosen, im Haufen der Geringverdiener oder im Haufen der Fünfzigjährigen?«, will Dermitsakis von mir wissen, als ich meinen Mitarbeitern die Schlussfolgerungen aus all meinen Gesprächen vorgestellt habe.

»Gute Frage, Dermitsakis. Ich habe ja nicht behauptet, dass die Suche leichter wird, wenn wir die potentiellen Tatverdächtigen vor Augen haben. Das Gegenteil ist der Fall: Dadurch wird uns erst klar, wie riesig das Sammelbecken ist.«

»Normalerweise hätten wir bei Verwandten und Freunden beginnen und zum Schluss beim Obdachenlosenheim landen müssen«, meint Askalidis zu mir.

»Wir reden die ganze Zeit nur von Kaplanis«, schaltet sich Koula ein. »Was ist mit Fokidis? Sollen wir jetzt alle Rentner befragen, denen man die Renten kürzt, weil er keine Steuern zahlt?«

Es folgt ratloses Schweigen, da keiner einen Weg durch dieses Labyrinth von Fragen findet. Da meldet sich Dervisoglou zu Wort.

»Herr Kommissar, sollten wir es nicht noch einmal bei Kaplanis' beiden Freunden versuchen, damit wir nicht völlig im Blindflug unterwegs sind? Die Kollegen haben recht. Wir können weder alle Arbeitslosen noch alle Geringverdiener vernehmen, aber wir können noch einmal mit seinen Freunden sprechen. Es könnte sein, dass ihnen oder uns etwas entgangen ist.«

Bei Dervisoglous Vorschlag fällt mir blitzartig ein, dass einer von Kaplanis' zwei Freunden arbeitslos war.

»Sehen Sie die Namen von Kaplanis' Freunden nach«, sage ich zu Koula.

»Gut, dass Sie daran gedacht haben«, sage ich zu Dervisoglou.

»Große Hoffnungen mache ich mir nicht, aber irgendwo müssen wir ja anfangen«, erwidert er.

Koula kehrt mit den beiden Namen zurück. Kaplanis' Kollege hieß Kimon Pilavios und der Arbeitslose Manos Efstathiou.

»Dermitsakis, du fährst mit Askalidis zum Statistikamt, und ihr sprecht mit Kimon Pilavios, aber mit einigem Nachdruck. Nicht weil er verdächtig wäre, sondern damit er sich eventuell an etwas erinnert, das uns weiterhilft. Koula, Sie rufen Efstathiou an und laden ihn ins Präsidium vor. Dem Gespräch mit Kaplanis' arbeitslosem Freund geben wir besser einen offizielleren Touch.«

Dermitsakis und Askalidis machen sich auf den Weg, und Dervisoglou kehrt in sein Büro zurück, um auf Efstathiou zu warten.

So bleibe ich kurz mit meinen Gedanken allein. Dervisoglous Argument hat einiges für sich, abgesehen davon haben wir sowieso keinen anderen Ansatzpunkt. Wie aber sollen Kaplanis' Freunde wissen, ob er bedroht wurde? Hätte er so etwas erzählt, dann hätten sie es uns gegenüber erwähnt. Andererseits wäre einer mit einem Hungerlohn niemals einfach bei ihm im Büro erschienen, um ihn zu bedrohen, er wäre ja nicht mal bis zur Sekretärin vorgedrungen.

Plötzlich wird mir klar, dass wir bisher mit Blindheit geschlagen waren. Die ganze Zeit hatten wir die Lösung vor Augen, ohne sie zu sehen. Wenn jemand Kaplanis angegriffen hat, dann auf Facebook. Der Post des Troglodyten ist der beste Beweis.

Sofort rufe ich Vellidis an und fahre zu seinem Büro hoch. Nach einer ausführlichen Zusammenfassung der Sachlage erläutere ich ihm den Grund meines Besuchs.

»Da ist was dran«, stimmt er zu. »Wir machen uns auf die Suche, ob wir Anschuldigungen, Vorwürfe und Verbalattacken gegen Kaplanis im Internet finden.«

»Ihr müsst die Ermittlungen zur Identifizierung des Troglodyten vorantreiben. Vielleicht weiß er mehr, als seine Behauptungen im Facebook-Post ahnen lassen.«

»Wir suchen weiter nach ihm, aber du musst dir eine Regel vor Augen halten. Wenn jemand für eine Vielzahl von Posts ein und dasselbe Pseudonym verwendet, können wir seine Identität viel leichter aufspüren. Jemanden, der nur einen einzigen Post veröffentlicht, findet man wesentlich schwerer.«

Koula gibt mir Bescheid, dass Efstathiou eingetroffen ist, und fragt, ob ich im Verhörraum mit ihm sprechen will.

»Nein, in meinem Büro, zusammen mit Dervisoglou.«

Mir ist ein freundlicherer Rahmen für die offizielle Vernehmung lieber. Efstathiou und Dervisoglou sitzen schon in meinem Büro, als ich eintreffe.

»Herr Efstathiou, ich habe Sie vorgeladen, weil wir noch ein paar zusätzliche Informationen benötigen«, sage ich einleitend.

»Gern«, antwortet er bereitwillig.

»Hat Ihnen Lasaros Kaplanis jemals erzählt, dass ihn irgendjemand angegriffen hat, der mit seinen Statistiken nicht einverstanden war oder sich darüber geärgert hat?«

Er blickt mich überrascht an. »Wer sollte so etwas tun?«

»Ich beziehe mich nicht auf konkrete Personen. Vielleicht waren es einfach Arbeitslose oder Geringverdiener.«

Efstathiou lacht auf. »Glauben Sie wirklich, dass solche Leute wissen, wer die Statistiken genehmigt und unterschreibt, Herr Kommissar?«

»Nein, aber es könnte ja sein, dass jemand herausbekommen hat, dass er dafür zuständig war, und ihn aus diesem Grund ins Visier genommen hat«, erklärt ihm Dervisoglou.

»Wenn man jemanden ins Visier nehmen will, tut man das heutzutage im Internet«, antwortet Efstathiou und bestätigt damit die Schlussfolgerung, die Vellidis und ich übereinstimmend gezogen haben. »Ich habe nie nachgeprüft, ob es solche Angriffe gegen Lasaros gab. Es hat mich auch nicht interessiert.« Er verstummt und lächelt. »Das Einzige, was Lasaros mit Geringverdienern oder Arbeitslosen gemeinsam hatte, war die Angst um die Zukunft seines Sohnes, der Schauspiel studierte. Von anderen Ängsten hat er nichts erwähnt.«

»Noch Fragen?«, spiele ich den Ball an Dervisoglou weiter.

»Nein.«

»Dann halten wir Sie nicht länger auf«, sage ich zu Efstathiou. »Vielen Dank für Ihr Kommen.«

»Viel war's ja nicht, was ich Ihnen bieten konnte«, erwidert er zum Abschied.

»Nikos und Thanassis werden im Statistikamt ganz bestimmt ähnliche Antworten erhalten«, sagt Dervisoglou anschließend zu mir.

Ich berichte ihm von den Schlussfolgerungen, die Vellidis und ich in unserem Gespräch gezogen haben.

»Soll Koula ebenfalls recherchieren?«, fragt er mich.

»Nein, dazu besteht kein Grund, wenn sich die Abteilung für Computerkriminalität um die Sache kümmert.«

Als Dervisoglou an seinen Schreibtisch zurückkehrt, bleibe ich allein und gezwungenermaßen untätig zurück. In all meinen Dienstjahren hatte ich es noch nie mit einem dermaßen nervtötenden Fall zu tun. Als ich versuche, meine Moral und meine Motivation durch die Aussicht auf meine bevorstehende Beförderung zu stärken, klingelt mein Handy.

»Guten Tag, Herr Kommissar«, höre ich eine mir unbekannte Stimme sagen. »Hier spricht Michalis, der arbeitslose Fünfzigjährige aus dem Obdachlosenheim. Heute Morgen habe ich Ihnen doch erzählt, dass das Unternehmen, in dem ich gearbeitet habe, schließen musste. Nachdem Sie weg waren, ist mir auf einmal bewusst geworden, dass diese Firma zur Fokidis-Gruppe gehörte. Als ich es Lambros erzählte, hat er mir Ihre Telefonnummer gegeben, damit ich mit Ihnen direkt darüber reden kann.«

Erst meine Beförderung, und dann auch noch diese gute Nachricht – ich danke dem Himmel dafür. Mein erster

Gedanke ist, Michalis mit einem Streifenwagen abholen zu lassen, um ihm die Anfahrt zu erleichtern und die Fahrtkosten zu ersparen. Aber ich komme wieder davon ab. Wenn man einen Bewohner des Obdachlosenheims im Streifenwagen sieht, denken gleich alle, dass es sich um eine Festnahme handelt.

»Prima, dass Sie sich gemeldet haben. Gehen Sie in zehn Minuten zum Kafenion in der Agias-Sonis-Straße, wo ich mich immer mit Sissis treffe. Ich bin gleich dort.«

Dann breche ich zum zweiten Mal für heute nach Kypseli auf. Zum Glück ist es nicht weit, und es herrscht auch nicht viel Verkehr. Die Suche nach einem Parkplatz dauert länger als die ganze Fahrt.

Michalis wartet schon im Kafenion auf mich. Ich nehme ihm gegenüber Platz und bestelle einen Mokka, während er Tee trinkt.

»Ihre Aussage am Telefon hat mich neugierig gemacht«, sage ich, um das Gespräch in Gang zu bringen.

Anstelle einer Antwort wirft er mir einen Blick zu. »Siezen Sie mich jetzt?«, fragt er.

Ich blicke ihn überrascht an. »Warum nicht? Stört es Sie?«

»Absolut nicht. Es klingt nur seltsam, wenn man in Griechenland einen Obdachlosen siezt.«

»Können Sie mir sagen, was Sie mit Fokidis' Firma zu tun hatten?«

»Ich habe in seinem Hotel in Xylokastro gearbeitet. Das war, anders als das Hotel auf Sifnos, das nach der Sommersaison geschlossen hat, auch im Winter geöffnet, nur mit weniger Personal. Eines Tages hat uns der Direktor zusammengerufen und gesagt, das Hotel müsse leider schließen und wir sollten mit dem Finanzchef in der Zentrale reden. Wir waren alle wie vor den Kopf geschlagen, konnten aber nichts dagegen unternehmen. Als wir beim Finanzchef vorsprachen, hat er uns eine Abfindung in Höhe eines Monatslohns vorgeschlagen. Da haben wir protestiert, weil die meisten von uns über zehn Jahre im Hotel gearbeitet haben. Aber er hat jeden Einwand zurückgewiesen. ›Wer nicht einverstanden ist, kann vor Gericht ziehen. Dann wartet er zehn Jahre auf ein Urteil‹, sagte er zu uns.«

»Wann war das?«, frage ich.

»Moment, ich bin noch nicht fertig. Das Hotel in Xylokastro wurde im folgenden Sommer wiedereröffnet. Einige von uns waren aus Neugier dort, um zu sehen, wie der Betrieb jetzt funktionierte. Dabei ist ihnen aufgefallen, dass alle Mitarbeiter Mitte zwanzig waren.«

Er pausiert und blickt mich an. Ich erwidere seinen Blick. Er wartet auf eine Reaktion meinerseits, aber mir hat es die Sprache verschlagen. Nach einer Weile wiederhole ich meine Frage, aber mehr, um das verlegene Schweigen zu brechen.

»Erinnern Sie sich, wann Fokidis das Hotel geschlossen hat?«

»Vor fünf Jahren. Damals hat mein sozialer Abstieg begonnen.«

»Ist er bei einem anderen Hotel ähnlich vorgegangen?«

»Ja, im Noufaro in Palea Fokea war es genauso.«

Ich muss gar nicht mehr fragen, wen er im Noufaro neu eingestellt hat. Ich habe das junge Gemüse ja mit eigenen Augen gesehen.

»Vielen Dank, Michalis«, sage ich. »Sie haben mir einen Weg aus der Sackgasse gezeigt.«

Ich bezahle die Getränke, entschuldige mich bei Michalis für meinen überstürzten Aufbruch, eile zu meinem Wagen und steuere sogleich das Viertel Kifissia an, wo Fokidis' Firmenzentrale liegt.

Ich muss mich gar nicht mehr vorstellen – die Rezeptionistin erkennt mich auf Anhieb. Ich ersuche um einen Termin beim Geschäftsführer Pavlos Kelessidis. Nach einem kurzen Anruf erklärt sie mir, er sei in einer Besprechung. Ich verfluche mein Pech, aber zum Glück muss ich nicht länger als eine halbe Stunde warten.

Seine Sekretärin holt mich persönlich ab und führt mich direkt in sein Büro.

»Leider kommt Ihr Besuch heute ungelegen«, sagt Kelessidis grußlos zu mir. »Wir haben im wahrsten Sinn des Wortes alle Hände voll zu tun.«

»Ich halte Sie nicht lange auf. Es sind bloß ein paar kleine Fragen aufgetaucht.«

»Schießen Sie los.«

»Stimmt es, dass Sie Ihr Hotel in Xylokastro vor etwa fünf Jahren geschlossen haben?«

Er blickt mich verständnislos an, da ihm nicht klar ist, worauf ich hinauswill. »Ja, wir hatten den Winter über für Renovierungsarbeiten zugemacht.«

»Haben Sie bei der Neueröffnung das alte Personal wieder eingestellt?«

Seine Miene wird säuerlich. »Ich verstehe Ihre Frage nicht«, sagt er eisig.

»Herr Kelessidis, wir interessieren uns generell weder

für die Personal- noch für die Finanzpolitik der Fokidis-Unternehmen. Haben Sie die Bekennerschreiben der Täter gelesen?«

»Ja, allesamt.«

»Wir prüfen die Möglichkeit, ob Mitarbeiter, die aus einem Ihrer Hotels entlassen wurden, in den Mord an Paris Fokidis verwickelt sein könnten.«

Die Erklärung beruhigt ihn. »Nein, wir haben nicht das alte Personal, sondern neues und besser ausgebildetes eingestellt.«

»Sind Sie in anderen Hotels genauso vorgegangen?«

»Ja, im Hotel Noufaro, wo der Mord passiert ist. Auch dort haben wir nach der Renovierung besser ausgebildetes Personal eingestellt.«

»Könnten Sie uns eine Liste der entlassenen Angestellten zur Verfügung stellen?«

»Die gibt es mit Sicherheit für beide Hotels, aber ich kann nicht unmittelbar darauf zugreifen.«

Ich gebe ihm die E-Mail-Adresse unserer Dienststelle und ersuche um die Telefonnummer seiner Sekretärin, damit Koula gegebenenfalls mit ihr in Kontakt treten kann. »Vielen Dank, Herr Kelessidis«, sage ich und stehe auf. »Ich hoffe, ich habe Sie nicht allzu sehr von der Arbeit abgehalten.«

»Kein Thema«, antwortet er. »Jeder hier im Unternehmen wünscht sich, dass der Mord am Firmengründer aufgeklärt wird.«

Als ich in meinem Wagen sitze, vervollständigt sich das Puzzle vor meinem geistigen Auge. Fokidis hat die Hotelfachausbildung junger Menschen weder aus Großzügigkeit finanziert noch allein zur Vertuschung seiner Steuerflucht. Er hat die jungen Leute ausbilden lassen, um sie dann in seinen Hotels auf Geringverdienerbasis einzustellen. Die Aufnahme im Studentenheim war die Eintrittskarte zu seinen Hotels. Das ganze von ihm konstruierte System hatte das Ziel, gutausgebildetes Personal im Niedriglohnsektor zu generieren. Großzügigkeit und Wohltätigkeit camouflierten bloß seine ökonomischen Interessen.

Zwar steht der Beweis meiner Theorie noch aus, aber zweifellos war genau das sein Plan.

Ins Büro zurückgekehrt, trommle ich meine Leute zusammen. Dermitsakis und Askalidis berichten mir zunächst, dass sie aus dem Gespräch mit Kaplanis' Arbeitskollegen Pilavios keine neuen Erkenntnisse gewonnen haben.

»Nach unserer Unterhaltung mit Kaplanis' anderem Freund Efstathiou hatte ich mir auch nichts Besonderes von eurem Gespräch erhofft. Aber es hat sich uns ganz unerwartet ein anderes Türchen geöffnet.«

Ich erzähle von meinem Treffen mit Michalis und meinem Besuch in Fokidis' Firmenzentrale. Als ich ihnen meine Theorie darlege, hält es Dermitsakis nicht mehr auf seinem Stuhl.

»Verdammt! Was für ein Schwein!«, ruft er.

»Und was für ein Riesenheuchler«, ergänze ich. »Wenn die Täter ›Tod den Heuchlern!‹ skandieren, haben sie recht. Auch wenn wir sie dafür festnehmen müssen.«

Nach einer kleinen Pause fahre ich fort. »Ihr alle bis auf Koula geht jetzt zu Fokidis' Studentenheim und sprecht mit den jungen Bewohnern. Findet heraus, ob man ihnen einen Arbeitsplatz in Fokidis' Hotels in Aussicht gestellt hat. Aber ihr redet allein mit ihnen, ohne dass Vertreter des Studentenheims dabei sind.«

»Schon unterwegs«, ruft Askalidis voll motiviert.

Dann bitte ich Koula, mir die Personallisten der Hotels zu bringen, sobald sie eintreffen. Im Falle einer Verzögerung solle sie bei Kelessidis' Sekretärin nachhaken.

»Was sind das bloß für Monster?«, fragt sich Koula.

»Wachen Sie auf, Koula. Das hier ist keine NGO, sondern die Polizei.«

»Hätte ich gewusst, was mich erwartet, hätte ich vor meiner Ausbildung zur Polizistin Wirtschaft studiert. Mir scheint, man muss heute ausgebildeter Ökonom sein, um Verbrechen aufzuklären und die Täter dranzukriegen«, meint sie, bevor sie an ihren Arbeitsplatz zurückkehrt.

27

Ich hoffe, dass das für heute die letzte Sitzung ist. Im Kreise des vertrauten Triumvirats – Koulakos, Karabetsos und Vellidis – sitze ich in Gikas' Büro und setze ihnen die letzten Ermittlungsergebnisse ausführlich auseinander. Karabetsos und Vellidis reagieren überrascht, Koulakos – aus zunächst unklaren Gründen – genervt.

»Hier bestätigt sich wieder mal der alte Polizistenspruch: Der entscheidende Hinweis kommt meistens aus einer völlig unerwarteten Ecke«, bemerkt Vellidis.

»Der Typ war ein Heuchler, wie er im Buche steht«, lautet Karabetsos' Verdikt über Fokidis.

»Wir sind Vollidioten!«, bricht es plötzlich aus Koulakos heraus. »Wir hätten viel früher merken müssen, dass hinter dieser ganzen vorgeschobenen Kampagne zu Wohltätigkeitszwecken nichts anderes steckt als ein Rekrutierungssystem billiger Arbeitskräfte für Fokidis' Hotels. Ich als Spezialist für Wirtschaftskriminalität werde mir das nie verzeihen, dass ich nicht früher in diese Richtung recherchiert habe.«

»Und was hättest du gefunden?«, fragt ihn Karabetsos. »Alles funktionierte doch vollkommen legal. Gut, es war Heuchelei, aber die bildet keinen Straftatbestand.«

»Nur dass sie zu Fokidis' Ermordung geführt hat«, hält

ihm Koulakos entgegen und fügt dann hinzu: »Er hat ja nicht nur einige seiner Hotels kurzzeitig geschlossen, um das altgediente Personal durch selbstausgebildetes und billiges zu ersetzen. Jede einzelne frei werdende Stelle hat er durch den preisgünstigen Nachwuchs besetzt.«

»Okay, das stimmt alles, Ilias«, sage ich. »Aber auch Karabetsos liegt richtig. Manchmal öffnet einem erst ein Hinweis, der aus dem Nichts zu kommen scheint, die Augen. Ich habe den Geschäftsführer gebeten, mir die Personallisten der Angestellten aus den beiden Hotels zu schicken, die nach der temporären Schließung entlassen wurden. Die werden wir durchforsten und eventuell einige von ihnen vernehmen. Ob uns diese Ermittlungen weiterbringen, wage ich allerdings zu bezweifeln.«

»Warum?«, fragt Vellidis.

»Weil es unlogisch ist, zuerst Fokidis zu töten, weil er sie entlassen hat, um billigere Arbeitskräfte einzustellen, und dann Kaplanis zu töten, weil er genau diese Geringverdiener, die von ihrem Lohn nicht leben können, als Beschäftigte zählt. Warum sollten sie sich auf die Seite der jungen Leute stellen, die sie doch in die Arbeitslosigkeit getrieben haben? Das passt hinten und vorne nicht zusammen.«

»Stimmt, aber was heißt das für uns?«, fragt mich Koulakos.

»Wir fangen erst mal mit der Befragung der von Fokidis Entlassenen an und schauen dann, wohin uns das führt.«

Nach dem Ende des Arbeitstreffens gehe ich wieder in mein Büro hinunter. Koula hat mir eine Notiz hinterlassen, dass Fokidis' Firma die Liste der entlassenen Arbeitnehmer geschickt hat.

Ich habe keine Lust, mich sofort damit zu befassen. Aber ich mag jetzt auch nicht mehr mit meinen Mitarbeitern die weitere Vorgehensweise besprechen. Ich fühle mich so ausgelaugt, dass ich beschließe, für heute Schluss zu machen. Bevor ich aufbreche, rufe ich Adriani an, weil ich wissen will, wo es die gefüllten Tomaten gibt.

»Bei uns, Mania und Uli kommen auch vorbei. Unser Deutschgrieche ist fast ausgeflippt, als er von den gefüllten Tomaten hörte. Erst dachte ich, wir treffen uns bei Katerina, aber sie hat mir erzählt, dass Lambros nicht zur Ruhe kommt, wenn sie jeden Abend Gäste haben. Da habe ich ihnen stattdessen eine Tupperdose vorbeigebracht.«

Das passt mir gut, da ich heute Abend nirgends mehr auf Besuch gehen mag, nicht mal bei meiner Tochter.

Adriani ist allein zu Hause. Mania und Uli sind noch nicht eingetroffen. Ich nehme das *Dimitrakos*-Lexikon zur Hand, um darin zu schmökern, doch Adriani hält mich davon ab: »Hast du was Neues gehört?«

»Immer mit der Ruhe, das braucht seine Zeit. Der Polizeipräsident entscheidet das nicht alleine«, sage ich.

»Du hast ja recht«, erwidert sie reumütig. »Was das angeht, habe ich mir jahrelang selbst einen Maulkorb verpasst. Und jetzt, da ich ihn nicht mehr brauche, kann ich meinen Mund nicht halten.«

Mir bleibt weder Zeit für den *Dimitrakos* noch für die Abendschau, da Mania und Uli eintreffen.

»Wisst ihr, was heute für ein Tag ist?«, fragt uns Uli, als wir Platz genommen haben.

»Nein, keine Ahnung«, sage ich, während Mania Uli aufmerksam anschaut.

»Die …« Er hält inne, weil er das Wort vergessen hat. »Wie heißt das noch?«, fragt er Mania.

»Die Befreiung vom Nationalsozialismus.«

»Genau. Und die feiere ich als Deutscher unter Griechen mit gefüllten Tomaten. Passt das nicht perfekt?«

Er geht nicht auf unsere Ausrufe ein und fragt Adriani ganz ernsthaft: »Frau Adriani, bringen Sie mir bei, wie man gefüllte Tomaten macht?«

»Lieber Uli, eins nach dem anderen. Zuerst lernst du, wie man Bohnensuppe kocht, und dann gehen wir zu den schwierigeren Übungen über.« Dann meint sie zu uns: »Ich bringe das Essen, sonst stürmt mir Uli noch die Küche!«

»Kommt Sissis nicht?«, frage ich.

»Eine Bewohnerin des Obdachlosenheims feiert heute Geburtstag, da durfte er nicht fehlen«, erklärt Adriani.

Da sie damit rechnen kann, dass wir uns alle auf die gefüllten Tomaten stürzen, gibt es nur Feta als Beilage, andere Gerichte haben daneben keine Chance. Adriani geht wieder in die Küche und kehrt mit einer Flasche Wein zurück.

Ich greife nach der Flasche und fülle die Gläser. »Na dann, prost!«, sage ich und stoße zuerst mit Adriani an.

»Hauptsache, Kostas, es geht uns gut, alles andere findet sich«, antwortet sie und wendet sich dann an Mania und Uli. »Trinken wir auf Lambros' Wohl!«

Wir heben die Gläser, lassen ihn hochleben und sind gerade beim ersten Schluck, als die Türklingel schellt.

»Wer kann das sein?«, fragt Adriani beunruhigt und läuft zur Tür. Kurz darauf kehrt sie mit Sissis zurück. »Du hast doch gesagt, du bleibst zum Geburtstag –«, sagt sie zu ihm.

»Ich habe der Jubilarin gratuliert und mit ihr angestoßen, aber jetzt bin ich hier. Ich kann doch deine gefüllten Tomaten nicht verpassen!«, erwidert er.

Adriani holt ein weiteres Gedeck, und ich fülle Sissis' Weinglas, bevor wir uns ganz dem Gaumenschmaus hingeben. Angst und Appetit haben eines gemeinsam: Sie lassen einen verstummen. Während des ganzen Essens fällt kein einziges Wort. Erst als wir das Besteck sinken lassen, sind zufriedene Seufzer und im Anschluss Lobeshymnen auf Adrianis Kochkünste zu hören.

»Uli, du hast so viel gegessen, dass ich heute Nacht wegen deiner Schnarcherei kein Auge zutue«, sagt Mania.

»Ich schnarche nicht. Ich seufze nur zufrieden, weil ich im Schlaf das herrliche Essen vor mir sehe«, erwidert Uli.

»Typisch deutsch!«, kommentiert Mania. »Er muss immer das letzte Wort haben.«

Sie steht auf, um Adriani beim Aufräumen zur Hand zu gehen, während wir ins Wohnzimmer übersiedeln.

»Haben dir die Aussagen der Obdachlosen weitergeholfen?«, will Sissis von mir wissen.

»Ja, vor allem Michalis' Geschichte. Danke, dass du ihm meine Telefonnummer gegeben hast. Das hat uns eine ganz neue und unerwartete Deutungsmöglichkeit eröffnet.«

Sissis seufzt. »Das freut mich … Aber was soll's? Früher haben wir uns für bessere Lebensbedingungen der Armen eingesetzt. Jetzt konkurrieren die Armen untereinander um einen 300-Euro-Job.« Er wendet sich Uli zu. »Kann sein, dass es bei euch in Deutschland noch nicht so weit ist, Uli, aber hier ist das die Realität.«

»Es gibt Nachtisch!« Adrianis Ruf unterbricht das Gespräch, bevor Uli antworten kann.

Wieder nehmen wir unsere Plätze am Esstisch ein. Diesmal, um Adrianis Marmeladen-Mürbteig-Kuchen Pasta Flora zu genießen.

Das ist mein Glück, denn ich bin nicht in der Stimmung, nach den gefüllten Tomaten unangenehme Themen anzuschneiden. Ein Chor von Seufzern beim Genuss der Nachspeise ist mir hundertmal lieber als das Gestöhne über die Arbeitslosenzahlen.

28

»Wir haben ihn.« Vellidis' aufgeregte Stimme unterbricht mich während der Planung meines Tagespensums.

»Wen?«

»Na, wen schon? Den Troglodyten!«

»Bin schon unterwegs.« Ich springe auf und eile zum Fahrstuhl.

Vellidis empfängt mich mit dem breitesten Lächeln der Welt. »Ich hätte nie gedacht, dass wir ihn so leicht aufspüren!«

»Wie ist es euch gelungen?«

»Zunächst sind wir davon ausgegangen, dass die jüngere Generation das Wort ›Troglodyt‹ gar nicht mehr kennt. Wer es benutzt, muss schon in einem gewissen Alter sein. Dann war die Kombination von Troglodyt und Klientelstaat ein Anhaltspunkt bei der Recherche. Daraus haben wir geschlossen, dass es wohl um einen pensionierten Beamten geht. Viele Rentner schlagen ihre Zeit auf Facebook tot, wo jeder verbitterte Mensch seinen Frust ablassen kann. So haben wir ihn schließlich gefunden. Es handelt sich um einen gewissen Periklis Stefanakos, einen pensionierten Lehrer.«

Er überreicht mir einen Zettel mit Stefanakos' Personalien. »Vielen Dank, Klearchos«, sage ich. »Damit kommen die Ermittlungen zu Fokidis' entlassenen Angestellten in Fahrt.«

»Hauptsache, wir landen nicht wieder in einer Sackgasse, das ist meine größte Angst!«

Ich stürme in mein Büro hinunter und rufe meine Leute zusammen. Als Erstes übergebe ich Koula den Zettel mit Periklis Stefanakos' Personalien.

»Lassen Sie alles liegen und stehen und klemmen Sie sich dahinter! Finden Sie seine Adresse heraus und alles, was Sie sonst noch zusammentragen können.«

Jetzt ist das Herrentrio an der Reihe. »Ihr knöpft euch die Listen der entlassenen Angestellten vor, die uns Fokidis' Firma geschickt hat. Um diejenigen, die inzwischen wieder Arbeit haben, braucht ihr euch nicht zu kümmern. Uns interessieren nur diejenigen, die immer noch arbeitslos sind, also Leute wie Michalis aus dem Obdachlosenheim. Wir müssen vorwärtsmachen und das Terrain abstecken. Dieser Fall ist hochkomplex, und wir haben schon eine Menge Zeit verloren. Ich möchte nicht, dass uns die Medien als unfähig hinstellen. Das bleibt sonst ewig an uns kleben.«

Nachdem ich den Einsatz meiner Mitarbeiter koordiniert habe, bleibe ich mit meinen Gedanken allein. Es hat keinen Sinn, jetzt Koulakos und Karabetsos einzubeziehen. Zuerst muss ich mir einen Überblick der Personen verschaffen, die vernommen werden sollen. Gerade als ich den Vizepolizeipräsidenten anrufen will, läutet das Telefon.

»Der Polizeipräsident erwartet uns«, verkündet er.

»Ich wollte mich schon bei Ihnen melden. Es gibt Fortschritte.«

»Schön, kommen Sie, und wir besprechen alles gemeinsam.«

Ich nehme die vertraute Route zum Büro des Polizeipräsidenten mit dem kleinen Zwischenstopp bei seinem Stellvertreter.

»Höre ich zur Abwechslung mal etwas Erfreuliches, oder gibt es wieder nur die üblichen unangenehmen Neuigkeiten?«, fragt mich der Polizeipräsident mit einem Lächeln.

Ich beschreibe ausführlich, wie sich die Ermittlungen durch die Gespräche mit Michalis und dem Generaldirektor der Fokidis-Gruppe und durch die Identifizierung des Troglodyten weiterentwickelt haben. Bei meinen Worten zeichnet sich Erleichterung auf ihren Gesichtern ab.

Der Polizeipräsident bestätigt diesen Eindruck. »Endlich geht es voran«, meint er. »Oder bin ich zu optimistisch?«

»Nein, durch die Befragung von Periklis Stefanakos alias Troglodyt und der aus den Fokidis-Hotels entlassenen Angestellten gibt es in der Tat zum ersten Mal einen Hoffnungsschimmer. Genaues wissen wir aber erst nach den Befragungen.«

»Es heißt ja, die guten Nachrichten kommen nie alle auf einmal, aber heute bestätigt die Ausnahme die Regel«, sagt der Polizeipräsident zu mir. »Nicht nur Sie haben gute Neuigkeiten für uns, sondern auch umgekehrt.«

Jetzt erst wird mir klar, worauf er hinauswill. Er lächelt mich an. Ich erwidere seinen Blick, verberge jedoch meine Anspannung.

»Ab morgen treten Sie den Posten des Stellvertretenden Kriminaldirektors an«, verkündet er. »Ich habe das mit dem Minister abgesprochen, er war sofort einverstanden.

Ich weiß nicht, ob und wann ein neuer Kriminaldirektor bestellt wird, aber momentan gibt es keinen aktuellen Kandidaten. Es ist durchaus denkbar, dass Sie die Stelle bekommen, aber dafür ist eine Beförderung durch den Regierungsrat für Auswärtiges und Verteidigung nötig. Bis dahin sind Sie offiziell zum Stellvertretender Kriminaldirektor ernannt.«

Plötzlich sitzt mir ein Kloß im Hals. Ich schaffe es aber noch, »Danke für Ihr Vertrauen« zu stammeln.

»Aber gern. Herr Kapsidis und ich schätzen die Zusammenarbeit mit Ihnen sehr. Nicht nur, dass Sie enorm viel Erfahrung haben, Sie gehen auch äußerst systematisch vor. Und vor allem: Sie wissen, wo Sie suchen müssen. Der größte Fehler wäre, Ihnen jemand anderen vor die Nase zu setzen.« Er hält inne und blickt mich an. »Unter uns gesagt, solange ich Polizeipräsident bin, wird das nicht passieren. Selbst wenn ein anderer Kriminaldirektor berufen werden sollte, werde ich dafür sorgen, dass Sie die Einsatzleitung in der Hand behalten.«

Ich bin völlig sprachlos und traue meinen Ohren kaum. »Ihr Vertrauen ehrt mich. Ich werde mich bemühen, Sie nicht zu enttäuschen«, würge ich hervor, als ich die Sprache wiederfinde.

»Herzlichen Glückwunsch zur Beförderung, Sie haben es verdient«, sagt Vizepolizeipräsident Kapsidis zu mir, als wir aus dem Büro des Polizeipräsidenten treten. »Ich freue mich, dass der Polizeipräsident Ihre Fähigkeiten schätzt. Das ist im öffentlichen Dienst keine Selbstverständlichkeit.«

Wir gehen mit Dankesbezeigungen und einem warmen

Händedruck auseinander. Kaum sitze ich im Seat, rufe ich Adriani an.

»Du hast die gefüllten Tomaten zu früh gemacht«, sage ich.

»Wieso? Ist die Beförderung auf Eis gelegt?«, fragt sie erschrocken.

»Nein, aber die gefüllten Tomaten kamen zu früh. Heute ist es offiziell: Ich werde zum Stellvertretenden Kriminaldirektor ernannt.«

»Waren die gefüllten Tomaten nicht als kleiner Vorgeschmack gedacht? Heute Abend feiern wir mit dem Hauptgang.« Ich höre ihr Schluchzen am Telefon.

»Nicht weinen, das bringt Unglück!«, sage ich lachend.

»Ich weine doch vor Glück. Freudentränen bringen nie Unglück!« Nach einer kleinen Pause hat sie sich wieder gefasst. »Du weißt, wie sehr ich mich freue. Nicht nur darüber, dass du befördert wirst, sondern weil du das schon lange verdient hast.«

Nach dem Telefonat starte ich meinen Wagen. Ich versuche, mich etwas einzukriegen, nicht dass ich noch einen Unfall baue, weil ich auf Wolke sieben schwebe.

Im Büro rufe ich alle meine Mitarbeiter zum Gespräch. Sie gehen davon aus, dass ich eine Lagebesprechung einberufen habe, aber bevor sie loslegen können, gebiete ich Einhalt.

»Das kommt später. Zuerst möchte ich etwas ankündigen. Derzeit ist die Neuigkeit noch unter Verschluss und darf nicht nach außen dringen. Morgen wird es offiziell bekanntgegeben: Ich übernehme die Stelle des Stellvertretenden Kriminaldirektors.«

Alle brechen in Jubelrufe und Applaus aus. Danach kommt jeder einzeln zu mir und drückt mir die Hand.

»Endlich, das haben Sie verdient«, sagt Koula beim Händedruck zu mir. »Ich bin nur traurig, dass wir Sie verlieren.«

»Warum sollten Sie mich verlieren?«, wundere ich mich.

»Ziehen Sie nicht in die fünfte Etage um?«

»Nein, Koula. Ich bleibe in meinem Büro. Ich habe keine Lust, Gikas anstelle von Gikas zu werden. Sein Büro werden wir weiterhin als Besprechungsraum nutzen.«

»Und wer übernimmt Ihre Stelle?«, meint Dermitsakis, dem die Frage unter den Nägeln brennt.

»Vorläufig übernimmst du als Dienstältester«, antworte ich. »Über meinen Nachfolger wurde noch nicht gesprochen. Und ich vermute, dass man dazu meine Meinung einholen wird.«

Das beruhigt ihn, wie auch mich übrigens, denn an unserer Dienststelle dürfen keine Eifersüchteleien aufkommen, solange wir an diesem komplexen Fall sitzen.

»Schön, das war's. Vielen Dank für die Glück- und Segenswünsche. Und jetzt zurück zu unserem Fall!«, sage ich. »Wer fängt an?«

Wie üblich hat Koula Vorrang. »Ich konnte Periklis Stefanakos ausfindig machen. Er ist 82 und wohnt in der Menelaou-Straße 12 in Kallithea. Ich habe auch seine Handynummer.«

»Und die anderen? Habt ihr die von Fokidis Entlassenen finden können?«

»Nicht alle«, antwortet Dermitsakis. »Die Suche erfordert Zeit und Ausdauer. Einige von denen, die wir ausfindig gemacht haben, sind immer noch arbeitslos. Andere arbeiten saisonal im Tourismusgewerbe. Was sie dort für Löhne bekommen, werden wir bei den Befragungen hören.«

»Habt ihr in Fokidis' Studentenheim etwas herausbekommen?«

Askalidis übernimmt jetzt die Berichterstattung. »Eigentlich funktioniert es so, wie Sie vermutet haben. Nur dass nicht alle jungen Leute dieselben Chancen haben. Fokidis hat hauptsächlich die Absolventen mit den besten Abschlüssen genommen. Die Übrigen mussten warten, bis eine Stelle frei wurde, oder sich mit Saisonarbeit begnügen.« Er schüttelt seufzend den Kopf. »Sie hätten die jungen Leute sehen sollen: Sie haben furchtbare Angst, dass sie nach Fokidis' Tod gar keine Aussicht mehr auf eine Stelle haben, und sei es auch im Niedriglohnsektor.«

»Danke. Dann macht jetzt mit den Listen der Entlassenen weiter. Bis nachher!«

Ich bitte Koula um Stefanakos' Handynummer und rufe ihn umgehend an.

»Kommissar Charitos. Habe ich den ›Troglodyten im Klientelsystem‹ am Apparat?«, frage ich, sobald er sich meldet.

Es folgt Stille, dann sagt er mit ruhiger Stimme: »Also haben Sie mich gefunden.«

»Das war nur eine Frage der Zeit, Herr Stefanakos. Aber ich würde mich gern persönlich mit Ihnen unterhalten.«

»Zähle ich zu den Tatverdächtigen?«

»Wir wissen, wie alt Sie sind. Sie wären unter den Tatverdächtigen, wenn es schon mal nachweislich einen 82-jährigen Bombenleger gegeben hätte.«

Er lacht auf. »Wir können uns gern unterhalten, aber Sie müssen schon herkommen. In meinem Alter fallen mir Besuche im Präsidium schwer.«

»Passt es Ihnen jetzt?«

»Ja, sicher.«

Ich tue so, als wüsste ich seine Adresse nicht und lasse sie mir von ihm durchgeben. Ich will schon einen Streifenwagen ordern, überlege es mir dann aber noch einmal anders. Ich muss ja aufgrund meiner Beförderung nicht gleich größenwahnsinnig werden. Besser, ich bleibe meinen alten Gewohnheiten treu.

Er öffnet mir höchstpersönlich. Ich stehe einem hochgewachsenen Achtzigjährigen gegenüber, der sich in Anzug und Krawatte kerzengerade hält. Der einzige Hinweis auf sein Alter ist der Gehstock, auf den er sich stützt.

Er gibt mir, wie bei Menschen seiner Generation üblich, die Hand und führt mich ins Wohnzimmer. Wir nehmen in zwei gegenüberstehenden Sesseln Platz.

»Despina!«, ruft er, worauf prompt eine mollige Sechzigjährige erscheint. »Möchten Sie einen Kaffee?«, fragt er mich, und um mir die Entscheidung zu erleichtern, fügt er hinzu: »Um diese Tageszeit trinke ich immer einen.«

Ich akzeptiere die Einladung, und die mollige Sechzigjährige entfernt sich, um den Mokka zuzubereiten.

»Ich lebe allein mit Despina, die mir den Haushalt führt«, erläutert er. »Meine Frau ist schon lange tot, und mein Sohn leitet eine Internetfirma in London. Wenn ich mich nicht mehr selbst versorgen kann, wartet schon ein Platz im Altersheim auf mich.« Nach einer kurzen Pause spricht er weiter. »Mein Sohn hat mir Nachhilfe erteilt, was das Reich des Internets angeht. Aus beruflichen Gründen war ich ja immer mit Nachhilfeunterricht vertraut.«

»Haben Sie an einem Nachhilfeinstitut unterrichtet?«, frage ich.

»Nein, ich war Schuldirektor. So habe ich auch Kaplanis kennengelernt. Er war mein Schüler im Lyzeum. Meine Abneigung gegen ihn stammt noch aus dieser Zeit.«

»Wieso?«

»Wäre Griechenland immer noch eine parlamentarische Monarchie, wäre Kaplanis in seinem Element gewesen. Er war ein ausgezeichneter Schüler, hat aber immer einen Hofstaat um sich aufgebaut. Wer seine Hofschranze war, der genoss Privilegien. Wer nicht dazugehörte, war sein Widersacher. Er suchte immer nach Wegen, seine Gegner zu marginalisieren, ja sogar, sie zu vernichten. Wiederholt musste ich persönlich einschreiten, um seine Opfer zu schützen. Sogar vor Lehrern, die Kaplanis' Begabung bewunderten und ihm jeden Gefallen taten!«

»Glauben Sie, dass er dieses Verhalten auch in seiner späteren Laufbahn beibehalten hat?«

»Das glaube ich nicht nur, das weiß ich. Der Zufall wollte es, dass er mit meiner Nichte Loukia verheiratet war. Warum jetzt Loukia mit Blindheit geschlagen war und diesen rücksichtslosen Opportunisten geheiratet hat, kann ich mir beim besten Willen nicht erklären. Sie kannten sich schon aus der Schulzeit, und während des Studiums wurde Liebe daraus. Als ihr bewusst wurde, wen sie da geheiratet hatte, war es zu spät. Ihr blieb nur die Scheidung.«

»Als Sie den Facebook-Post geschrieben haben, hatten

Sie da konkrete Hinweise, die Sie nicht öffentlich gemacht haben?«, frage ich ihn.

»Nein, ich wusste nur eins mit Sicherheit: Lasaros Kaplanis kannte bloß zwei Kategorien von Menschen: Höflinge und Feinde. Ich sag's noch mal: In einer Republik samt Hofstaat wäre er am rechten Platz gewesen.« Er denkt nach, bevor er weiterredet. »Mein Post zielte auf etwas anderes ab.«

»Und worauf?«, frage ich neugierig.

»Ich hatte alle Bekennerschreiben zur Ermordung des Unternehmers gelesen. Daraus wurde klar, dass sie das Tatmotiv nicht offen nennen, sondern erst bestätigen, wenn die Polizei es entdeckt. Ich wollte sie provozieren, um sie zur Offenlegung ihres Motivs zu zwingen.« Er hält inne und überlegt. »Ich weiß noch immer nicht genau, warum ich das getan habe. Vielleicht, weil mich dieses Bild eines mustergültigen Würdenträgers, dem die Europäer blind vertrauen, wütend gemacht hat. Vielleicht war aber auch Loukia der Grund. Sie war eine Nichte meiner Frau, die Tochter ihrer Schwester, und meine Frau hatte eine große Schwäche für sie.«

Er blickt mich an und lächelt. »Sie werden mir zustimmen, dass ich mein Ziel erreicht habe.«

»Das tue ich, auch wenn Sie in Ihrem Post abschätzig über Bullen urteilen«, antworte ich, auch mit einem Lächeln.

»Sie haben recht, aber Menschen meiner Generation haben selten Sympathien für die Polizei gehegt. Außer, sie waren Höflinge des Systems.«

»Und wie sind Sie auf das Pseudonym ›Troglodyt im

Klientelsystem‹ gekommen?«, frage ich aus purer Neugier.

»Den griechischen ›Staatsdienst‹ kann man als ein Höhlensystem begreifen, Herr Kommissar. Je höher man aufsteigt, desto unzugänglicher werden die Höhlen und desto gründlicher muss man sie erforschen. Mir ist es gerade noch gelungen, mich zu den Höhlen eines Schuldirektors hochzuarbeiten. Kaplanis war ein meisterlicher Troglodyt. Nicht nur, weil er die seltene Fähigkeit hatte, immer neue Höhlen zu entdecken, sondern auch, weil es ihm gelang, sie für andere unzugänglich zu machen.«

Mir fällt keine weitere Frage mehr ein. »Vielen Dank für Ihre Zeit, aber auch für den Facebook-Post. Sie haben die Reaktion der Täter absolut richtig eingeschätzt. Das hat uns in die Hände gespielt.«

Im Zuge meiner Beförderung musste ich mich – um bei Stefanakos' Gleichnis zu bleiben – auch durch ein paar Höhlen robben. So verabschieden wir uns voneinander auf Augenhöhe, von Troglodyt zu Troglodyt.

29

Genau in dem Moment, als ich Stella anweisen möchte, unseren Abteilungsleiterstab einzuberufen, klingelt mein Handy. Überrascht stelle ich fest, dass der Anruf von Gikas stammt.

»Glückwunsch! Ich habe die guten Neuigkeiten erfahren«, sagt er, sobald er meine Stimme hört. »Und ich habe mich sehr gefreut! Nicht nur, weil Sie mein Mitarbeiter waren, sondern weil Sie das schon lange verdient haben.«

»Vielen Dank«, sage ich und wundere mich, wie es ihm immer noch gelingt, mit Hilfe seiner alten Connections die Interna im Polizeikorps zu verfolgen und die brandaktuellen Dinge als Allererster zu erfahren.

»Ich würde gern einen Kaffee mit Ihnen trinken, um Ihnen persönlich zu gratulieren. Haben Sie kurz Zeit dafür?«

Eigentlich nicht, aber Gikas kann ich nicht gut absagen. Wir vereinbaren einen Termin in einer halben Stunde im Café am Ende des Alexandras-Boulevards. Gleichzeitig hadere ich mit mir, dass ich mich selbst jetzt, nach meiner Beförderung, immer noch nicht vom Minderwertigkeitskomplex des Untergebenen befreien kann.

Ehe ich zum Treffen mit Gikas aufbreche, erstattet mir Dermitsakis jedoch noch Bericht. »Also, das wäre geklärt«, vermeldet er. »Von den Entlassenen sind drei nicht mehr am Leben. Zwei weitere haben Selbstmord begangen. Von denen, die noch am Leben sind, sind einige in ihre Heimatdörfer und in den landwirtschaftlichen Familienbetrieb zurückgekehrt. Zwei haben ein Reisebüro eröffnet und kooperieren mit verschiedenen Anbietern. Ein paar andere kommen mit Hilfs- und Gelegenheitsjobs über die Runden. Fünf oder sechs, darunter auch derjenige, der Sie angerufen hat, sind seit damals arbeitslos.«

»Toll, systematische Recherche!«, sage ich.

»Wie Sie sehen, arbeitet die Abteilung effizient, auch wenn Sie ein Treppchen höher steigen«, antwortet er lachend. Dann wird er ernst und fragt: »Mit wem fangen wir an?«

»Mit den Arbeitslosen. Je nachdem, was bei den Befragungen herausspringt, entscheiden wir über die Reihenfolge der Übrigen. Diejenigen, die in die Landwirtschaft gegangen sind, sind für uns uninteressant.«

»Sollen wir jeden einzeln vorladen?«

»Vorläufig laden wir noch gar niemanden vor. Stellt mir zuerst einen kurzen Lebenslauf von jedem Arbeitslosen zusammen, mit Familienstand, Lebensverhältnissen und allem, was für die Vernehmung von Interesse sein könnte. Anhand dessen entscheiden wir, wen wir vorladen und wie wir das tun.«

Dermitsakis kehrt an seinen Schreibtisch zurück, und ich gebe Koula Bescheid, dass ich mich für ein Stündchen mit Gikas treffe.

»Hat er den Braten gerochen?«, fragt sie mich verschwörerisch.

»Ja.«

»Er ist ein begnadeter Netzwerker. Unter uns gesagt, war er bei uns unterfordert.«

»Wie meinen Sie das?«, wundere ich mich.

»Beim griechischen Geheimdienst KYP wäre er als Direktor besser aufgehoben gewesen«, erwidert sie lachend.

Als ich ins Café trete, wartet Gikas schon bei einem Kaffee auf mich. Ich muss mich erst von meiner Überraschung erholen, denn mir sitzt ein ganz anderer Gikas als gewohnt gegenüber – mit Freizeitjacke, T-Shirt und Sportschuhen.

»Entschuldigen Sie bitte die Verspätung«, sage ich.

»Sie sind nicht zu spät, sondern ich bin zu früh. Ich bin eben Rentner.«

Er steht auf und umarmt mich. »Du weißt nicht, wie sehr ich mich freue, Kostas«, sagt er leise. »Du weißt nicht, wie sehr.«

»Doch!«, sage ich mit Nachdruck. »Aus unserer langjährigen Zusammenarbeit weiß ich, dass Sie meine Arbeit immer respektiert haben.«

»Wir sollten uns duzen«, schlägt er vor. »Du bist jetzt Stellvertretender Kriminaldirektor und ich nur ein einfacher Angler. Eigentlich sollte ich dich siezen.« Er blickt mich an und sagt beinahe feierlich: »Ich bin stolz auf dich, Kostas. Ich bin froh, dass du jahrelang mein Mitarbeiter warst. Wir hatten zwar Meinungsverschiedenheiten, und ab und zu sind wir uns auch auf die Nerven gegangen, aber du kannst nicht leugnen, dass ich dir immer vollkommen vertraut habe.«

»Und du hast mich meinen Job machen lassen, selbst wenn du Einwände hattest«, ergänze ich und gehe sofort zu der Frage über, die mich am brennendsten interessiert: »Wie hast du es erfahren?«

Gikas reagiert amüsiert. »Ich musste gar keine alten Beziehungen spielen lassen. Kapsidis hat es mir gesagt. Er hat mich voller Freude angerufen und verkündet, dass es ihm gelungen ist, dich befördern zu lassen.«

Das lag auf der Hand, sage ich mir. Ohne die Empfehlung des Vizepolizeipräsidenten hätte der Polizeipräsident nicht die Initiative ergriffen.

»Entschuldige, dass ich es dir nicht selbst gesagt habe, aber die Beförderung war noch nicht offiziell abgesegnet, und ich sollte sie für mich behalten«, rechtfertige ich mich.

»Das macht nichts. Ich will dir nur sagen, dass du mit Kapsidis einen Vorgesetzten hast, der deine Arbeit sehr schätzt und dir unbegrenzt vertraut. Das ist jetzt wichtiger denn je. Als Stellvertretender Kriminaldirektor brauchst du seine Rückendeckung, weil du selbst die Entscheidungen treffen musst. Und noch etwas: Solange Kapsidis da ist, wird er nicht zulassen, dass man dir einen anderen vor die Nase setzt, der sich als Kriminaldirektor nur in Positur wirft und dir das Leben schwermacht. Selbst wenn er vom Minister unter Druck gesetzt wird, wird er ihn nur pro forma ernennen und weiterhin direkt mit dir zusammenarbeiten.«

»Danke für deine Worte, das erleichtert mich«, sage ich und meine es auch so. »Was wolltest du mir vorher über Gikas, den Angler, sagen?«, frage ich, um das Thema zu wechseln.

Seine Miene erhellt sich durch ein Lächeln. »Kostas, du kannst dir gar nicht vorstellen, wie ich das Angeln genieße«, sagt er und wirkt rundum glücklich. »Wir leben jetzt großenteils auf Euböa, und dort angle ich den lieben langen Tag. Ich habe das Handwerk so gut erlernt, dass sich die Einheimischen vor Staunen die Augen reiben. Ich hätte nie geglaubt, dass ich ein solches Talent dazu habe.«

»Und was hält deine Frau davon?«

»Die reibt sich auch die Augen und preist Gott, den Herrn, dass ich ihr nicht den ganzen Tag zu Hause auf der Pelle sitze. Wir sind in nächster Zeit auf Euböa, aber wenn wir wieder in Athen sind, rufe ich dich an, und wir gehen mal mit unseren Frauen schön essen.«

»Sehr gerne«, sage ich.

Wir stehen auf und umarmen uns noch einmal, bevor wir wie zwei gute alte Freunde auseinandergehen, die sich ein Weilchen nicht gesehen haben.

Gutgelaunt kehre ich nach dem Treffen in mein Büro zurück, was in meiner Dienstzeit unter Gikas eher selten vorkam. Dann rufe ich Stella an, um die Abteilungsleiter ins Büro meines ehemaligen Vorgesetzten zu bitten.

Es ist eins der seltenen Male, dass sie schon vollzählig da sind und auf mich warten. Sie hören sich meinen Rapport zum Fortgang der Ermittlungen an, und als Erster äußert sich Vellidis dazu.

»Wir sollten Stefanakos einen Dankesbrief schicken. Deswegen haben die ›Nationalen Idioten‹ ihr Motiv im Mordfall Kaplanis offengelegt.«

»Unglaublich, den Facebook-Post hat er mit voller Absicht verfasst …«, fügt Karabetsos hinzu.

»Richtig, aber die wirklich wichtigen Informationen werden wir nur von den Leuten bekommen, die von Fokidis entlassen wurden und immer noch arbeitslos sind«, bemerkt Koulakos.

»Da hast du recht, und deshalb solltest du bei der Vernehmung dabei sein«, sage ich zu ihm. »Du bist der Finanzexperte, und deine Fragen können uns von Nutzen sein.«

»Ich stoße gerne dazu.«

»Gibt es sonst noch irgendwelche Aufgaben für uns zu erledigen?«, fragt mich Karabetsos.

»Momentan nicht. Du musst dich gedulden, bis die Ergebnisse der Befragungen vorliegen.«

»Der Einzige, der ruhigen Gewissens gehen kann, weil er seine Pflicht erfüllt hat, bin ich«, sagt Vellidis.

Kaum bin ich zurück in meinem Büro, stürmt Dermitsakis herein, als hätte auch er seine geheimen Connections, die ihm zuflüstern, wann ich wieder auftauche.

»Die Lebensläufe von fünf Arbeitslosen stehen bereit. Den letzten ergänzt Askalidis morgen früh. Wann sollen wir sie vorladen?«

»Morgen, wenn wir alles beisammenhaben. Dann einigen wir uns auch darauf, in welcher Reihenfolge wir sie befragen.«

Ich habe keine Lust, heute noch die Termine mit den Arbeitslosen anzusetzen. Außerdem ist es besser, wenn wir vorab die Lebensläufe studieren. Kann sein, dass sie Anregungen liefern, die uns bei der Konkretisierung unserer Fragen helfen.

Dann rufe ich Adriani an, um zu erfahren, wo wir heute zu Abend essen.

»Ich bin bei Katerina und bereite Auberginen Imam und Lammbraten zu. Ich habe ihr erzählt, dass du uns etwas mitzuteilen hast. Da hat sie vorgeschlagen, dass wir bei ihnen essen, damit auch Sissis die Neuigkeit erfährt.«

Ich werfe einen Blick auf meine Uhr. Eine Stunde muss ich noch totschlagen, bevor ich zu meiner Tochter fahren kann. Plötzlich fällt mir ein, dass ich meine Beförderung nicht mit leeren Händen verkünden sollte. Da kennt Adriani kein Pardon. Ich schwanke zwischen Wein und Süßspeise, entscheide mich aber schließlich für Wein.

Ich breche daher schon vor Feierabend auf, um auf dem Weg zu meiner Tochter noch in einer Weinhandlung vorbeizuschauen.

30

Anstelle von Katerina öffnet mir überraschend Adriani die Tür.

»Bravo! Wie gut, dass du daran gedacht hast. Ich wollte dich deswegen schon anrufen«, sagt sie anerkennend, sobald sie die Tüte mit dem Wein in meiner Hand entdeckt.

»Hast du wirklich gedacht, ich komme mit leeren Händen?«, sage ich, um sie zu düpieren.

Im Wohnzimmer gibt sich die ganze erweiterte Verwandtschaft ein Stelldichein. Über den engen Familienkreis hinaus sind auch die drei Gäste gekommen, die uns schon gestern zu den gefüllten Tomaten beehrten.

»Papa, du solltest uns die Neuigkeiten verkünden, bevor Lambros unruhig wird und ich ins Kinderzimmer muss.«

»Ich möchte dich um ein bisschen Geduld bitten. Ich warte noch auf die Aufnahmeteams.«

»Welche Aufnahmeteams?«, wundert sich Adriani.

»Die vom Fernsehen. Ich kann doch keine Verlautbarung ohne Reporter machen!«

»Also jetzt ist mein Mann völlig durchgedreht«, bemerkt Adriani.

»Lass die Scherze, Papa. Sag schon, was Sache ist, solange Lambros mir noch eine Pause gönnt.«

»Na gut.« Ausführlich erzähle ich von meinen beiden

Treffen mit dem Vizepolizeipräsidenten und dem Polizeipräsidenten. Als Tüpfelchen auf dem i füge ich noch das Treffen mit Gikas hinzu.

Der Gesichtsausdruck meiner Zuhörer wandelt sich im Verlauf meines Berichts von Überraschung zu Freude und schließlich zu Begeisterung. Zuallererst springt meine Tochter auf. Sie fällt mir um den Hals, drückt mich an sich und sagt mit vor Rührung kaum hörbarer Stimme: »Du ahnst gar nicht, wie sehr ich mich freue, Papa!« Um ihre Rührung zu verbergen, sagt sie dann mit lauter Stimme: »Lambros kann auf seinen Opa, den Stellvertretenden Kriminaldirektor, stolz sein.«

»Da wäre ich mir nicht so sicher«, warne ich sie.

»Wieso? Kann man deine Beförderung widerrufen?«

»Nein, aber seine Schulkameraden werden ihm ›Kleiner Polyp!‹ hinterherrufen.«

»Das ist doch ein Ehrentitel, auf den er stolz sein kann!«, sagt Adriani, schlagfertig wie immer.

Jetzt ist Fanis an der Reihe. Er fasst mich an den Armen und küsst mich auf beide Wangen. »Glückwunsch, du hast mich zuversichtlich gestimmt!«, meint er lachend.

»Wie das?«, frage ich.

»Deine Beförderung lässt mich hoffen, auch eines Tages Klinikchef zu werden.«

Mania tut es Katerina gleich. Sie drückt mich an sich und küsst mich auf beide Wangen, während Uli seine Freude mit einem warmen Händedruck zum Ausdruck bringt.

»Dann waren die gestrigen gefüllten Tomaten im Grunde eine vorverlegte Beförderungsparty?«, will Mania wissen.

»Ja, aber Kostas wollte, dass wir es geheim halten, bis alles offiziell bestätigt ist«, erläutert Adriani.

Allem Anschein nach ist der Aufschub abgelaufen, den uns Lambros gegönnt hat, denn sein Weinen dringt zu uns herüber. Katerina steht auf und geht ins Kinderzimmer.

Sissis hat sich als Einziger noch nicht von seinem Platz gerührt. Den Altlinken lässt die Beförderung eines Bullen gleichgültig, will mir scheinen. Aber dann erhebt er sich, tritt auf mich zu und nimmt mich beiseite. Die eine Hand legt er mir auf die Schulter, und mit der anderen drückt er mir die Hand.

»Es kommt ja nicht oft vor, dass der griechische Staatsapparat die richtige Wahl trifft. Aber hier schon!«, sagt er leise. »Deine Lieben freuen sich zu Recht. Und aus der Zeit, als wir in verfeindeten Lagern standen, weiß ich ja, was für ein anständiger Mensch du bist.«

Seine Worte rühren mich mehr als all die Küsse und Umarmungen. Daher dreht sich die Situation um: Ich bin es jetzt, der ihn an sich drückt und ihm ins Ohr flüstert: »Danke, Lambros, aber bitte sag nicht länger ›deine Lieben‹. Du gehörst dazu!«

Die wechselseitigen Geständnisse werden von Katerina unterbrochen, die mit dem Kleinen auf dem Arm hereintritt. »Komm, gratuliere deinem Opa!«, sagt sie und bringt ihn zu mir.

Ich nehme ihn auf den Arm. Als er mich erblickt, plärrt er sofort los.

»Ojemine, mein Sohn mag keine Bullen!«, meint Fanis.

»Was redest du da, Fanis?«, mischt sich Adriani ein. »Babys haben immer einen besseren Draht zu ihren Müttern und Großmüttern als zu ihren Vätern und Großvätern. Eine weibliche Umarmung ist eben zärtlicher. Komm her, mein Junge!«

Als sie ihn mir aus dem Arm nimmt, hört das Kind wie durch ein Wunder auf zu weinen. »Siehst du?«, meint Adriani triumphierend zu Fanis.

Jetzt ist Katerina wieder an der Reihe. »Überlass ihn mir, du musst ja zur Feier des Tages noch das Abendessen zubereiten.«

Das mehrmalige Hin und Her vom einen zum anderen hat den Kleinen verwirrt, so dass er erneut in Tränen ausbricht. Katerina bringt ihn ins Kinderzimmer, damit er zur Ruhe kommt. Da sich Adriani und Mania der Küche zuwenden, bleibt die Männergesellschaft allein zurück.

»Was bedeutet diese Beförderung für dich?«, fragt mich Fanis.

»Persönlich oder dienstlich?«

»Dienstlich, natürlich. Die persönliche Seite ist doch klar: Jeder Mensch freut sich über eine Beförderung.«

Ich überlege kurz, bevor ich antworte. »Wenn ich meinen beiden Vorgesetzten glauben kann, soll die Einsatzleitung – auch wenn an Gikas' Stelle ein neuer Kriminaldirektor bestellt wird – in meiner Verantwortung bleiben. Sie vertrauen mir. Daher habe ich keinen Grund, an ihren Worten zu zweifeln. Natürlich weiß man nicht, was passiert, wenn die Polizeiführung abgelöst wird, aber bis dahin ist noch Zeit. Dann bin ich vielleicht schon in Rente.«

»Und was meinst du, Uli?«, will Sissis wissen.

»Ich kann das Ganze nicht nachvollziehen«, lautet Ulis Antwort.

»Was kannst du nicht nachvollziehen?«, hakt Fanis nach.

»Ich arbeite immer allein. Ich bekomme einen Auftrag, den ich an meinem Schreibtisch erledige, und wenn ich fertig bin, suche ich nach neuen Aufträgen. Ich weiß nicht, wie sich jemand fühlt, der befördert wird.«

»Er meint: Ihr seid Angestellte mit festem Monatsgehalt und könnt Freiberufler nicht verstehen«, interpretiert ihn Sissis.

»Verstehst du sie denn?«, fragt Fanis ihn.

»Irgendwie schon, ich war ja mein Leben lang freiberuflich arbeitslos.«

Adriani bringt die Auberginen Imam, und Mania folgt ihr mit dem Salat. Als Dritte tritt Katerina mit den Weinflaschen ein. Wir nehmen am Esstisch Platz, und Fanis füllt die Gläser wie ein ausgebildeter Sommelier.

Alle heben ihr Glas, um mir zu gratulieren. Adriani und Katerina kommen auf mich zu und küssen mich noch einmal.

»Mania, mach ein Foto von uns!«, sagt Katerina, und dann meint sie zu ihrem Mann: »Fanis, komm doch dazu.«

Mania holt ihr Handy heraus und schießt ein Familienfoto. Gleich nach dem Fotoshooting machen wir uns voller Appetit über das Essen her. Die zweite Runde Glückwünsche geht an Adriani für ihre Auberginen Imam.

Dann folgt das Ofenlamm mit Kartoffeln. Katerina und ich werden schon seit eh und je von Adriani verwöhnt, doch die anderen kommen ja nur ab und zu in den Genuss und brechen jedes Mal in Jubel aus.

Als Mania die Nachspeise serviert, klingelt mein Handy.

»Hier die Einsatzzentrale, Herr Kommissar. Vom Polizeirevier Sounio wurde uns gerade ein Verkehrsunfall gemeldet. Ein Wagen ist von der Straße abgekommen und ins Meer gestürzt.«

»Seit wann ist das Polizeipräsidium für Verkehrsunfälle zuständig?«, frage ich.

»Ich hätte Sie auch nicht angerufen, aber der Revierleiter hat uns noch etwas anderes berichtet. Jemand hat die Besatzung des Streifenwagens am Unfallort angesprochen und gemeldet, ein Kleintransporter sei quer auf der Fahrbahn gestanden, als sich der Wagen näherte. Der Fahrer des Wagens hat anscheinend versucht, einen Zusammenstoß zu vermeiden, und ist dabei ins Meer gestürzt. Der Revierleiter hat den Verdacht geäußert, dass es sich um einen Mordversuch handeln könnte. Daher sollte ich Sie benachrichtigen.«

»Gut, ich schicke gleich meine Mitarbeiter hin.«

Nachdem ich aufgelegt habe, rufe ich Dermitsakis an. Ich sage ihm, er solle Askalidis und Dervisoglou an den Unfallort schicken, um den Vorfall aufzunehmen.

»Lassen Sie mal, ich fahre mit Askalidis hin.«

Ich bitte ihn, mich zu kontaktieren, falls sich der Verdacht bestätigt. Nach dem Gespräch kehre ich zur Schokoladentorte an den Esstisch zurück. Ich kann mich nicht erinnern, dass ich meinen Geburtstag je mit einer Torte gefeiert hätte. Stattdessen bekomme ich nun eine Beförderungstorte.

»Noch ein Mord?«, fragt mich Fanis.

»Nein, ein Verkehrsunfall in Sounio, aber eine Zeugenaussage deutet auf Komplikationen hin. Daher habe ich zwei meiner Leute hingeschickt, sie sollen feststellen, ob nicht doch eine Straftat vorliegt.«

Ich setze mich an den Tisch, und Katerina serviert die Torte. Uli steht auf und zieht aus seinem Rucksack eine Flasche mit einer hellen Flüssigkeit hervor, die aussieht wie Ouzo.

»Was ist das?«, fragt Sissis.

»Grappa«, meint Uli. »Ein italienischer Schnaps, so ähnlich wie Tsipouro. Aber die Italiener trinken ihn nach dem Essen.«

Alle sind angetan, sogar Sissis äußert sich zustimmend.

»Deshalb kommen wir mit den Italienern so gut aus«, bemerkt Adriani.

»Weil sie Grappa trinken?«, wundert sich ihre Tochter.

»Tsipouro oder Grappa, worin liegt der Unterschied?«

Am Ende des Abends sind alle bester Stimmung, und auch ich freue mich über die gelungene Beförderungsparty im Kreise der Familie.

Dermitsakis' Anruf trifft ein, als ich den Seat starte, um nach Hause zu fahren.

»Sie müssen wohl doch herkommen, Herr Kommissar.«

»Warum? Gibt es Komplikationen?«, frage ich und stelle den Motor wieder aus.

»Wir haben den Kleintransporter gefunden. Er stand vor einem Tunnel in Varkisa und ist seit gestern Mittag als gestohlen gemeldet.«

»Ruf Dimitriou an, er soll mit der Spurensicherung kommen. Ich vermute mal, das Polizeirevier Sounio hat die Küstenwache wegen der Bergung des Wagens bereits informiert.«

»Soll ich die Gerichtsmedizin verständigen?«

»Erst soll die Küstenwache den Wagen aus dem Meer

fischen. Und noch was: Schick mir einen Streifenwagen zu Hause vorbei.«

Einmal Unglücksrabe, immer Unglücksrabe, selbst am größten Freudentag.

31

Es ist schon ein Uhr nachts, als ich am Unfallort eintreffe. Das viele Essen verursacht mir Magendrücken, und mein Kopf ist so schwer vom Wein, dass ich zu Ermittlungen kaum noch fähig bin.

Der Vorfall hat sich genau dort ereignet, wo am 13. August 1968 der Widerstandskämpfer gegen die Militärjunta Alekos Panagoulis sein – schließlich misslungenes – Bombenattentat auf Diktator Papadopoulos durchführte.

Der Kleintransporter steht immer noch an derselben Stelle. Die Verkehrspolizei hat den Fahrstreifen Richtung Athen gesperrt und den gesamten Verkehr auf die Gegenfahrbahn umgeleitet. Um diese Uhrzeit ist ohnehin kaum etwas los.

Der Revierleiter kommt auf mich zu, um mir Bericht zu erstatten. Im Grunde erzählt er mir dasselbe, was ich ohnehin schon von Dermitsakis weiß, bloß ausführlicher. Weitere Erkenntnisse ergeben sich daraus nicht.

»Ist der Augenzeuge noch hier?«, frage ich.

»Nein, wir haben ihn nach Hause geschickt, weil seine Familie mit im Auto saß. Aber wir haben seine Personalien aufgenommen.«

Als ich sehe, wie Dimitriou den Straßenbelag im Licht einer Taschenlampe prüft, gehe ich zu ihm hinüber. »Ich weiß, meine Frage kommt zur Unzeit, aber trotzdem: Haben Sie etwas gefunden, das uns weiterhelfen könnte?«

»Den Kleintransporter haben wir exakt so vorgefunden, wie Sie ihn hier sehen. Er hatte den Tunneleingang blockiert. Offenbar war er zunächst auf dem unbefestigten Streifen zum Meer hin geparkt und wurde dann als Straßensperre benutzt.«

Er hält inne und blickt mich an. »Ich will ja nicht unken, Herr Kommissar, aber meiner Meinung nach war das kein Unfall. Anscheinend ist jemand dem Wagen gefolgt und hat dem Fahrer des Kleintransporters signalisiert, wann genau er die Tunnelausfahrt blockieren sollte. Aufgrund der Dunkelheit konnte der Lenker des Unfallwagens das Hindernis nicht rechtzeitig erkennen. Offenbar hat er in Panik das Steuer herumgerissen, und das Fahrzeug ist in die Tiefe gestürzt.«

Ich verabschiede mich von Dimitriou und will wieder zu meinen Mitarbeitern zurückgehen, als mich jemand anspricht:

»Kapelas, Leiter der Küstenwache, Herr Kommissar. Leider können wir vor Tagesanbruch nicht mit der Bergung des Wagens beginnen. Aber ich habe zwei Taucher mitgebracht, um die Absturzstelle zu sondieren. Ich melde mich, sobald wir etwas finden.«

Während Kapelas an seinen Posten zurückkehrt, will ich mit meinen Leuten sprechen. Koula ist die Einzige, die ich vorfinde, sie ist inzwischen zusammen mit Dervisoglou nachgekommen.

»Wo sind die anderen?«, frage ich sie.

»Sie klappern die umliegenden Tavernen und Imbissbuden ab«, erläutert sie. »Ich bin damit schon fertig, habe aber nichts herausgekriegt. Wie auch! Wenn man nicht einmal weiß, wer die Insassen waren, ob sie in einer Taverne gegessen haben oder einfach nur hier durchgefahren sind … Man sollte zuerst den Wagen bergen, damit wir wissen, wer überhaupt drinsaß. Das ist momentan ein pures Ratespiel!«

Als Nächster trifft Askalidis ein, danach Dervisoglou. Beide kommen mit leeren Händen.

»Alle schauen uns nur verständnislos an und zucken die Achseln«, meint Askalidis und bestätigt Koulas Eindruck.

Zuletzt trifft Dermitsakis ein. »Sollen wir nicht lieber nach Hause gehen, Herr Kommissar? Woher soll das Personal in den umliegenden Lokalen wissen, wer die Opfer sind und ob sie bei ihnen gegessen haben, wenn wir selber noch nicht einmal sagen können, von wie vielen die Rede ist? Geschweige denn, von wem? Außerdem müssen wir bei den Opfern einen Alkoholtest machen. Vielleicht hat der Fahrer das Steuer herumgerissen, weil er angetrunken war und den Kleintransporter zu spät gesehen hat.«

»Stimmt, aber warten wir erst mal ab, was die Taucher sagen.«

Mit meinem vollen Bauch würde ich mich auch am liebsten schlafen legen. Aber ich beiße die Zähne zusammen und kehre zu Dimitriou zurück. Neben ihm steht ein Vierzigjähriger, der alarmiert den Kleintransporter beäugt.

»Stellen Sie eine Veränderung am Wagen fest?«, fragt Dimitriou.

»Nein, zum Glück ist er nicht beschädigt, wie's aussieht«, stellt der andere erleichtert fest und will dann von Dimitriou wissen: »Wann wird er freigegeben?«

»Er muss zuerst noch zur kriminaltechnischen Untersuchung. Wenn sich dort herausstellt, dass wir ihn nicht weiter brauchen, bekommen Sie ihn übermorgen zurück. Melden Sie sich einfach bei der Spurensicherung.« Er gibt ihm die entsprechende Telefonnummer und nennt ihm einen Ansprechpartner.

»Heißt das, ich verliere noch einen Arbeitstag? Meine Fresse! So ein Mist!«

»Wo hatten Sie den Wagen abgestellt?«, frage ich ihn.

»Auf einem Freigelände, ein Stückchen von meiner Wohnung in Liossia entfernt. Ich parke ihn nicht direkt vor dem Wohnhaus, weil die Straße sehr schmal ist. Wiederholt ist mir da schon jemand reingefahren. All die Jahre ist auf der Brache nie irgendwas passiert. Ich wäre überhaupt nicht auf die Idee gekommen, dass ihn jemand stehlen könnte. Wer klaut schon einen Kleintransporter? Dann schon lieber einen Mercedes oder einen BMW.« Zu Dimitriou gewendet, meint er: »Mensch, können Sie die Sache nicht ein bisschen beschleunigen? Ich weiß, es ist nicht Ihre Schuld, aber mein tägliches Brot hängt davon ab.«

»In Ordnung, ich sage den Jungs, sie sollen ihn gleich morgen früh durchchecken. Rufen Sie gegen zehn an, und wenn nichts dagegenspricht, bekommen Sie ihn.«

Wir lassen ihn mit seinen Sorgen allein und kehren zum gemeinsamen Treffpunkt mit den anderen zurück. Die beiden Taucher und der Vertreter der Küstenwache warten schon auf uns.

»Es stecken drei männliche Insassen im Wagen, Herr Kommissar«, berichtet der eine Taucher. »Soweit wir erkennen konnten, sind sie zwischen vierzig und fünfzig.

Das Auto ist ein Hyundai mit griechischem Kennzeichen. Morgen nach der Bergung wissen wir mehr.«

Ich danke ihm und sage zu meiner Truppe: »Dreht noch mal eine Runde durch die Lokale, die noch offen haben, und fragt nach, ob irgendwo eine dreiköpfige Herrenrunde zu Gast war.«

»Wir haben die Restaurants gebeten, auf uns zu warten«, sagt Dermitsakis.

Während mein Team den zweiten Durchgang absolviert, bleibe ich mit dem Revierleiter zurück.

»Was halten Sie von alldem?«, fragt der Revierleiter.

»Momentan ist einzig der gestohlene Kleintransporter verdächtig, der dem Hyundai den Weg versperrt hat. Sonst könnte man genauso gut auf einen Unfall schließen.«

»Ist ein Unfall absolut ausgeschlossen?«

»Ja, es ist zweifelsfrei erwiesen, dass der Kleintransporter den Tunnel absichtlich blockiert hat.«

Nach diesem Beitrag zu den Ermittlungen meint er, seine Pflicht und Schuldigkeit getan zu haben, und verabschiedet sich von mir. Nachdem die Verkehrspolizisten Umleitungsschilder aufgestellt haben, machen auch sie sich auf den Weg, und ich bleibe mit den Fahrern der beiden Streifenwagen allein zurück. Ich wandere ein wenig auf und ab in der Hoffnung, dadurch meine Verdauung anzuregen und das Magendrücken etwas zu lindern.

Als Erster kehrt Askalidis zurück, danach folgt Koula. Beide haben nichts erbeutet.

»Unter den Gästen war keine dreiköpfige Herrenrunde«, meint Askalidis. »Es gab nur Pärchen oder große Gesellschaften.«

Bei Koula ist es gleich gelaufen. Ich habe fast schon die Hoffnung aufgegeben, dass wir vor der Bergung des Wagens noch irgendeine Information an Land ziehen, als Dervisoglou im Laufschritt heraneilt.

»In der Taverne, in der ich gerade war, saß eine Gruppe mit drei Männern. Zwei davon müssen Ausländer gewesen sein, da sie Englisch sprachen. Der Dritte war ein Grieche. Das hat die Bedienung erkannt, weil er die Speisen bestellt hat.«

»Haben Sie gefragt, ob sie mit einem Hyundai gekommen sind?«, frage ich ihn.

»Darauf haben sie nicht geachtet. Einer der Kellner hat jedenfalls einen Hyundai auf dem Parkplatz gesehen.«

Keinem von uns gefallen Dervisoglous Neuigkeiten. Dermitsakis spricht die naheliegendste Erklärung aus: »Ein Grieche und zwei Ausländer … Das riecht nach einer offenen Rechnung unter Mafiosi. Nicht genug mit den ›Nationalen Idioten‹, jetzt haben wir auch noch die Mafia am Hals!«

»Vor der Bergung des Wagens können wir nichts weiter tun«, sage ich zu den anderen. »Also verschieben wir die Ermittlungen auf morgen. Wir sollten alle noch ein wenig schlafen.«

Wie mir das mit meinen Bauchschmerzen gelingen soll, ist die andere Frage. Aber ich bin so hundemüde, dass ich hoffentlich doch einschlafen kann.

32

Am nächsten Morgen stehen wir um acht Uhr allesamt müde und verschlafen wieder an genau derselben Stelle. Das einzig Erfreuliche ist, dass es meinem Magen bessergeht.

Das Bergungsteam ist bereits voll im Einsatz, wir hingegen verfolgen das Schauspiel bloß als Publikum.

Dimitriou ist nur mit zwei Assistenten gekommen. Das übrige Team ist im kriminaltechnischen Labor mit der Untersuchung des Kleintransporters beschäftigt. Wir haben inzwischen die Gerichtsmedizin wegen der Abholung der Opfer benachrichtigt.

»Da hätten wir auch später kommen können. Die Bergung wird sich hinziehen«, meint Askalidis.

»Und was ist, wenn es doch schnell geht?«, gibt ihm Dermitsakis zu bedenken. »Müssen die anderen dann auf unser Eintreffen warten? Und wenn es aus irgendeinem Grund mit der Bergung nicht klappt? Sollten wir dann nicht trotzdem vor Ort sein, um in der Zwischenzeit andere Nachforschungen anzustellen?«

Askalidis begreift, dass seine Bemerkung blödsinnig war, und schweigt. Ihm wäre es jetzt wohl lieber, an Koulas Stelle zu sein und auf der Dienststelle alles zu koordinieren.

Während ich meine ganze Aufmerksamkeit den Bemühungen der Bergungstechniker zuwende, klingelt mein Handy.

»Wo sind Sie gerade, Herr Kommissar?«, höre ich die Stimme des Vizepolizeipräsidenten.

»Am Ort des Verbrechens, bei der Bergung der Wagens.«

»Sie müssen sofort ins Ministerium kommen. Uns liegt eine Information vor, die uns in Teufels Küche bringen kann, sollte sie sich bestätigen.«

Ich erkläre meinen Mitarbeitern, dass ich sofort losmuss, und steige in den Streifenwagen. Auf der ganzen Strecke von Sounio bis zum Messojion-Boulevard zerbreche ich mir den Kopf darüber, welche Information dem Vizepolizeipräsidenten vorliegen könnte, die mit dem Vorfall am Tunnel zu tun hat, aber es will mir nichts in den Sinn kommen.

»Sie haben mich ganz schön beunruhigt«, sage ich zum Vizepolizeipräsidenten, als ich sein Büro betrete.

»Hoffentlich zu Unrecht! Sonst entschuldige ich mich in aller Form …«, erwidert er. »Aber was ich erfahren habe, gefällt mir ganz und gar nicht.« Er deutet auf den Stuhl vor seinem Schreibtisch. »Bitte setzen Sie sich, ich erzähle Ihnen alles im Detail.«

Kaum habe ich Platz genommen, kommt er zur Sache. »Heute Morgen erhielt unser Minister einen Anruf von seinem Amtskollegen aus dem Finanzministerium. Die Frau von Dimitris Nakos – das ist ein Abteilungsleiter aus der Direktion für Finanzpolitik – meldete sich besorgt bei einem Kollegen ihres Mannes, weil Nakos gestern Abend nicht nach Hause gekommen ist. Er wollte mit zwei ausländischen Gästen essen gehen. Nakos' Kollege hat sofort im

Hotel der beiden Ausländer angerufen und erfahren, dass auch sie nicht auf ihren Zimmern waren. Daraufhin hat der Finanzminister unseren Minister informiert und um Nachforschungen ersucht.«

Mir bricht der kalte Schweiß aus. Ich versuche, präzise Fragen zu stellen.

»Wissen Sie vielleicht, wer die beiden ausländischen Gäste waren?«

»Ja.« Er greift nach einem Blatt Papier. »Der eine, Frank Westerman, ist belgischer EU-Funktionär in Brüssel. Der andere, Fabrizio Tebaldi, ist italienischer IWF-Manager.«

»Weshalb waren sie in Griechenland?«

»Nakos' Kollege meinte, sie hätten vor dem nächsten Kontrollbesuch der Quadriga aus EZB, IWF, EU-Kommission und Europäischem Stabilitätsmechanismus einige Angaben vor Ort überprüfen wollen und seien sehr zufrieden gewesen. Nakos führte sie zur Feier des Tages zum Essen aus.«

»Wir müssen Nakos' Kollegen, der Anzeige erstattet hat, schnellstmöglich befragen«, sage ich zum Vizepolizeipräsidenten.

»Das kann ich sofort in die Wege leiten, aber der Polizeipräsident sollte bei der Vernehmung ebenfalls dabei sein. Er muss ja dem Minister Bericht erstatten.«

»Einverstanden. Wenn das eintritt, was ich befürchte, dann kommen wir um die Einbeziehung der beiden Minister ohnehin nicht herum.«

»Was befürchten Sie denn?«, will er wissen.

»Dass die drei, die gestern Abend zusammen essen waren, unsere Unfallopfer sind.«

»Genau das habe ich auch befürchtet.«

Hier unterbrechen wir unser Gespräch und begeben uns ins Büro des Polizeipräsidenten. Als er die ganze Geschichte vom gestrigen Unfall bis zum aktuellen Stand der Dinge hört, wird er kalkweiß.

»Ich lasse diesen Abteilungsleiter gleich zur Vernehmung holen.«

Nachdem er über das Ministersekretariat alles in die Wege geleitet hat, wendet er sich an mich.

»Ihre Beförderung kam zum richtigen Zeitpunkt«, meint er.

»Wieso?«, frage ich verwundert, da mir der Zusammenhang nicht klar ist.

»Machen Sie sich keine Hoffnungen, Herr Kommissar. Sobald sich diese Sache in Brüssel und Frankfurt herumspricht, hat auch die europäische Polizei ihre Hand im Spiel. Und dann brauchen wir einen gleichrangigen Beamten, der sich mit ihren Vertretern verständigt.«

Das also ist der Preis für die Beförderung. Aber ich kann ihm nichts entgegenhalten, denn es stimmt, was er sagt. Einerseits kann ich mich geehrt fühlen, nun auf internationaler Ebene agieren zu können, andererseits macht der Druck, dem ich nun tagtäglich aus dem In- und Ausland ausgesetzt sein werde, die Freude daran zunichte.

Das Klingeln meines Handys setzt meinen bösen Ahnungen ein Ende. »Herr Kommissar, der Wagen wurde geborgen. Soll die Gerichtsmedizin die drei Opfer jetzt mitnehmen?«

»Nein, man soll damit noch warten. Die Identifizierung der ausländischen Opfer geht vor. Ich bringe einen Zeugen mit, der sie kannte, aber das kann ein wenig dauern. Er muss zuerst noch seine Aussage machen.«

Daraufhin herrscht im Büro Totenstille. Keiner hat Lust, den Mund aufzumachen, bis Nakos' Kollege ganz außer Atem eintrifft. Vyron Sissopoulos sei sein Name.

»Sind sie es?«, fragt er mich, sobald wir alle am Besprechungstisch Platz genommen haben.

»Das wissen wir in Kürze«, antworte ich. »Können Sie sich erinnern, wann genau der Anruf von Dimitris Nakos' Frau bei Ihnen einging?«

»Ich war gerade ins Büro gekommen. Unmittelbar danach rief ich das Hotel an, in dem Frank und Fabrizio wohnten. Dort wurde mir gesagt, dass auch sie die Nacht nicht auf ihren Zimmern verbracht hätten.«

»Kannten Sie den Anlass für den Restaurantbesuch?«

»Nur zum Teil, den Rest hat mir Nakos' Frau erklärt. Sie hatten festgestellt, dass alle Wirtschaftsindikatoren im positiven Bereich waren. Beim Bruttoinlandsprodukt und bei den Staatseinnahmen war ein Anstieg zu verzeichnen. Alle drei waren sehr zufrieden. Nakos selbst hat es mir voller Freude mitgeteilt. Das war vorgestern, als man es auch in den Medien verbreitete. Wie mir seine Frau sagte, wollten sie am selben Abend feiern gehen, aber Nakos konnte wegen familiärer Verpflichtungen nicht. Also sind sie gestern zusammen ausgegangen, heute wären dann die beiden Gäste abgereist.«

»Wissen Sie, was Nakos für einen Wagen fuhr?«

»Ja, einen Hyundai Tucson.«

Ich rufe laut: »Da haben wir's!« Als der Vizepolizeipräsident meinen Gesichtsausdruck sieht, wird ihm alles klar.

Doch könnte das vom Meeresgrund geborgene Auto vielleicht doch ein anderes Hyundai-Modell sein? Wohl kaum, denke ich, das bleibt nur ein frommer Wunsch.

»Bedaure, Herr Sissopoulos, aber Sie müssen mit mir kommen, um die Opfer zu identifizieren. Wäre es nur Nakos allein, dann hätte ich seine Frau als nächste Verwandte holen lassen. Aber die beiden Ausländer können nur Sie wiedererkennen. Ich weiß, es ist hart, aber es geht leider nicht anders.«

»Aber klar doch, natürlich komme ich mit«, erwidert er und erhebt sich.

»Sie müssen uns permanent auf dem Laufenden halten, Herr Kommissar«, sagt der Polizeipräsident. »Wenn sich die Befürchtungen bestätigen, werden die beiden Minister bei uns auf der Matte stehen.«

»Keine Sorge, Sie werden fortlaufend informiert«, beruhige ich ihn.

Ich steige mit Sissopoulos in den Streifenwagen. Die Fahrt vom Messojion-Boulevard bis nach Varkisa zieht sich selbst mit dem Einsatzwagen in die Länge. Anfänglich bringen wir die Strecke schweigend hinter uns, doch plötzlich bricht es aus Sissopoulos heraus.

»Warum bloß?«, fragt er mich. »Warum sollte man sie umbringen?«

»Schauen wir uns die Sache vor Ort an und hören wir, was die Fachleute sagen. Möglicherweise sind sie ja zum Schluss gekommen, dass es sich doch um einen Verkehrsunfall handelt.«

Von weitem schon erkennen wir eine Menschengruppe, die einen Kreis bildet. Offenbar hat sie den Wagen umringt.

Als man uns erblickt, öffnet sich der Kreis, und der Hyundai kommt zur Vorschein. Vom Sturz über die Felsenküste ist er zerschunden und verbeult.

»Erkennen Sie Nakos' Wagen wieder?«, frage ich Sissopoulos.

Er nickt bestätigend, und mein frommer Wunsch löst sich in Luft auf.

Zum Glück wurden die Opfer in die Krankenwagen verfrachtet, so dass Sissopoulos dem schockierenden Anblick vor Ort entgeht.

Ich werfe einen Blick auf die Anwesenden. Dimitriou kann ich ausmachen, Gerichtsmediziner Stavropoulos jedoch nicht. Offenbar hat er zu Recht den Schluss gezogen, dass seine Anwesenheit überflüssig ist. Ein Ortstermin hätte dem Gerichtsmediziner kaum mehr offenbart, als wir ohnehin schon wissen.

»Ich werde Sie nicht lange aufhalten«, sage ich zu Sissopoulos. »Gleich nach der Identifizierung können Sie mit dem Streifenwagen an Ihre Dienststelle zurückkehren.«

Ich winke Dermitsakis heran, stelle ihm Sissopoulos vor und ersuche ihn, ihn zu begleiten. Alle haben ihre Blicke auf die Krankenwagen gerichtet und warten gespannt auf Sissopoulos' Urteil.

Kurz hält er vor dem ersten Krankenwagen inne, ebenso wie vor den beiden anderen. Als er es hinter sich hat, wendet er uns das Gesicht zu und hält sich die Hand vor die Augen, als sei ihm schwindelig.

Kurz darauf fasst er wieder festen Tritt und kommt auf uns zu. »Sie sind es«, sagt er mit kaum hörbarer Stimme. »Dimitris, Frank und Fabrizio.« Dann ruft er laut: »Warum?«, wie schon vorhin im Streifenwagen. »Warum hat man sie umgebracht? Haben Sie eine Erklärung?«

»Es ist noch zu früh, um irgendwelche Schlüsse zu ziehen«, antworte ich.

Ich danke ihm für seine Hilfe und bedeute Dermitsakis, ihn zum Streifenwagen zu bringen.

Um mein Versprechen zu halten, rufe ich gleich den Vizepolizeipräsidenten an und gebe ihm das Ergebnis der Identifizierung durch.

Nachdem der Streifenwagen mit Sissopoulos abgefahren ist, kehrt Dermitsakis zurück. Mit dem Eintreffen von Askalidis und Dervisoglou sind wir komplett.

»Gibt es noch irgendeinen Grund, um daran zu zweifeln, dass es sich um eine Straftat handelt?«, fragt mich Dermitsakis.

»Nicht den geringsten.«

»Woher wussten die Täter bloß, dass die drei zusammen essen gehen?«, wundert sich Askalidis.

»Das ganze Vorhaben war ziemlich gewagt. Wir werden etwas Zeit brauchen, um es zu rekonstruieren. Aber hier geht das nicht. Fahren wir zurück ins Büro, dort können wir alles in Ruhe durchgehen. Hier haben wir ohnehin nichts mehr zu tun.«

Dimitriou ist zu uns gestoßen und verfolgt das Gespräch. »Ich bin ganz Ihrer Meinung, Herr Kommissar«, sagt er. »Und noch etwas: Vor dem Tunnel haben wir Bremsspuren gefunden. Offenbar hat der Fahrer den Kleintransporter zu spät gesehen und abrupt abgebremst. Der Wagen scherte nach links aus, geriet außer Kontrolle, prallte auf die Felsen und landete im Meer. Ich habe die Gerichtsmedizin angerufen und um eine toxikologische Untersuchung der Opfer gebeten. Der Fahrer könnte, da sie etwas zu feiern hatten, alkoholisiert gewesen sein. Dazu kommt Folgendes: Der Kleintransporter hat nur zwei Sitze für Fahrer und Beifahrer, um Platz für Transportgut zu haben. Im Wagen saß mit Sicherheit nur der Fahrer. Der andere Sitz zeigt keinerlei Spuren. Offensichtlich hat er den Kleintransporter auf der Fahrbahn abgestellt, ist ausgestiegen und hat ihn dort stehenlassen, so dass der Hyundai entweder auffahren oder beim Ausweichmanöver ins Meer stürzen musste. Und das ist ja schließlich auch eingetroffen.«

»Ihre Ausführungen sind absolut einleuchtend, wir werden das alles mit berücksichtigen«, sage ich zu ihm.

Unser Team steigt geschlossen in den zweiten Streifenwagen, um zurück zur Dienststelle zu fahren.

33

Wir sitzen rings um meinen Schreibtisch und blicken uns an. In meiner Rolle als Gesprächsleiter fällt es mir nicht leicht, die vielen offenen Fragen in der richtigen Reihenfolge zu stellen.

»Fangen wir bei dem Punkt an, der am einfachsten zu beantworten ist«, werfe ich in die Runde. »Woher wussten die Täter, dass die beiden hochrangigen ausländischen Vertreter in Athen waren?«

Ohne zu zögern, antwortet Koula: »Hierzulande wird doch jeder, der aus Brüssel oder vom IWF nach Athen kommt, sofort zur medialen Spitzenmeldung, wenn er sich nur die Nase kratzt.«

»Richtig, aber wir müssen herausfinden, wann ihre Anreise publik wurde. Schauen Sie doch bitte am Computer, an welchem Tag die Nachricht durch die Medien ging.«

Nachdem Koula die Gruppe verlassen hat, wende ich mich an die Übrigen. »Die zweite Frage ist schwieriger zu beantworten: Woher wussten die Täter, dass die drei Opfer gestern Abend einen Restaurantbesuch planten?«

»Man hat sie beschattet«, antwortet Dervisoglou.

»Die Täter hatten entweder im Ministerium, in Nakos' Wohnung oder im Hotel Informanten«, fügt Dermitsakis hinzu.

»Schon möglich, aber überlegen wir weiter. Wenn man sie tatsächlich beschattet hat, folgt daraus, dass wir es nicht mit einer kleinen Tätergruppe zu tun haben. Und das bestimmt unser weiteres Vorgehen. Die Opfer wurden vor jedem Mord genau beobachtet. Man hat Fokidis sogar in seinem eigenen Hotel verfolgt. Sie haben Kaplanis überwacht. Jetzt mussten sie drei verschiedene Orte im Visier haben: das Ministerium, das Hotel und Nakos' Wohnung. Folglich haben wir es mit Tätern zu tun, die über eine große Unterstützergruppe verfügen. Das erschwert die Ermittlungen, da sich der Täterkreis erweitert.«

»Dann sollten wir uns auf die Socken machen und Befragungen durchführen«, unterbricht mich Askalidis.

»Richtig, aber ich fürchte, dass drei Mitarbeiter dafür nicht ausreichen. Ich werde mit Karabetsos reden müssen, um Unterstützung durch die Antiterrorabteilung anzufordern.«

In diesem Moment erscheint Koula. »Die Ankunft der Expertengruppe ging vor vier Tagen durch die Medien. Dabei hieß es, sie würden vor dem kommenden Sachverständigentreffen in Brüssel die griechischen Daten überprüfen.«

»Also wussten die Täter, wann und zu welchem Zweck sie angereist waren«, bemerkt Dermitsakis.

»Ja, und sie wurden getötet, als sie mit ihren Ergebnissen an die Öffentlichkeit gingen«, ergänzt Dervisoglou.

»Genau. Verrät uns diese Tatsache vielleicht, wer die Täter sein könnten?«, frage ich.

»Die ›Nationalen Idioten‹?«, fragt sich Askalidis.

»Überlegen wir mal, ob das zutreffen kann. Warum haben die ›Nationalen Idioten‹ Fokidis umgebracht? Weil er die Stipendien und das Studentenheim für mittellose junge Menschen dazu benutzte, um seine Steuerhinterziehung zu verschleiern und um eine Quelle billiger Arbeitskräfte für seine Hotels zu erschließen. Warum haben sie Kaplanis umgebracht? Weil er in den Statistiken auch diejenigen zu den Beschäftigten zählte, die sich von ihren Hungerlöhnen nicht mal eine Mahlzeit pro Tag leisten können. Und jetzt wurden die beiden Gäste aus dem Ausland und ein Grieche am Tag nach der Veröffentlichung so positiver Ergebnisse wie dem Anstieg des Bruttoinlandsprodukts und der Staatseinnahmen getötet.«

»Würden Sie also sagen, dass wir es mit denselben Tätern zu tun haben?«, fragt Dermitsakis.

»Das Tatmotiv stimmt mit großer Sicherheit überein. Das lenkt unsere Ermittlungen in zwei Richtungen, in eine praktische und eine theoretische. Auf der praktischen Ebene sollten wir herausbekommen, wer die drei Opfer beobachtet hat und wann. Auf der theoretischen Ebene sollten wir dahinterkommen, welche Art von Heuchelei das Tatmotiv bildet.«

Ich lege eine Pause ein, um Raum für Anmerkungen oder Ergänzungen zu bieten. Als niemand das Wort ergreift, fahre ich fort.

»Wir gehen jetzt folgendermaßen vor: Koula bleibt als Koordinatorin hier. Die anderen drei checken in der Umgebung des Ministeriums, des Hotels und von Nakos' Wohnhaus, ob jemand Personen gesehen hat, die einen der drei beobachtet haben. In der Zwischenzeit rede ich mit Karabetsos, ob er uns vielleicht ein paar seiner Mitarbeiter abtreten kann, wenn wir allein überfordert sind. Auch Koulakos hole ich mit ins Boot. Er durchschaut die wirtschaftlichen Hintergründe und könnte uns helfen, das Motiv für den Dreifachmord aufzudecken.«

Sie fühlen sich anscheinend ausreichend gebrieft und erheben sich, doch ich pfeife sie zurück. »Habt ihr Fotos der Leute, die aus Fokidis' Hotels entlassen wurden?«

»Ja, die Personalabteilung der Fokidis-Hotels hat uns die kompletten Lebensläufe übergeben«, antwortet mir Koula.

»Prima, dann nehmt die Fotos mit, vielleicht wird einer von ihnen erkannt. Trotzdem möchte ich alle Entlassenen – egal, ob sie erkannt werden oder nicht – später noch vernehmen, sobald ihr mit der Recherche fertig seid.«

Nachdem jeder zu seiner jeweiligen Mission aufgebrochen ist, ersuche ich Stella, Koulakos und Karabetsos zur Besprechung zu rufen. Als ich bei ihr oben ankomme, begrüßt sie mich mit einem breiten Lächeln. Dann springt sie auf, kommt auf mich zu und umarmt mich spontan.

»Was ist denn los?«, frage ich überrascht.

»Als Sekretärin des Leitenden Kriminaldirektors ist bei mir ein Schreiben eingegangen, das ich an alle Abteilungen des Präsidiums weiterleiten soll«, erläutert sie mit spitzbübischem Lächeln.

»Was für ein Schreiben?«, frage ich, obwohl ich schon begriffen habe, worum es geht.

Sie zieht eine Schreibtischschublade auf und überreicht es mir. Es ist die Verlautbarung meiner Beförderung. Angesichts der bevorstehenden stürmischen Zeiten hat der Polizeipräsident offenbar dafür gesorgt, meine Beförderung rasch publik zu machen, um meine Autorität auch von offizieller Seite zu stärken.

»Ich schicke es gleich herum«, meint Stella zu mir.

»Nein, warten Sie lieber bis kurz vor Feierabend«, sage ich. Unter dem momentanen Druck habe ich keine Zeit, Lobeshymnen und Glückwünsche entgegenzunehmen. »Gut, dann wissen Sie jetzt Bescheid, dass Sie offiziell für mich arbeiten und alles der Geheimhaltung unterliegt«, sage ich.

»Ich freue mich, ab jetzt Ihre Sekretärin zu sein. Und ich weiß, dass ich das Ihnen verdanke«, erwidert sie.

Das Gespräch wird durch Karabetsos' Eintreffen unterbrochen. Ich führe ihn in Gikas' ehemaliges Büro.

»Was für ein Schlamassel!«, stellt er fest.

»Das kannst du laut sagen. Wie schlimm es wirklich steht, wird sich in den nächsten Tagen zeigen. Ich möchte dich um einen Gefallen bitten.«

»Gern.«

»Könntest du mir bei Bedarf zwei oder drei deiner Leute für die Ermittlungen zur Verfügung stellen? Wir müssen an drei Fronten gleichzeitig agieren, und ich kann das ganze Ausmaß noch nicht überblicken.«

»Derzeit liegt bei uns kein dringender Fall vor. Sag Bescheid, wenn du Hilfe brauchst, dann kümmere ich mich drum.«

Ich bedanke mich, als auch schon Koulakos eintrifft und ebenfalls Genaueres über das Schlamassel wissen will.

»Ist Vlassis zuständig?«, fragt er mich, auf Karabetsos deutend.

»Nein, ich glaube nicht an einen Terroranschlag«, sage

ich und lege ihm dieselbe These wie vorhin meinem Team dar.

Koulakos hört mir nachdenklich zu. »Das überzeugt mich«, sagt er mir schließlich. »Natürlich müssen wir das Bekennerschreiben abwarten, um vollkommen sicher zu sein, aber meiner Meinung nach gibt es keine andere Erklärung.«

»Lass dir doch mal durch den Kopf gehen, was die ›Nationalen Idioten‹ dazu getrieben haben könnte, den Dreifachmord zu begehen. Als Finanzexperte erkennst du vielleicht ihre Motivation.«

Koulakos überlegt. »Also, bei den beiden vorangegangenen Morden war Heuchelei das Motiv. Wir haben keinen Grund anzunehmen, dass beim jüngsten Dreifachmord ein anderes Motiv vorlag. Lassen wir Fokidis erst mal beiseite und schauen uns Kaplanis an. Warum wurde er getötet? Weil man, wie du richtig gesagt hast, es als Scheinheiligkeit ansah, dass er Menschen, die mit ein paar Brosamen abgespeist werden, als vollbeschäftigte Arbeitnehmer präsentiert. Beim Dreifachmord glaube ich, dass der Schlüssel bei den verlautbarten Steigerungen von Bruttoinlandsprodukt und Staatseinnahmen liegt. Die Täter finden die angebliche Verbesserung der Indikatoren verlogen, da es der Bevölkerung sichtlich schlechtgeht. Das ist die einzige Erklärung, die ich dir liefern kann.«

»Und sie klingt plausibel, danke«, erwidere ich.

»Wenn er recht hat, bist du ihm eine Einladung zum Essen schuldig«, meint Karabetsos.

»Im Hause des Gehängten spricht man nicht vom Strick«, ruft ihm Koulakos in Erinnerung. »Die Knochenarbeit, die uns erwartet, geht ja auch auf eine Einladung zum Essen zurück.«

Das Klingeln meines Handys unterbricht das Gespräch. Die angespannte Stimme des Vizepolizeipräsidenten dringt an mein Ohr. »Herr Kommissar, kommen Sie bitte sofort her. Konferenz mit dem Minister …«

Während sich Koulakos und Karabetsos auf den Weg machen, ersuche ich Stella, mir einen Streifenwagen zu besorgen. Die gepresste Stimme des Vizepolizeipräsidenten und das Wörtchen »sofort« schließen den Einsatz meines Privatwagens aus.

Während der ganzen Fahrt versuche ich dahinterzukommen, was der Grund für die dringend angesetzte Besprechung mit dem Minister sein könnte. Die simple Erklärung wäre, dass er sich über den Verlauf der Ermittlungen informieren will. Möglicherweise wird er vom Finanzministerium unter Druck gesetzt. Die kompliziertere und unangenehmere Erklärung wäre, dass er eine Einmischung auf europäischer Ebene erwartet und wir abklären müssen, wie wir damit umgehen.

Der schon am Telefon hörbare Stress ist dem Vizepolizeipräsidenten auch anzusehen. »Ich fürchte, dass wir nichts Erfreuliches zu hören bekommen. Der Polizeipräsident hat eher einen Befehl als eine Einladung zum Gespräch erhalten«, meint er.

Gemeinsam holen wir den Polizeipräsidenten ab und marschieren als stummes Trio zum Ministerbüro.

Der Minister empfängt uns sitzend, und seine Miene passt zu der meiner Vorgesetzten. Er nickt uns zur Begrüßung kurz zu und schreitet voran zum Konferenztisch.

Kaum sitzen wir, geht es schon los mit den frohen Botschaften. »Heute Morgen habe ich einen Anruf aus dem Büro des Premierministers erhalten. Europäische Kommission und Zentralbank sind wegen der Ermordung ihrer beiden hochrangigen Vertreter äußerst beunruhigt. Die EU-Kommission hat vor, einen EUROPOL-Beobachter zu entsenden, der den Fortgang der Ermittlungen verfolgen und Brüssel auf dem Laufenden halten soll.«

Das hatten wir zwar alle befürchtet, aber eine Befürchtung ist etwas anderes als ihre letztliche Bestätigung. Wir verharren einen Augenblick wortlos, um die Nachricht zu verdauen. Ich nutze die Zeit, um abzuwägen, inwiefern die Sache mich selbst betrifft.

»Wann soll er eintreffen?«, fragt der Polizeipräsident.

»Sie wollten ihn schon morgen schicken, aber ich habe um ein paar Tage Aufschub gebeten, bis wir die ersten Ergebnisse vorweisen können.« Er hält inne und wendet sich mir zu. »Deshalb möchte ich von Ihnen hören, wo die Ermittlungen derzeit stehen.«

Ich liefere einen detailgenauen Lagebericht und füge meine Theorie über die ›Nationalen Idioten‹ und die Schlussfolgerungen aus dem Gespräch mit Koulakos hinzu.

»Glauben Sie, dass es dieselben Täter wie bei den anderen beiden Morden sind?«, fragt mich der Minister.

»Das werden wir sehr bald erfahren, vielleicht schon aus den heutigen Abendnachrichten«, antworte ich.

»Wieso?«

»Wenn es dieselben Täter sind, dann wird ein Bekennerschreiben folgen, Herr Minister«, erläutert ihm der Vizepolizeipräsident.

»Vorläufig ist noch kein Bekennerbrief publik geworden«, bemerkt der Minister.

»Da haben Sie recht, aber Bekennerschreiben werden selten am Tag der Tat lanciert. Daher ist die heutige Abendschau entscheidend«, erkläre ich ihm.

»Ich wünsche eine fortlaufende Berichterstattung, damit wir dem Brüsseler Polizeibeamten sagen können, wann er anreisen soll. Falls er uns nicht zuvorkommt …«, fügt er hinzu und wiegt besorgt den Kopf.

Die Besprechung ist beendet, aber keiner von uns wirkt besonders erleichtert. Der Polizeipräsident bittet uns in sein Büro.

»Sehen Sie eine Möglichkeit, die Ermittlungen zu beschleunigen?«, fragt er mich. »Falls Sie Verstärkung brauchen, kümmere ich mich darum.«

»Ich brauche keine Verstärkung, sondern Ihr Einverständnis für ein bestimmtes Vorgehen«, erwidere ich ihm.

Ich rufe ihm noch einmal meinen Gedankenaustausch mit Koulakos in Erinnerung. »Wenn der Bekennerbrief das Tatmotiv wieder verschweigt, womit ich rechne, brauche ich Ihre Rückendeckung. Dann möchte ich nämlich meine Theorie den Reportern gegenüber äußern.«

»Was bringt uns das?«, will der Vizepolizeipräsident von mir wissen.

»Dadurch geraten die Täter unter Zugzwang.«

Ich berichte ihm von meinem Gespräch mit den Leuten im Obdachlosenheim und später mit Michalis über Schließungen und Entlassungen in Fokidis' Hotelimperium.

»Mein Gefühl sagt mir, wir müssen die Ermittlungen auf arbeitslose Menschen konzentrieren. Wir haben es nicht mit professionellen Terroristen zu tun, sondern mit Langzeitarbeitslosen, die in einer verzweifelten Lage sind.«

»Das leuchtet mir ein«, meint der Vizepolizeipräsident, und auch der Polizeipräsident nickt dazu. »Aber das ist ein unglaublich weites Feld.«

»Ich weiß. Es liegt uns bereits eine Liste der Entlassenen vor, die bei Fokidis angestellt waren. Dort werden wir ansetzen.«

»Mein Einverständnis, Ihre Theorie den Reportern darzustellen, haben Sie jedenfalls«, sagt der Polizeipräsident zu mir.

Ich danke ihm und mache mich auf den Rückweg. Als ich mit dem Streifenwagen am Alexandras-Boulevard eintreffe, gehe ich gleich in die Garage, um meinen Seat zu holen. Es hat keinen Sinn, ins Büro hochzufahren. Dort stehen die Kollegen Schlange, um mir zu gratulieren. Und das ist das Letzte, was ich derzeit gebrauchen kann.

34

Jeder Besuch bei meinem Enkel zeigt mir, dass der jüngste Spross der Familie eine unglaublich beruhigende Wirkung auf mich hat.

Als ich gestern Abend von der Dienststelle aufbrach, kam es mir falsch vor, mit all den düsteren und belastenden Gedanken im Kopf gleich nach Hause zu fahren. Ich hielt es für klüger, mich zunächst durch einen Besuch bei Katerina abzulenken. Wie nicht anders zu erwarten, traf ich dort meine Frau an. Verdutzt blickte sie mir entgegen.

»Schaltest du seit neustem auf dem Nachhauseweg ein kleines Kaffeepläuschchen mit deinem Enkel ein?«, witzelte sie.

Der Besuch tat mir gut. Ich sah mir den kleinen Lambros an und plauderte mit meiner Tochter und meinem Schwiegersohn. Dann bat ich die Kinder, den Fernseher anzumachen, und warf einen flüchtigen Blick auf die Nachrichtensendung. Ich wollte mir das Bekennerschreiben nicht entgehen lassen. Nur tauchte es nirgendwo auf.

Zweifel überkamen mich, ob die Hypothese wirklich zutraf, dass hier erneut die ›Nationalen Idioten‹ am Werk waren.

Jetzt ist es acht Uhr morgens, ich habe meinen Kaffee

getrunken, und Adriani wartet darauf, dass ich zur Dienststelle aufbreche, damit sie ihre Einkäufe erledigen kann.

»Sissis hat voll ins Schwarze getroffen«, meint sie zu mir.

»Wieso?«

»Melpo ist ein Schatz! Du kannst dir nicht vorstellen, wie lieb sie zu Lambros ist. Sie umsorgt ihn wie eine zweite Oma.«

»Sag ihm das, dann freut er sich«, erwidere ich. Meine Worte werden vom Klingeln meines Handys übertönt.

»Hier die Einsatzzentrale, Herr Kommissar. Wir wurden von zwei Ministerien hintereinander kontaktiert, zuerst vom Finanz- und dann vom Arbeitsministerium.«

»Was ist passiert?«, frage ich alarmiert.

»An beiden Ministerien soll ein Plakat kleben, das wie ein Bekennerschreiben aussieht.«

»Sagen Sie ihnen, sie sollen vor Ort nichts anfassen, und schicken Sie sofort einen Einsatzwagen zu beiden Ministerien. Sie sollen den entsprechenden Abschnitt des Bürgersteigs absperren und das Plakat verhüllen. Geben Sie ihnen Bescheid, dass ich auf dem Weg zum Finanzministerium bin und zwei meiner Mitarbeiter zum Arbeitsministerium schicke.«

Gleich danach rufe ich Dermitsakis an und erkläre ihm kurz die Sachlage. »Du fährst mit Dervisoglou sofort zum Arbeitsministerium, Askalidis soll zum Finanzministerium kommen. Wir bleiben ständig in Kontakt.«

»Was ist los?«, will Adriani angesichts meiner nervösen Betriebsamkeit wissen.

»Ich weiß nicht, ob es wirklich Idioten sind oder ob sie nur uns für Idioten halten.«

An ihrer Miene kann ich ablesen, dass sie meine Aussage für idiotisch hält, aber ich habe keine Zeit für Erklärungen.

Am Syntagma-Platz kann ich schon von weitem den Einsatzwagen erkennen. Ich lasse den Seat vor der National Bank stehen und ersuche ein Besatzungsmitglied, ihn im Auge zu behalten.

Der Streifenwagen hat den Bürgersteig abgesperrt, und das Plakat wurde mit einem schwarzen Tuch verhüllt. Auf dem Bürgersteig Ecke Voulis-Straße haben sich die Reporter versammelt, einige diskutieren mit den Polizeibeamten. Sobald sie mich erblicken, bereiten sie mir den gewohnten Empfang.

»Ist unter dem Tuch das Bekennerschreiben, Herr Kommissar?«, fragt mich die Kurze mit den rosa Strümpfen.

»Wie Sie sehen, bin ich selbst gerade erst eingetroffen und habe das Plakat noch nicht begutachten können. Von wem wurden Sie eigentlich informiert?«, will ich wissen.

»Von einem anonymen Anrufer«, erwidert sie.

»Ja, wir auch«, bekräftigt Merikas.

Offenbar haben die Täter zur Sicherheit auch noch die Journalisten benachrichtigt, falls das Bekennerschreiben von den Passanten oder vom Personal des Ministeriums unbemerkt geblieben wäre. Ihre Absicht war, Aufsehen zu erregen, und das ist ihnen gelungen. Der gegenüberliegende Bürgersteig quillt vor Schaulustigen über.

»Geben Sie eine Presseerklärung ab, Herr Kommissar?«, fragt mich der junge Mann im T-Shirt.

»Ja, aber nicht hier, sondern auf der Dienststelle. Dort erhalten Sie auch eine Abschrift des Bekennerschreibens, wenn es tatsächlich eins sein sollte. Vertrödeln Sie hier keine weitere Zeit und lassen Sie uns in Ruhe unsere Arbeit machen.«

»Der Herr Kommissar hat recht«, meint die Stergiou. »Er kann in der Öffentlichkeit keine Presseerklärung abgeben.«

Nachdem die Reporter einer nach dem anderen abgezogen sind und sich die Schaulustigen zerstreut haben, rufe ich Dimitriou an.

»Kommen Sie mit einem Fotografen und einem Fingerabdruckexperten hierher«, sage ich, nachdem ich ihn kurz auf den neuesten Stand gebracht habe. »Und dann schicken Sie dieselben Leute zum Arbeitsministerium. Dermitsakis ist schon vor Ort.«

Ich lasse das Tuch durch die Polizeibeamten entfernen, ersuche sie aber, niemanden in die Nähe zu lassen. Dann lese ich den an der Wand klebenden Bekennerbrief:

Zwei Ausländer und ein Grieche sind tot. Unser Motiv ist schon bekannt. Sie haben für ihr heuchlerisches Verhalten bezahlt. Worin ihre Scheinheiligkeit besteht, muss die Polizei herausfinden. Wir haben das Bekennerschreiben an zwei Ministerien angeschlagen und wollen im In- und Ausland ein Zeichen setzen.

Tod den Heuchlern
Das Heer der Nationalen Idioten

In Bezug auf das Zeichen haben sie recht, das haben sie gesetzt. Ich rufe Dermitsakis an und ersuche ihn, mir das Bekennerschreiben vorzulesen, das am Arbeitsministerium klebt. Der Wortlaut stimmt überein. Obwohl ich keinen

Zweifel daran hatte, wollte ich mich vor meinem Anruf beim Vizepolizeipräsidenten rückversichern.

Ich gebe ihm das Bekennerschreiben telefonisch durch.

»Offenbar stimmt der Wortlaut mit den früheren Bekennerbriefen überein.«

Genau wie ich es gestern vorausgesagt habe, denke ich, behalte es aber lieber für mich.

Dimitriou ist mit seinen Mitarbeitern eingetroffen und studiert zunächst das Plakat. »Wenn wir versuchen, es von der Wand abzulösen, geht es kaputt«, warnt er mich.

»Dann machen Sie Fotos davon und überprüfen es auf Fingerabdrücke. Obwohl, Sie werden wohl kaum welche finden … Danach können Sie es vernichten«, erläutere ich ihm. »Schicken Sie mir und dem Vizepolizeipräsidenten den Text. Aber bitte so schnell wie möglich, weil ich die Reporter im Nacken habe und ihnen den Text des Bekennerschreibens schulde.«

Dimitriou telefoniert mit dem Spurensicherungsteam beim anderen Ministerium, welches das Plakat ebenfalls ablösen soll.

Hier bleibt mir nichts mehr zu tun, deshalb fahre ich jetzt zum Präsidium. Kaum trete ich aus dem Fahrstuhl, hallen mir schon die Stimmen der Reporter entgegen.

»Geben Sie jetzt Ihre Presseerklärung ab?«, fragt Merikas.

»Warten Sie kurz, bis ich alles beieinanderhabe, dann kann ich Ihnen auch den Text des Bekennerschreibens austeilen.«

Diese Aussicht beruhigt sie, und der Geräuschpegel sinkt. In meinem Büro angekommen, rufe ich Koula zu mir.

»Was für ein Krawall!«, ruft sie ganz außer sich. »Man kann sich gar nicht mehr konzentrieren. Hier liegen doch Büroräume! Jemand muss ihnen sagen, dass sie in der Cafeteria warten sollen, bis man sie zur Presseerklärung ruft.«

»Das stimmt, ich werde es ihnen gleich offiziell mitteilen. Beim nächsten Mal schicken Sie sie unter Berufung auf meine Anweisung in die Cafeteria hinunter. Aber jetzt zu uns: Dimitriou wollte Ihnen das Bekennerschreiben schicken.«

»Schon eingetroffen.«

»Schön, zählen Sie ab, wie viele draußen stehen und machen Sie die entsprechenden Ausdrucke.«

Koula macht sich auf den Weg zum Drucker und verteilt dann draußen auf dem Korridor den Text. Für einen kurzen Moment verebbt der Lärm, was wohl heißt, dass sie bei der Lektüre sind. Als sich erneut Stimmengewirr erhebt, öffne ich die Tür und trete vor die Meute.

»Bevor wir zur Sache kommen, hätte ich eine Bitte. Wenn Sie zu einer Pressekonferenz herkommen, möchte ich Sie ersuchen, zukünftig in der Cafeteria zu warten, bis wir Sie rufen. Hier ist unser Arbeitsbereich, und meine Mitarbeiter fühlen sich durch den Lärm gestört.«

Die Journalisten werfen einander betretene Blicke zu. »Tut uns leid, Herr Kommissar. Ist gut, so machen wir's«, erklärt sich Merikas einverstanden.

»Vielen Dank! Und jetzt zum aktuellen Fall.« Ich informiere sie über alles, vom Tatabend des Dreifachmords bis hin zur Publikation der Bekennerschreiben heute. Dann frage ich: »Haben Sie den Bekennerbrief gelesen?«

»Ja, er sagt dasselbe aus wie die früheren Schreiben«, antwortet die Stergiou.

»Also gut, das Motiv ist Heuchelei. Haben Sie vielleicht eine Theorie dazu, was die Täter in diesem neuen Fall als heuchlerisches Verhalten definieren?«, fragt mich Merikas.

»Keine Theorie, aber Vermutungen«, antworte ich. »Lassen wir den Mord an Paris Fokidis beiseite und schauen wir uns Lasaros Kaplanis an. Warum haben die Täter ihrem Opfer Heuchelei vorgeworfen? Weil er öffentlich erklärte, dass die Arbeitslosenzahlen gesunken sind. Ihrer Meinung nach war das verlogen, da Kaplanis auch Menschen zu den Beschäftigten zählte, die von den Almosen, die sie bekommen, nicht leben können. Dem Dreifachmord ist eine öffentliche Erklärung der Opfer zum Anstieg von Bruttoinlandsprodukt und Staatseinnahmen vorausgegangen. Daher können wir annehmen, dass diese Verlautbarung auch als Heuchelei interpretiert wurde.«

»Dürfen wir Sie zitieren?«, fragt mich die Kurze mit den rosa Strümpfen.

»Natürlich, das ist kein Geheimnis. Außerdem rufen die Täter die Polizei ja auf, die Heucheleien aufzudecken und publik zu machen.«

»Danke!«, ertönt es von allen Seiten, und schon ziehen sie wieder ab. Ihr Eifer, den Wortlaut des Bekennerschreibens und meine Vermutungen so schnell wie möglich in Umlauf zu bringen, ist so groß, dass es fast nach einer Flucht aussieht.

Ich kehre ins Büro zurück und rufe den Vizepolizeipräsidenten zur Berichterstattung an.

»Ich hoffe, die Täter schnappen nach dem Köder«, meint er zu mir.

»Wir machen uns jetzt an die Befragung der Betroffenen,

die aus den Fokidis-Hotels entlassen wurden. Vielleicht ergibt sich daraus etwas.«

Nach dem Gespräch rufe ich meine Mitarbeiter zusammen, um zu hören, was aus den Ermittlungen im Finanzministerium, im Hotel der beiden ausländischen Vertreter und in Nakos' Wohnhaus herausgekommen ist.

»Vom Finanzministerium gibt es nichts zu vermelden«, berichtet Dervisoglou. »An der Stelle ist die Karajorgi-Servias-Straße sehr befahren, und auch Fußgänger benutzen sie zuhauf. Wem sollte da auffallen, dass jemand den Eingang des Ministeriums beobachtet? Der Kioskbesitzer dort hat so viel zu tun, dass er sich unmöglich erinnern kann.«

»Genauso war es auch beim Hotel«, sagt Dermitsakis. »An der Rezeption ist niemandem etwas aufgefallen. Kein Wunder, man hatte den beiden ausländischen Gästen ja einen Dienstwagen bereitgestellt. Da reichte es aus, wenn jemand vor dem Hotel Posten bezog und den Wagen im Auge behielt.«

»Wo wohnte Nakos?«, frage ich Askalidis.

»In der Salongou-Straße in Melissia, einer ruhigen Gegend. Ich habe die Anwohner befragt, aber alle haben nur mit den Schultern gezuckt. Keiner hat etwas gesehen.«

»Ach so!«, rufe ich aus. »Sie brauchten ja bloß zwei Autos zu überwachen, Nakos' Privatwagen und den Dienstwagen! Deshalb ist keinem etwas aufgefallen.«

Meine ganze Theorie von vorhin, dass die Täter eine große Unterstützergruppe nötig hatten, kann auf den Müll. Es reichte, wenn sie diese beiden Wagen unter Beobachtung hielten. Das lässt sich mit zwei Personen erledigen.

»Und woher wussten sie, wo und wann sie zuschlagen sollen?«, fragt mich Dermitsakis.

»Als die offizielle Pressemeldung zu Bruttoinlandsprodukt und Staatseinnahmen erfolgte, beschlossen sie zu handeln. Zuerst haben sie den Kleintransporter gestohlen. Sie wussten, dass es schwierig sein würde, alle drei gemeinsam in einem der beiden Wagen mit einer einzigen Bombe zu erwischen. Daher sind sie das Risiko mit dem Kleintransporter eingegangen.«

»Und woher wussten sie, wann die drei essen gehen würden?«, fragt Dervisoglou.

»Dafür gibt es zwei Möglichkeiten. Entweder wurde ihnen eine Insiderinformation zugespielt, oder sie haben gesehen, wie Nakos ins Hotel kam. Als die drei dann mit dem Hyundai losgefahren sind, wurde der Fahrer des Kleintransporters in Bereitschaft gesetzt. Und als sie dann beobachtet haben, in welchem Restaurant die drei saßen, haben sie ihm Bescheid gegeben«, erläutert Dermitsakis.

»Fahr bitte sofort ins Finanzministerium und versuch herauszukriegen, wer außer Sissopoulos sonst noch von dem Restaurantbesuch wusste und ob er jemandem davon erzählt hat«, sage ich zu Dervisoglou.

Dann wende ich mich an die Übrigen. »Wir haben noch ein paar Dinge übersehen.«

»Was meinen Sie?«, fragt Dermitsakis.

»Wir waren noch nicht im Hotel Noufaro, um dem Personal an Bar und Rezeption die Fotos der entlassenen Angestellten zu zeigen. Vielleicht war einer davon am Tag von Fokidis' Ermordung dort.«

»Müssen wir dafür Dervisoglous Ergebnisse abwarten?«,

fragt Dermitsakis. »Vielleicht sollten wir in der Zwischenzeit auch an der Rezeption des Hotels, in dem die beiden ausländischen Gäste abgestiegen sind, fragen, ob sie sich nach einem Restaurant erkundigt haben.«

»Nein, das ist überflüssig«, erkläre ich. »Die Taverne hat Nakos ausgesucht. Wir haben anderes zu tun.«

»Und was?«

»Wir fangen mit der Befragung der Entlassenen an.«

»Wollen Sie sie allein vernehmen oder zusammen mit uns?«, fragt mich Askalidis.

»Zusammen mit euch. Vielleicht rutscht ihnen etwas heraus, wenn die Fragen von allen Seiten auf sie hereinprasseln. Wir warten mit der Vernehmung bis zur Rückkehr von Dervisoglou aus dem Finanzministerium und von Askalidis, der jetzt gleich ins Hotel Noufaro fährt.«

»Wollen wir sie einzeln oder in der Gruppe befragen?«, will Dermitsakis wissen.

»Ihr bringt sie alle zusammen her, aber wir vernehmen sie einzeln. Die Übrigen sollen ruhig warten, das macht sie nervös.«

Sie machen sich auf den Weg, um die beiden Aufträge zu erledigen, und ich beschließe, zur Cafeteria hinunterfahren. Ich habe heute noch keinen Bissen zu mir genommen, ja nicht mal einen Kaffee getrunken.

Doch der Mensch denkt und Gott lenkt, wie Adriani so schön sagt. Denn meine Bürotür springt auf, und Karabetsos, Koulakos und Vellidis stürmen herein.

»Jetzt ist es also amtlich, du bist unser Vorgesetzter! Glückwunsch, Kostas!«, meint Karabetsos.

Erst da fällt mir wieder ein, dass Stella die Bekanntmachung meiner Beförderung mittlerweile an die Abteilungen verschickt hat.

»Endlich hast du es geschafft, Kalif anstelle des Kalifen zu werden. Meine Prophezeiung ist eingetroffen!«, meint Koulakos amüsiert und drückt mir die Hand.

»Aber ich hoffe, nicht Gikas anstelle von Gikas zu werden«, frotzle ich.

»Ausgeschlossen! Das passt nicht zu deinem Charakter«, bemerkt Vellidis.

»Ich freue mich jedenfalls, dass du unser Chef bist und man nicht irgendeinen Wildfremden aus dem Hut gezaubert hat«, meint Karabetsos.

»Ich bringe morgen etwas Süßes mit«, sage ich. »Heute ist mir das Bekennerschreiben der ›Nationalen Idioten‹ dazwischengekommen.«

Meine nunmehrigen Untergebenen verabschieden sich mit einer zweiten Runde Glückwünsche. Dann kann ich mich endlich in aller Ruhe Kaffee und Croissant widmen.

35

Dervisoglou und Askalidis kehren mit leeren Händen zurück. Weder im Hotel Noufaro noch im Finanzministerium hat man einen der entlassenen Angestellten identifiziert. In der Umgebung des Hotels wurden zwei frühere Beschäftigte wiedererkannt, aber – wie nicht anders zu erwarten – war keiner am Tattag vor Ort. Die Täter hätten ja wohl kaum einen ehemaligen Mitarbeiter losgeschickt, um Fokidis am Tag seiner Ermordung auszuspionieren.

In der Zwischenzeit hat Dermitsakis den ersten Schwung an Entlassenen versammelt. »Ich habe sie in den Verhörraum gebracht. Sobald es mit den Befragungen losgeht, muss ich sie aber anderswohin bringen«, meint er zu mir.

»Nein, lass sie ruhig dort. Wir vernehmen sie in Gikas' Büro.«

Obwohl es jetzt mein Büro ist, sage ich immer noch »Gikas' Büro«. Kurz nachdem ich in die fünfte Etage hochgefahren bin, kommen Dermitsakis und Askalidis nach. Ich bitte sie, mir die Lebensläufe der ehemaligen Fokidis-Angestellten zu bringen, damit ich sie parat habe.

Ich nehme am Kopfende des Konferenztisches Platz, meine Mitarbeiter zu meinen beiden Seiten, und der Platz mir gegenüber bleibt leer für den Vorgeladenen.

Der Erste, den Dervisoglou hereinführt, heißt Achilleas

Koulis. Er muss an die sechzig sein, hat den Schädel kahlrasiert, trägt aber Vollbart. Er nimmt auf dem Stuhl, auf den Dervisoglou deutet, Platz und blickt mich schweigend an.

»Sie heißen Achilleas Koulis?«, frage ich, um mich zu vergewissern.

»Genau.«

»Haben Sie in einem der Fokidis-Hotels gearbeitet?«

»Ja, in Xylokastro.«

»Und Sie wurden 2016 entlassen?«

»Kommt auf die Formulierung an«, antwortet er mit einem bitteren Lächeln. »Ich würde es als Entlassung bezeichnen. Das Unternehmen hat mir eine einvernehmliche Auflösung des Arbeitsverhältnisses nahegelegt.«

»Und das heißt?«, fragt Dermitsakis.

»Sie haben mir eine Abfindung in Höhe eines Monatslohns angeboten. Falls ich nicht einverstanden sei, meinten sie, könne ich ja vor Gericht gehen. Sie haben ihr Vorgehen mit der Schließung des Hotels gerechtfertigt. Aber in Wirklichkeit haben sie es bloß zum Saisonende zugemacht und bei Saisonbeginn wiedereröffnet. Ich habe mit dem Gedanken einer gerichtlichen Klage gespielt, aber dann davon abgesehen, ich bin ja nicht verrückt.«

»Was meinen Sie?«, fragt Dervisoglou.

Koulis antwortet mit einer Gegenfrage. »Kennen Sie einen Arbeitslosen, der Geld für einen Rechtsanwalt hat? Wer sich das leisten kann, hat noch andere Einkünfte. Ich hatte nichts als meinen Job.«

»Und seit damals sind Sie arbeitslos?«, fragt ihn Dermitsakis.

Koulis lächelt erneut. »Gern würde ich das Gegenteil

behaupten. Ich nehme jeden Job an, den ich kriege, von Kellnern bis Gebäudereinigen. Aber wenn der Tag vorbei ist, sind auch die Illusionen futsch. Jeden Abend steht mir klar vor Augen, dass ich arbeitslos bin.«

»Warum am Abend?«

»Weil ich dann in die Wohnung meiner Schwiegereltern zurückkehre. Sie haben uns aufgenommen und spendieren uns einen Teller Essen. Sie greifen auch unseren beiden Söhnen beim Studium unter die Arme. Meine Frau arbeitet als Verkäuferin in einem Laden. Der Chef bezahlt sie in Raten, und auch das nur, wenn es ihm gerade einfällt.« Er hält inne und blickt uns an. »Bis jetzt haben Sie die Fragen gestellt. Jetzt hätte ich auch mal eine. Warum haben Sie mich hierhergerufen? Bin ich verdächtig, weil ich keinen Job habe?«

»Nein, aber Sie wissen doch, dass man Ihren ehemaligen Chef Fokidis umgebracht hat«, sage ich.

»Glauben Sie, dass ich damit zu tun habe?«

»Nein, aber wir wollen wissen, ob Sie mit Ihren alten Arbeitskollegen noch in Kontakt stehen und uns ein paar Auskünfte geben können.«

Seine Antwort kommt prompt. »Ich habe mit keinem Kontakt. Warum auch? Damit wir gemeinsam unser Schicksal beweinen? Außerdem war unser Verhältnis rein beruflich. Wir hatten keine persönliche Beziehung.«

»Sie können also nicht sagen, ob andere sich möglicherweise an Fokidis rächen wollten«, bemerkt Dermitsakis.

»Sehen Sie meinen kahlrasierten Kopf?«, Koulis tippt sich an die Glatze.

»Klar.«

»Wissen Sie, warum ich das gemacht habe? Weil Fokidis keine kahlrasierten Köpfe beim Hotelpersonal sehen wollte. Sehen Sie meinen Vollbart? Den lasse ich mir stehen, weil Fokidis auch keine bärtigen Mitarbeiter sehen wollte. Das ist meine einzige Rache. Woher soll ich wissen, was die anderen gemacht haben? Ich sehe sie doch überhaupt nicht mehr.«

Am Ende des Gesprächs geht Dervisoglou nach unten, um den Nächsten zu holen.

»Wie viele sind es noch?«, frage ich Dermitsakis.

»Fünf. Ich hoffe, die anderen können uns mehr verraten.«

Mir ist klar, dass wir im Trüben fischen und Geduld haben müssen. Allerdings bin ich mir nicht sicher, ob wir so auf einen grünen Zweig kommen.

Der Nächste heißt Iordanis Ferlekis und ist jünger als Koulis. Er sitzt uns mit einem Gesichtsausdruck gegenüber, der zwischen Wut und Trauer schwankt. Er dreht den Spieß um und stellt die erste Frage.

»Warum wollen Sie mich vernehmen? Glauben Sie, dass ich etwas mit dem Mord an Fokidis zu tun habe?«

»Wir glauben gar nichts, wir sammeln Informationen«, erwidert Dermitsakis.

»Ich habe ihn nicht umgebracht, obwohl ich es gern getan hätte. Er hat mein Leben zerstört, sowohl beruflich als auch privat.«

»Beruflich, ja. Aber auch privat?«, wundert sich Askalidis.

»Meine Frau ist Britin. Ich habe sie im Sommer als Touristin kennengelernt. Nach meiner Entlassung hat sie gemerkt, dass ich keine Arbeit mehr fand, packte unsere zwei Kinder und ist nach Großbritannien zurückgekehrt. Wären wir nur zu zweit gewesen, so erklärte sie mir, wäre sie geblieben und hätte mich unterstützt. Aber sie wollte die Zukunft unserer Kinder nicht aufs Spiel setzen. Sie hat mir versprochen, sie mir jeden Sommer zu schicken. Aber wohin denn? In das Loch im Souterrain, in dem ich hause?«

Jetzt redet er sich alles von der Seele. »Das Einzige, was ich aus meinem früheren Leben zurückbehalten habe, ist mein Computer. Ich erhoffte mir, mit Übersetzungen aus dem Englischen etwas dazuzuverdienen, um die Miete zu zahlen und mir mal Souflaki oder eine Tyropitta zu holen. Ich gebe mir Mühe, nicht vor die Hunde zu gehen. Aber es ist schwer, weil heutzutage jeder Englisch kann. Jobs bekomme ich nur, wenn es ein anspruchsvoller Fachtext ist. Jedes Mal, wenn ich einen guten Auftrag an Land ziehe, besaufe ich mich bis zum Anschlag, damit ich endlich schlafen kann. Ich kann froh sein, wenn ich pro Nacht auf drei Stunden Schlaf komme.«

»Sehen Sie noch ein paar von Ihren alten Kollegen?«, frage ich ihn.

»Nein, nie. Ich komme nicht mal mit meinen eigenen Sorgen klar. Da habe ich keine Energie mehr, die der anderen anzuhören. Der Einzige, den ich sehr schätze, obwohl ich ihn auch nicht mehr treffe, ist Jason Doukaris.«

»Wer ist das?«, fragt Dermitsakis.

»Fokidis' Personalchef. Er war der Einzige, der sich gegen unsere Entlassung ausgesprochen hat. Mit dem Argument, die Qualität der Hoteldienstleistungen würde sinken, weil die jungen Nachrücker weder die Kenntnisse noch die Erfahrung hätten, um ihrer Aufgabe gerecht zu werden.«

»Wo ist er jetzt?«, frage ich ihn.

»Keine Ahnung. Ich weiß nicht, ob er noch in der Firma beschäftigt oder ob er ausgestiegen ist. Wir hatten nicht viel miteinander zu tun, und warum sollte das im Nachhinein anders sein? Ich weiß, dass er der Einzige war, der ein gutes Wort für uns eingelegt und sich für unser Bleiben eingesetzt hat.«

»Vielen Dank, Herr Ferlekis, Sie können gehen«, sage ich zu ihm.

Als er grußlos hinausgeht, blickt mich Dermitsakis verdutzt an. »Sie lassen ihn einfach ziehen?«, fragt er.

»Aber du hast ihn doch gesehen, Dermitsakis ... Das ist ein kaputter Mann. Hältst du ihn für fähig, eine ganze Bande zu organisieren und fünf Menschen zu ermorden?«

Dermitsakis hält, wie auch die Übrigen, den Mund. Dervisoglou steht auf, um Fokidis' nächstes Opfer zu holen.

Er heißt Renos Valassis. Der Fünfzigjährige tritt anders auf als seine beiden Vorgänger. Ruhig und gefasst beantwortet er unsere Fragen, ohne sein Privatleben ins Spiel zu bringen. Erst als Dermitsakis ihn nach seinem Verhältnis zu den übrigen entlassenen Mitarbeitern fragt, kann man aus seiner Reaktion eine Spur Verärgerung herauslesen.

»Es gibt zwei Gründe, warum ich mit meinen ehemaligen Arbeitskollegen nichts mehr zu tun habe«, antwortet er.

»Und die wären?«, hakt Dermitsakis nach.

»Erstens waren wir während unserer Zeit in Fokidis' Unternehmen nur nach außen hin Kollegen, unterschwellig aber Konkurrenten. Im Nachhinein haben wir keinen

Grund mehr, uns zu verstellen. Jeder von uns hat die Ellenbogen eingesetzt, um aus dem mittleren Dienst in die höheren Ränge aufzusteigen. Die Wahrheit ist: Wir alle haben Fokidis und seine Führungsriege hofiert. Wieso soll ich mich jetzt mit meinen Exkollegen befassen, nur weil wir plötzlich Leidensgenossen sind?«

»Und zweitens?«, fragt Dervisoglou.

»Das will ich Ihnen gern erklären, junger Mann, obwohl ich nicht sicher bin, ob Sie es nachvollziehen können. Der zweite Grund ist: Wir sind alle um die fünfzig. Nicht die Arbeitslosigkeit machte uns zu Leidensgenossen, sondern unser Alter. Wenn ein Fünfzigjähriger seine Arbeit verliert, hat er keine Chance, noch mal eine dauerhafte Anstellung zu finden. Kein Unternehmer wird jemanden einstellen, der nur noch maximal fünfzehn Arbeitsjahre vor sich hat. Er wird einen jungen Menschen vorziehen, dem er weniger zahlen muss und der ihm länger zur Verfügung steht.«

Er verstummt und blickt uns an. Wir sind alle sprachlos, denn er ist der Erste, der eine Erklärung liefert, welche uns die anderen beiden in ihrer Verwirrung nicht geben konnten.

»Kennen Sie einen gewissen Jason Doukaris?«, frage ich ihn.

Valassis zuckt mit den Schultern. »Ich habe von seiner Rolle als Personalchef gehört. Aber ich hatte nie persönlich mit ihm zu tun.«

»Einer der entlassenen Kollegen sagte uns, er sei der Einzige gewesen, der Ihnen allen den Rücken gestärkt hätte.«

»›Den Rücken gestärkt‹ ist wohl übertrieben. Es kann

schon sein, dass er sich für ein paar Leute eingesetzt hat. Aber nur das Ergebnis zählt.«

Kaum ist Valassis gegangen, schicke ich Dermitsakis zum Verhörraum mit dem Auftrag, die anderen drei zu fragen, ob sie Jason Doukaris kennen und was sie von ihm halten.

»Es hat keinen Sinn, sie nach etwas anderem zu fragen. Sie werden uns alle dasselbe sagen. Vorrang hat es jetzt, Doukaris ausfindig zu machen.«

Askalidis und Dervisoglou sind Valassis gefolgt, und ich bleibe allein zurück und warte.

Wenn wir Jason Doukaris finden können, war die Befragung der Arbeitslosen kein Schlag ins Wasser. Ich rufe den Vizepolizeipräsidenten zur Berichterstattung an.

»Eine gute Nachricht zur rechten Zeit«, lautet sein Kommentar.

»Warum?«

»Weil uns morgen der EUROPOL-Vertreter besuchen wird. Wir lassen ihn erst mal zu uns herbringen. Sie sollten sich für eine Lagebesprechung bereithalten.«

Na toll, wir können zwar ein paar Fortschritte vorweisen, nur leider nicht zu den beiden Mordopfern, die ihn am meisten interessieren.

Dermitsakis kehrt zurück. »Auch die anderen haben nur das Beste über Doukaris erzählt. Aber keiner weiß, was aus ihm geworden ist.«

»Er kann ja nicht vom Erdboden verschwunden sein. Sehr wahrscheinlich ist er auf Facebook oder Twitter.«

Zusammen mit Dermitsakis gehe ich nach unten und rufe Koula in mein Büro.

»Wir versuchen, einen gewissen Jason Doukaris ausfindig zu machen. Suchen Sie im Internet, ob er irgendwo einen Account oder ein Profil hat, das uns weiterhilft.«

An dieser Stelle merke ich, dass ich am Ende meiner Kräfte bin, und beschließe, nach Hause zu fahren. Morgen wartet mit dem angekündigten Besuch des EUROPOL-Kollegen eine neue Herkulesaufgabe auf mich.

Dann rufe ich Adriani an, um zu erfahren, wo sie gerade ist. Heute Abend habe ich nicht mal mehr die Energie, meinen Enkel zu besuchen.

»Ich bleibe noch ein bisschen, Lambros ist unruhig«, sagt sie mir.

»Was hat er?«

»Nichts Schlimmes, vermute ich, wahrscheinlich eine kleine Kolik. Aber ich bleibe, falls Katerina Hilfe braucht.«

»Es gibt doch einen Arzt im Haus«, rufe ich ihr in Erinnerung.

»Einen Kardiologen, aber keinen Kinderarzt«, korrigiert sie mich tadelnd. Dann meint sie etwas gnädiger: »Im Kühlschrank stehen grüne Bohnen mit Feta. Wenn du hungrig bist, warte mit dem Essen nicht auf mich.«

Der Gedanke überkommt mich, als ich in den Seat steige. Ich halte an einer Souflaki-Bude und hole mir zweimal Souflaki und einmal Gyros im Pittateig mit allen Schikanen. Heute, da ich allein bin, habe ich die Gelegenheit, meine Lieblingsspeise ohne Genörgel zu genießen.

Nachdem ich alles auf einem Teller platziert habe, beziehe ich vor dem Fernseher Stellung. Ich bin gespannt, ob die Täter auf meine heutige Presseerklärung vor den Journalisten reagieren.

Es scheint, als hätte ich einen Zauberstab in der Hand,

denn als Aufmacher wird von der Nachrichtensprecherin das neue Bekennerschreiben der Täter angekündigt. Ich überlege kurz, das Essen beiseitezustellen, aber ich fürchte, es wird kalt. Ich beschließe also weiterzuessen, auch auf die Gefahr hin, dass es mir im Hals stecken bleibt.

»Wie ist das neue Bekennerschreiben zum Sender gelangt, Manos?«, fragt die Moderatorin ihren Gesprächspartner.

»Genauso wie das letzte. Es wurde uns diktiert.« Er verstummt und fügt mit einem Lächeln hinzu: »Die Polizei wird jedenfalls von den Tätern gelobt. Ob sie darauf stolz sein wird, steht auf einem anderen Blatt.«

»Dann schauen wir uns am besten den Wortlaut an«, meint die Moderatorin.

Auf dem Bildschirm erscheint postwendend der Text.

Wir gratulieren unserer Polizei! Diesmal hat sie die Heuchelei sofort aufgedeckt.

Die Schandmäuler im In- und Ausland triumphieren über den Anstieg des Bruttoinlandsprodukts, obwohl sie sehr wohl wissen, dass dieser Gewinn in die Taschen einiger Reicher fließt, während die Mehrheit unter der täglich härter werdenden Last und Armut stöhnt.

Genauso triumphieren die Büttel der Millionäre über die Steigerung der Staatseinnahmen. Die wachsen jedoch nur durch die Steuerzahlungen derjenigen Bürger, die ums Überleben kämpfen. Die paar wenigen, die vom Anstieg des Bruttoinlandsprodukts profitieren, finden Mittel und Wege, in Steuerparadiesen

Unterschlupf zu finden und keinen Groschen abzugeben.

Sie wurden für ihre Heuchelei bestraft.

Tod den Heuchlern!
Das Heer der Nationalen Idioten

Ich schalte den Fernseher aus, da mich die Kommentare nicht interessieren. Es ist eins der wenigen Male in diesem Fall, dass ich eine gewisse Befriedigung verspüre. Anscheinend bin ich nicht der Einzige, denn mein Handy klingelt, und der Vizepolizeipräsident ist dran.

»Haben Sie den Bekennerbrief gelesen?«

»Ja.«

»Glückwunsch, Herr Kommissar. Sie haben ins Schwarze getroffen!«

Gerade als ich mich zufrieden schlafen legen möchte, fällt mir siedend heiß ein, dass mir Adriani den Marsch blasen wird, wenn sie die Souflaki-Verpackung im Mülleimer erblickt.

So spüle ich den Teller, trockne ihn ab und stelle ihn zurück in den Schrank. Danach gehe ich auf die Straße hinunter und entsorge die Überreste im Müllcontainer.

36

Der Einfall kommt mir auf dem Weg zum Präsidium. Die Arbeitslosen haben uns von Jason Doukaris' moralischer Unterstützung erzählt, hatten aber keine Ahnung von seinem Privatleben und wo er sich heute aufhält. Der Einzige, den wir nicht gefragt haben, ist Michalis aus dem Obdachlosenheim, der mir als Erster von den Entlassungen aus den Fokidis-Hotels erzählt hat. Möglich, dass er Doukaris kannte und mehr von ihm weiß als die anderen.

Ich lasse die Einfahrt zur Präsidiumsgarage links liegen und fahre auf dem Alexandras-Boulevard weiter nach Kypseli. Ich hoffe, dass die Obdachlosen zu dieser frühen Stunde schon aus den Federn sind.

Vor dem Heim finde ich rasch einen Parkplatz. Sissis ist am Eingang auf seinem Posten. Er blickt mich verdutzt an, da ich sonst nicht so früh auftauche.

»Sind wir dir im Traum erschienen?«, fragt er.

»Nein, ich wollte mich mit Michalis unterhalten.«

»Er ist in der Cafeteria.« Er ruft den Namen nach hinten.

Bei meinem Anblick ahnt Michalis sofort, worum es geht. »Wollen Sie noch mal mit mir reden?«

»Wenn Sie Zeit und Lust haben.«

»Aber gern.«

Gemeinsam gehen wir zum kleinen Kafenion. Als wir den Mokka vor uns auf dem Tischchen stehen haben, eröffne ich das Gespräch.

»Bei unserer letzten Unterhaltung haben Sie mir von den Entlassungen aus Fokidis' Hotels erzählt. Ich weiß nicht, ob Sie das freut, jedenfalls hat uns diese Information sehr weitergeholfen. Sie haben uns eine andere, bis dahin unbekannte Seite von Fokidis' Unternehmen aufgezeigt. In der Zwischenzeit haben wir mit anderen Entlassenen gesprochen. Alle haben uns dasselbe erzählt. Im Gespräch mit einem Herrn Ferlekis fiel der Name Jason Doukaris. Er hat ihn in den höchsten Tönen gelobt, genau wie die anderen, als wir sie darauf angesprochen haben. Aber sie konnten uns sonst nichts weiter über ihn sagen. Sie hatten privat nichts mit ihm zu tun und wussten weder seine Adresse noch was er jetzt macht. Haben Sie ihn vielleicht näher gekannt?«

»Doukaris?« Er lächelt. »Das war der Personalchef des Unternehmens, und er hat Himmel und Erde in Bewegung gesetzt, um unsere Entlassung zu verhindern. Ich weiß nicht, ob er das aus Mitgefühl für uns getan hat oder weil er wirklich glaubte, was er sagte. Nämlich, dass eine Firma ihr erfahrenes Personal nicht abstoßen soll, um unbeleckte junge Leute einzustellen. Aber unabhängig davon, was er schließlich glaubte, eins ist sicher: Er hat uns bis zum Schluss unterstützt und teuer dafür bezahlt. Nachdem man uns abgewickelt hatte, wurde auch er gefeuert.«

»Gefeuert?« Das ist uns neu.

»Ja, er war der Letzte und hat das Licht ausgemacht, sozusagen.«

»Hatten Sie auch außerhalb der Arbeit Kontakt zu ihm?«, frage ich vorsichtig.

»Ja, aber das hatte keinen beruflichen oder privaten Hintergrund, daran war der Fußball schuld.«

Mir bleibt die Spucke weg. »Der Fußball?«

»Ja, wir waren beide Anhänger des Panionios-Teams. Er, weil er im Athener Stadtteil Nea Smyrni wohnte, und ich, weil meine Familie aus der kleinasiatischen Stadt Smyrna stammt. Durch einen Zufall stellte sich heraus, dass wir beide dasselbe Team unterstützen, das von griechischen Vertriebenen aus Kleinasien nach 1922 in Nea Smyrni gegründet wurde. Eines Montags, als wir in seinem Büro saßen, meinte er im Scherz, dass heute nicht viel mit ihm anzufangen sei. Er sei ein Panionios-Anhänger, und seine Mannschaft habe verloren. Da erzählte ich ihm, dass ich auch Panionios-Fan sei, und von da an telefonierten wir jeden Montag, um uns entweder über einen Sieg zu freuen oder über eine Niederlage zu trauern. Normalerweise trauerten wir, weil Panionios nicht oft Siege nach Hause holt«, fügt er lächelnd hinzu.

»Tun Sie das immer noch?«, frage ich.

»Nein, zum letzten Mal haben wir telefoniert, als er mich anrief und erzählte, dass wir jetzt Leidensgenossen seien, weil man ihn auch vor die Tür gesetzt habe.«

»Wissen Sie, ob er immer noch in Nea Smyrni wohnt?«

»Keine Ahnung, wo er jetzt wohnt oder was er macht.«

Weiter fällt mir dazu nichts ein, aber Michalis' Aussagen lassen ihn bestimmt leichter auffinden.

Zurück im Büro, rufe ich gleich Koula zu mir.

»Suchen Sie einen Ansprechpartner in der Gemeindeverwaltung von Nea Smyrni. Wir wollen wissen, ob Jason Doukaris immer noch dort gemeldet ist und unter welcher Adresse.«

Dann folgt eine Lagebesprechung mit meiner Mitarbeitertruppe. Sie hören mir aufmerksam zu, bis wir zum Thema Fußball kommen. Da meldet sich spontan Askalidis zu Wort.

»Seht ihr? Ich bin nicht umsonst Fußballfan. Dieser Sport verbindet!«

»Bist du auch Panionios-Anhänger?«, scherzt Dervisoglou.

»Aber nein, mein Team ist Olympiakos. Ich bin ungern auf der Verliererseite. Ihr habt ja gesehen, was aus den beiden Panionios-Anhängern geworden ist.«

»Sag mal, Thanos«, frotzelt Dermitsakis, »sollten wir nicht den Olympiakos-Trainer zu uns einladen, damit er uns ein paar taktische Tipps gibt?«

Ich beende das Intermezzo, indem ich ihnen einen Auftrag erteile: »Sobald Koula seine Adresse hat, macht ihr eine kleine Exkursion nach Nea Smyrni, um Informationen zu sammeln. Aber Vorsicht! Ihr solltet nicht mit Doukaris in Kontakt treten, ja nicht einmal in der Nähe seiner Wohnung zu sehen sein. Ich will nur indirekt Auskünfte über ihn einholen. Danach entscheiden wir, wie wir persönlich auf ihn zugehen.«

Gerade als ich meine beiden Vorgesetzten in Kenntnis setzen will, kommt mir der Vizepolizeipräsident mit einem Anruf zuvor.

»Sofortiges Treffen im Ministerbüro wegen der Ankunft des auswärtigen Kollegen«, verkündet er mir und fügt hinzu: »Wenn das so weitergeht, werde ich eine Pendlerpauschale zwischen Alexandras- und Messojion-Boulevard für Sie beantragen.«

Da so eine Pendlerpauschale im griechischen öffentlichen Dienst nur schwer zu erhalten ist, lasse ich mir lieber einen Streifenwagen kommen. Ich denke kurz daran, Adriani anzurufen, um zu hören, wie es dem kleinen Lambros geht, verschiebe es dann aber auf später. Wenn ich von Adriani etwas Alarmierendes höre, kann ich mich in der Konferenz bestimmt nicht mehr konzentrieren.

Wie gewöhnlich schaue ich zuerst beim Vizepolizeipräsidenten vorbei, aber seine Vorzimmertruppe schickt mich gleich ein Büro weiter. Dort warten meine beiden Vorgesetzten bereits auf mich, wir formieren uns zum altvertrauten Trio und marschieren ins Ministerbüro.

»Glückwunsch!«, sagt der Minister, als er mich erblickt. »Der Herr Polizeipräsident hat mir Ihren Kunstgriff mit den Reportern erklärt. Ich freue mich, dass er so gut funktioniert hat. Insbesondere, da heute der Besuch des EUROPOL-Kontrolleurs bevorsteht.«

Er geht zum Konferenztisch, wohin wir ihm folgen, und kommt sogleich zur Sache. »Wie gesagt, trifft der Beamte heute in Athen ein. Es soll sich um einen deutschen Polizeioffizier mit großer Erfahrung im Bereich der internationalen Kriminalität handeln. Wir holen ihn zusammen mit einem Vertreter der deutschen Botschaft ab, die auch den Dolmetscher stellt. Meine erste Frage lautet: Haben wir außer dem neuen Bekennerschreiben noch etwas vorzuweisen?«

Die anderen beiden richten ihre Blicke auf mich, und ich

liefere eine knappe Beschreibung der Vernehmungen mit den aus Fokidis' Firma entlassenen Angestellten bis hin zu Jason Doukaris und seiner Beziehung zu den derzeit Arbeitslosen.

»Und was versprechen Sie sich von diesem Doukaris?«, will der Minister von mir wissen.

»Einige Hintergrundinformationen oder auch Hinweise auf Auseinandersetzungen, die uns nützlich sein könnten.«

»Richtig, aber ich vermute, der ausländische Kollege wird sich auf den Dreifachmord konzentrieren«, meint der Polizeipräsident zu mir.

»Ich weiß, aber es ist noch zu früh, um Ermittlungsergebnisse zur dritten Tat zu erwarten. Außerdem steht ja bereits fest, dass es in allen drei Fällen dieselben Täter waren. Wir setzen bei der ersten Tat an, weil wir von dort den ganzen Fall besser aufrollen können.«

»Einverstanden, und jetzt die zweite Frage«, sagt der Minister. »Inwieweit soll der ausländische Kollege in die Ermittlungen eingebunden werden?«

»Sie müssen zusehen, dass er Ihnen freie Hand lässt und nicht ständig dazwischenfunkt«, rät mir der Vizepolizepräsident.

»Ich werde ihn über den Fortgang der Ermittlungen auf dem Laufenden halten und bereitwillig auf seine Ansichten und Vorschläge eingehen. Da er einen Dolmetscher dabeihat, kann er an Besprechungen teilnehmen. An Vernehmungen soll er jedoch nicht mitwirken. Abgesehen von der Frage, ob das juristisch überhaupt geht, würde es in der Praxis die Befragten hemmen und die Vernehmungen insgesamt erschweren.«

»Ich bin ganz Ihrer Meinung, Sie haben mein Einverständnis«, sagt der Minister. »Wenn er darauf besteht, bei den Vernehmungen dabei zu sein, verweisen Sie ihn an mich.«

Ich bin froh über diese Option, da sie mir bei möglichen Schwierigkeiten einen Ausweg bietet. Der Vizepolizeipräsident scheint denselben Gedanken zu haben.

»Auch wenn er, wie es heißt, ein sehr erfahrener Beamter ist, heißt das noch lange nicht, dass er auch umgänglich und kooperativ ist.« Er hält inne und fügt mit einem Lächeln hinzu: »Viel Erfolg!«

Als ich in den Streifenwagen steige, melde ich mich bei Adriani, um zu hören, wie es unserem Enkel geht. Sie berichtet, alles sei bestens und es bestehe kein Grund zur Sorge.

Der ausländische Kollege bleibt also mein einziges Sorgenkind.

37

Ich fahre nicht zu meinem Büro, sondern in die fünfte Etage zu unserem bisherigen Besprechungsraum hoch. »Bisherig« deshalb, weil es ab morgen aufgrund besonderer Umstände mein eigenes Büro sein wird. Ich ersuche Stella, schnellstmöglich eine Sitzung mit Koulakos, Karabetsos und Vellidis einzuberufen, damit ich sie auf die Ankunft des EUROPOL-Beamten vorbereiten kann.

Als hätten sie sich abgesprochen, treffen alle drei gleichzeitig ein. Erwartungsvoll blicken sie mich an, da sie keine Ahnung haben, was auf sie zukommt.

»Sag bloß, es gibt noch ein Opfer«, sagt Karabetsos.

»Keine Sorge, es gibt kein weiteres Opfer«, beruhige ich ihn. »Ich muss euch nur auf den neuesten Stand bringen.«

Nachdem wir am Konferenztisch Platz genommen haben, informiere ich sie über die Anreise des EUROPOL-Vertreters. Sie hören mir aufmerksam zu, bis Koulakos schließlich die Frage stellt: »Und was genau haben wir damit zu tun?«

»Ihr seid nicht direkt betroffen«, erläutere ich. »Ich will nur, dass ihr Bescheid wisst, denn mit Sicherheit wird es ein gemeinsames Meeting geben. Selbst wenn es nur dazu dient, ihn zu überzeugen, dass sich das gesamte Präsidium mit der Aufklärung der Morde beschäftigt.«

»Okay, nur weiß ich nicht, ob wir ihn überzeugen können oder ob wir an seinen Vorurteilen scheitern werden«, bemerkt Koulakos. »Im Bereich der Wirtschaftskriminalität bringen mich die europäischen Kollegen manchmal zur Verzweiflung. So schwer lassen sie sich überzeugen!«

»Das trifft nicht überall zu«, erklärt ihm Vellidis. »Bei der Internetkriminalität arbeiten wir tadellos mit EUROPOL zusammen.«

»Genauso ergeht es uns bei der Terrorismusbekämpfung. In diesem Bereich schätzt man uns sehr und holt gern unsere Meinung ein«, stimmt Karabetsos zu.

Ich beeile mich, das Gespräch abzuschließen, da ich noch andere Dinge zu tun habe. »Wenn der Minister wünscht, dass der EUROPOL-Beamte einbezogen wird, müssen wir uns jedenfalls daran halten.«

Nach dem Termin kehre ich in mein Büro zurück. Kaum habe ich Platz genommen, läutet das Telefon. »Sind Sie im Büro? Wir sind gleich da«, höre ich Koula sagen.

Kurz darauf stürmen alle vier herein. »Es gibt Neuigkeiten!«, verkündet Dermitsakis strahlend.

»Ich höre.«

»Wir haben Doukaris ausgeforscht. Seine ganze Familie wohnt in Nea Smyrni, und man kennt ihn in der Gegend. Die Aussagen der Arbeitslosen haben sich bestätigt. Auch wir haben nur Gutes über ihn gehört.«

»Er ist verheiratet, aber kinderlos. Er wohnt in der Attalias-Straße, ganz nah am Neas-Smyrnis-Platz«, ergänzt Koula.

»Hat er einen Job?«

»Nein, er ist immer noch arbeitslos«, antwortet Dervisoglou. »Seine Frau hatte einen Kleiderladen in der Nähe des Neas-Smyrnis-Platzes, aber im Zuge der Krise hat sie Konkurs angemeldet.«

»Und wovon lebt er?«, frage ich.

Dervisoglou hebt die Schultern. »Wir konnten nur in Erfahrung bringen, dass er in einer Eigentumswohnung lebt und somit die Miete spart.«

»Und noch etwas: Er hat weder einen Facebook- noch einen Twitter-Account. Ja er hat nicht einmal ein Handy, Herr Kommissar! Seine Festnetznummer habe ich bei der griechischen Telekom herausgefunden«, sagt Koula.

»Rufen Sie ihn an und reichen ihn mir dann weiter«, sage ich zu Koula.

Sobald ich mich vorstelle, fällt er mir ins Wort. »Herr Kommissar, ich habe schon gehört, dass Sie mich suchen und in ganz Nea Symrni ermittelt haben, um mich zu finden. Das hätten Sie schneller haben können, wenn Sie bei mir geklingelt hätten.«

»Erstens wussten wir nicht, wo Sie wohnen, und zweitens hatten meine Mitarbeiter keine Anweisung, direkt mit Ihnen in Kontakt zu treten. Wir möchten Ihnen ein paar Fragen zu den Fokidis-Hotels stellen.«

»Wie ist es Ihnen lieber? Soll ich zu Ihnen kommen, oder besuchen Sie mich hier?«

Mein erster Gedanke ist, ihn ins Präsidium zu bestellen, aber dann ändere ich meine Meinung. Vielleicht ist es nützlich, sein Lebensumfeld als Arbeitsloser zu sehen.

»Wir kommen zu Ihnen, das ist einfacher«, sage ich.

»Schön, dann erwarte ich Sie.«

Zusammen mit Dermitsakis mache ich mich in einem

Streifenwagen auf den Weg. Wir tun uns zunächst schwer, da die Straßen verstopft sind, aber mit Hilfe der Sirene schaffen wir es auf den Syngrou-Boulevard. Dort ist die Lage entspannt, so dass wir rasch in Nea Smyrni sind. Die Attalias-Straße liegt dem Neas-Smyrnis-Platz direkt gegenüber. Auf unser Klingeln bittet uns Doukaris in die dritte Etage hoch.

Eine Frau um die fünfzig empfängt uns mit einem Lächeln. »Kommen Sie herein, Jason ist im Wohnzimmer«, sagt sie und geht uns voran.

Jason Doukaris, mittelgroß und mit fortschreitender Glatze, wirkt ein wenig älter als sie. Er erhebt sich zur Begrüßung.

»Ist das, was Sie von mir wissen wollen, so wichtig, dass Sie ganz Nea Smyrni in Aufruhr versetzen müssen? Nur um meine Vorgeschichte und meine Anschrift herauszufinden?«, fragt er, als wir Platz genommen haben.

Dermitsakis, der die Ermittlungen durchgeführt hat, fühlt sich angesprochen: »Wir haben bloß versucht, Ihren Aufenthaltsort herauszufinden. Es lag uns fern, irgendeinen Aufruhr zu verursachen.«

»Nea Smyrni ist ein Flüchtlingsviertel. Jeder kennt jeden, und nichts bleibt verborgen«, erläutert Doukaris seine Reaktion.

Dann ergreife ich das Wort, um zum eigentlichen Grund unseres Besuchs zu kommen. »Im Rahmen unserer Nachforschungen zum Mord an Paris Fokidis haben wir auch Personen befragt, die aus seinem Unternehmen entlassen wurden, und zwar unter dem Vorwand, die Hotels würden schließen. Ausnahmslos alle haben uns erzählt, dass Sie der

Einzige waren, der sich hinter sie stellte und sich gegen die Entlassung aussprach. Daher wollten wir mit Ihnen sprechen, da Sie uns vermutlich interessante Auskünfte geben können.«

Zunächst sortiert Doukaris seine Gedanken. »Fokidis war ein genialer Unternehmer«, beginnt er. »Er führte nicht nur seine Hotels ganz ausgezeichnet, sondern er verfügte auch über unternehmerische Weitsicht. Deshalb investierte er schon früh in die Ausbildung junger Führungskräfte. Das war das Ziel der Stipendien und des Heims für mittellose Studierende.«

Er pausiert, als müsse er sich erst wieder in die Vergangenheit zurückversetzen, und fährt fort: »Damals haben wir alle seiner Großzügigkeit applaudiert. Erst als er nach und nach die alten Angestellten hinauswarf und junge Leute aus dem Kreis der Stipendiaten und Studentenheimbewohner einstellte, haben wir seine Beweggründe verstanden. Den jungen Mitarbeitern zahlte er nicht mal die Hälfte. Er drückte die Kosten, und die jungen Leute küssten ihm vor Dankbarkeit die Hand. Die anderen Abteilungsleiter zuckten mit den Schultern und rechtfertigten sein Vorgehen: Wer zahlt, hat das Sagen. Ich hingegen konnte das nur schwer hinnehmen. Zum einen, weil er langjährige Mitarbeiter aus seinen Hotels jagte. Ich fand es haarsträubend, dass er Menschen feuerte, die so viele Jahre in seinen Unternehmen gedient hatten, und noch dazu, ohne ihnen eine anständige Abfindung zu zahlen. Zum anderen war ich überzeugt, dass die Qualität der Hoteldienstleistungen sinken würde, weil das neue Personal völlig unerfahren war.«

Er hält inne und blickt mich mit einem traurigen Lächeln

an. »Und soll ich Ihnen sagen, was der Clou des Ganzen war? Meine Befürchtungen haben sich nicht bewahrheitet. Fokidis' Hotels sind nach wie vor ausgebucht, und sein Unternehmen fährt noch größere Gewinne ein. Die Rechnung dafür haben die alten Mitarbeiter bezahlt, unter ihnen auch ich. Fokidis warf mir geschäftsschädigendes Verhalten vor und hat mich vor die Tür gesetzt. Das Schlimme war, dass meine Frau gleichzeitig ihren Laden schließen musste. So wurden wir beide arbeitslos.«

»Und sind es geblieben?«

»Zum Glück habe ich die volle Abfindung erhalten. Die Wohnung ist unser Eigentum, und meine Frau besitzt noch ihr Elternhaus auf Kefalonia. In den guten Zeiten haben wir dort Urlaub gemacht. Jetzt vermieten wir im Sommer einzelne Zimmer oder das ganze Haus an Touristen. Das ist unser einziges Einkommen.« Er stößt einen halb resignierten, halb erleichterten Seufzer aus. »Wir haben unser Leben an die neuen Umstände angepasst. Aber ich will mich nicht beschweren. Andere hat es viel schlimmer getroffen. Ich habe bloß kein Handy mehr und bin auch nicht mehr in den sozialen Medien unterwegs.«

»Wieso nicht?«, will Dermitsakis wissen.

»Was soll ich damit?«, fragt Doukaris zurück. »Den ganzen Tag lang auf meinem Handy rumwischen oder vor dem Computer sitzen und bei jedem Unsinn mitreden? Die wenigen Freunde, die mich nicht vergessen haben, kennen meine Festnetznummer. Außerdem bin ich fast den ganzen Tag zu Hause erreichbar.«

»Ich will Sie ganz offen etwas fragen«, sage ich zu Doukaris. »Halten Sie es für möglich, dass jemand von den gefeuerten Mitarbeitern Fokidis getötet hat, um sich für die Entlassung zu rächen? Oder dass er oder sie in die Ermordung involviert ist?«

Er denkt nach, bevor er mir antwortet. »Wäre die Tat mit einer Schusswaffe begangen worden, also einer Pistole oder einem Gewehr, würde ich mit Ja antworten. Es könnte einer von ihnen gewesen sein. Aber wie ich gelesen habe, haben die Mörder eine Autobombe gezündet. Sie wissen besser als ich, dass so ein Attentat ein gezieltes Vorgehen erfordert. Arbeitslose Menschen sind frustriert, sie haben nicht mal den Kopf dafür, den nächsten Tag zu planen, und noch viel weniger dafür, ein derartiges Bekennerschreiben aufzusetzen.«

»Sie haben in seinem Unternehmen gearbeitet. Wissen Sie, ob Fokidis Feinde hatte?«

Doukaris lacht auf. »Klar, und nicht nur seine Konkurrenten. Sie wollen wissen, ob er Feinde hatte, die ihm den Tod wünschten? Natürlich hatte er die, und nicht nur in Griechenland, sondern auch im Ausland.«

»Wer hätte ein Motiv, einen Hotelkettenbesitzer zu töten?«, wundert sich Dermitsakis.

»Jeder, der mit Geldwäsche zu tun hat«, erwidert ihm Doukaris wie aus der Pistole geschossen. »Wie alle Firmen heutzutage bieten auch Tourismusunternehmen Gelegenheit zur Geldwäsche. Fokidis besaß ja nicht nur die Hotels, sondern auch ein Reisebüro in London. Aber da ist noch ein anderer Aspekt, der in diesem Zusammenhang unterschätzt wird.«

»Und der wäre?«, frage ich.

»Die Stipendien und das Studentenheim! Keiner hakt bei

einer wohltätigen Organisation nach, dort ist man auf der sicheren Seite. Gut, Fokidis hat sie als Vorwand benutzt, um billige Arbeitskräfte auszubilden. Aber wer hat nachgehakt, ob sich hinter dieser offensichtlichen Erklärung noch etwas anderes verbirgt?«

Sieh mal einer an, das ist selbst Koulakos entgangen, sage ich mir. Ich werde ihn darauf ansetzen müssen.

Dann wende ich mich an Dermitsakis, ob ihm noch Fragen einfallen, aber er schüttelt den Kopf.

»Vielen Dank, Herr Doukaris. Ihre Schilderung war sehr hilfreich«, sage ich.

»Stimmt, die Sache mit dem Schwarzgeld hatten wir nicht auf dem Schirm«, meint Dermitsakis zu mir, als wir in den Streifenwagen steigen. »Durchaus denkbar, dass dort der Schlüssel zu dem ganzen Fall liegt.«

Richtig, aber ich habe trotzdem meine Zweifel.

Auf der Dienststelle rufe ich die übrigen Mitarbeiter herbei, um sie zu briefen und die Aussagen von Doukaris zu besprechen.

Ich überlasse Dermitsakis das Wort. Sie hören ihm aufmerksam zu, und als er fertig gesprochen hat, meint Dervisoglou zu mir: »Eine Frage hätte ich noch.«

»Ja?«

»Warum konzentrieren wir uns ausschließlich auf den Fokidis-Mord und lassen die anderen außen vor? Würde es uns nicht weiterhelfen, wenn wir auch den Kaplanis-Mord und den jüngsten Dreifachmord untersuchen?«

»Können wir uns darauf einigen, dass es immer dieselben Täter sind? Sie berufen sich ja nach jedem Mord auf dasselbe Motiv«, lautet meine Gegenfrage.

»Ja.«

»War Fokidis, soweit wir wissen, nicht das erste Opfer?«

»Doch.«

»Also, wenn wir den Fokidis-Mord entschlüsseln können, bringt uns das höchstwahrscheinlich auch bei den übrigen Taten weiter. Das Verbrechen an Fokidis eröffnet uns die meisten Ermittlungsansätze. Deshalb konzentriere ich mich darauf. Vielleicht finden wir hier irgendeinen Hinweis, der uns ein Türchen zu den anderen Taten eröffnet.« Dann sage ich zu Dermitsakis: »Genau deswegen habe ich einen Vorbehalt gegen die Schwarzgeldtheorie. Nicht weil ich es für unwahrscheinlich halte, dass Fokidis Geld gewaschen hat. Aber es passt überhaupt nicht zu den anderen Morden.«

Hiermit endet die Diskussion. Meine Mitarbeiter kehren in ihr Büro zurück, und ich mache mich auf den Weg zu unserem Enkel.

38

Auf mich wirkt er putzmunter und scheint kein Wehwehchen zu haben. Als ich mich über sein Bett beuge, heult er los.

»Er will, dass du ihn aufnimmst«, meint Katerina.

Ich hebe ihn aus dem Bettchen heraus und nehme ihn auf den Arm, obwohl ich sicher bin, dass er sich nicht beruhigen wird. Doch er hört tatsächlich auf zu weinen und blickt mich aus großen Augen an.

»Sieh mal einer an, was für eine Liebesszene mit dem Opa!«, sagt Mania überrascht.

»Tja, zwar bin ich es, die sich hier den ganzen Tag um ihn kümmert, aber sobald er seinen Opa sieht, schmilzt er dahin«, kommentiert Adriani.

Zu behaupten, dass mich seine Aufmerksamkeit kaltlässt, wäre gelogen. Es ist nicht nur der Stolz des Großvaters, der Kleine übt auch einen positiven Einfluss auf mich aus. Es ist, als wären all meine Sorgen und Nöte in seiner Gegenwart wie weggeblasen. Auch der Besuch des EUROPOL-Kollegen tritt in den Hintergrund, obwohl mir klar ist, dass die Atempause nur kurz sein wird. Ich weiß genau: Kaum liege ich im Bett, werden die Gedanken zum morgigen Treffen über mich herfallen, und an Schlaf wird nicht zu denken sein.

»Gib ihn mir, bevor er zu weinen beginnt«, meint Katerina und nimmt ihn mir vom Arm. »Nicht, weil er genug von dir hat, sondern weil Essenszeit für ihn ist.«

Wir lassen sie mit ihrem Sohn allein und ziehen ins Wohnzimmer weiter. Bis auf Uli und Sissis ist die ganze Verwandtschaft versammelt. Uli muss ein Computerprogramm fertigschreiben, das er morgen abliefern soll, und Sissis hat im Obdachlosenheim ein paar kleine Reparaturarbeiten zu erledigen und kommt später nach.

»Morgen kommen meine Eltern«, kündigt mir Fanis an. »Sie wollen ihren Enkel besuchen.«

»Seit wann weißt du das?«, fragt Adriani.

»Sie haben mir heute Nachmittag Bescheid gesagt.«

»Schön, dann wohnen sie bei uns.«

Bei dem Stress, unter dem ich derzeit stehe, kommt mir das äußerst ungelegen. Zum Glück springt Fanis mir bei. Er weist Adrianis Angebot kategorisch von sich. »Ausgeschlossen!«

»Warum? Sie haben doch immer bei uns gewohnt!«

»Ja, aber jetzt mit Lambros haben sich die Voraussetzungen geändert. Du kannst nicht den ganzen Tag hier verbringen und Katerina helfen und dann nach Hause hasten, um dich um meine Eltern zu kümmern.«

»Aber Melpo ist doch für Lambros zuständig«, ruft ihm Adriani in Erinnerung.

»Ja, trotzdem bist du fast den ganzen Tag hier. Und ich glaube nicht, dass sich das ändert, wenn meine Eltern bei euch wohnen«, antwortet Fanis bestimmt. »Außerdem kommen sie ja, um ihren Enkel zu sehen. Sie werden die ganze Zeit bei ihm sein wollen.«

»Und wo sollen sie übernachten?«, fragt Adriani.

»Wir haben ein Schlafsofa in Katerinas Büro gestellt, dort können sie übernachten.« Er zögert kurz, fährt dann aber fort. »Es gibt noch einen anderen Grund, warum sie lieber nicht bei euch wohnen sollten.«

»Und welchen?«, wundert sich Adriani.

»Sie werden euch den ganzen Tag lang mit Vorwürfen wegen des Namens in den Ohren liegen. Mein Vater hat immer noch nicht verwunden, dass wir unseren erstgeborenen Sohn nicht nach ihm benannt haben.«

»Und dich wird er damit nicht nerven?«, fragt ihn Mania.

»Nein, weil ich es ihm klipp und klar gesagt habe. Da wird er sich nicht trauen, weiter auf dem Thema herumzureiten.«

Ich halte den Mund, weil ich Prodromos' Fixierung auf den Namen ohnehin absurd und altmodisch finde. Adriani sagt auch nichts mehr dazu, anscheinend haben Fanis' Worte sie überzeugt.

Sissis trifft ein, und die Stimmung wird sofort gelöster. Fanis rät ihm, gleich in Lambros' Zimmer zu gehen, um den Kleinen noch vor dem Schlafengehen zu sehen. Adriani schließt sich ihm an. Unklar bleibt für mich, ob sie die Begegnung der beiden überwachen oder sich an dem Anblick erfreuen will. Als sie gemeinsam wieder aus dem Kinderzimmer treten, unterhalten sie sich leise.

Mania kommt zu mir herüber. »Wie kommen Sie mit dieser verwickelten Geschichte voran?«, fragt sie.

Da ich es nicht mag, nach Feierabend über berufliche Dinge zu reden, beschränke ich mich darauf, ihr von der Ankunft des ausländischen Polizeibeamten zu erzählen.

»Wenn er ein psychologisches Gutachten braucht, können Sie ihn zu mir schicken«, meint sie.

»Warum sollte er?«, wundere ich mich.

»Weil die Polizei im Ausland immer und überall ein psychologisches Gutachten einfordert«, erwidert sie. »Keine Ahnung, ob und wie sehr es ihnen weiterhilft, aber ohne Profiling läuft dort gar nichts.«

Ich muss lachen. »Na klar schicke ich ihn zu dir. Wenn nicht zum Profiling, dann wegen Uli.«

Sie blickt mich verdutzt an. »Uli? Was hat er damit zu tun?«

»Verstehst du nicht? Wenn er sieht, wie eng ich mit einem Deutschen befreundet bin, steigen meine Aktien.«

Jetzt muss Mania lachen, wird aber schnell wieder ernst. »Scherz beiseite«, meint sie. »Wenn es Unstimmigkeiten gibt, kann ein Wort von Uli bestimmt helfen.«

Katerina trifft mit Lambros bei uns ein. »Wir sind satt und wollten euch eine gute Nacht wünschen«, verkündet sie.

Wir stehen Schlange, um den Kleinen zu verabschieden. Ich bin neugierig, wie er jetzt auf mich reagiert, doch er sieht mich noch nicht einmal an.

»Okay, wir wollen es nicht übertreiben. Er wird nicht jedes Mal jubeln, wenn er dich sieht«, bemerkt Adriani dazu.

Als ich zum Sofa zurückkehre, nimmt Sissis neben mir Platz. »Anscheinend hat das Treffen mit Michalis etwas gebracht«, meint er.

»Er hat mir erzählt, wie Fokidis seine Angestellten auf die Straße gesetzt hat, und mir damit die Augen geöffnet.« Als ich ins Detail gehen will, fällt er mir ins Wort.

»Du brauchst mir nichts zu erklären. Ich kenne die ganze Geschichte und auch, wie Michalis im Obdachlosenheim gelandet ist.«

Adriani bedeutet mir, dass es Zeit ist, nach Hause zu fahren. Mania erhebt sich ebenfalls. Da Fanis' Eltern morgen kommen, sollten wir nicht unnötig lange bleiben.

Adriani schlägt Sissis vor, noch bei uns zu essen, aber er hat es eilig, ins Obdachlosenheim zurückzukehren.

»Wie wär's heute Abend mit Souflaki?«, frage ich Adriani, als wir in den Seat steigen.

Sie wirft mir einen schrägen Blick zu. »Seit wann musst du dich zu Hause mit Souflaki über Wasser halten?«, fragt sie.

Ich will ihr schon von vorgestern Abend erzählen, verkneife es mir jedoch, da ich keine Lust auf eine Gardinenpredigt habe.

Kaum sind wir zu Hause, verschwindet sie in der Küche. Ich nutze die Gelegenheit, um rasch den Fernseher anzumachen und zu sehen, ob irgendeine interessante Meldung vorliegt. Aber da sich die Nachrichten innen- und außenpolitischen Themen widmen, folge ich meiner Frau in die Küche, um ihr Gesellschaft zu leisten.

Sie steht über den Kochtopf gebeugt da und rührt darin. »Was machst du da?«, frage ich.

»Ich hatte noch Spinat in der Tiefkühltruhe. Da habe ich mir gedacht, ich könnte Spinatrisotto machen. Nichts Besonderes, aber besser als Souflaki.«

Darüber könnte man streiten, liegt mir schon auf der Zunge, aber ich schlucke den Kommentar hinunter. Da sie meinen stummen Widerspruch offenbar trotzdem kapiert, meint sie spöttisch zu mir: »Jedem Tierchen sein Pläsierchen!«

Als wir beim Essen sitzen, wundere ich mich wieder mal darüber, wie sie in kürzester Zeit ein derart köstliches Essen zaubern kann.

»Ich habe mit Sissis gesprochen«, erzählt sie kauend. »Ich habe ihn gebeten, Melpo morgen erst zu uns zu schicken, bevor sie zu Lambros geht.«

»Warum?«, will ich wissen.

»Damit ich sie vorbereiten kann. Ich weiß nicht, wie ihr Fanis' Eltern gegenübertreten, und Katerina sollte sich nicht mit ihnen anlegen. Wenn es Probleme gibt, ist es besser, Melpo erzählt mir davon, und ich rede dann mit Katerina.«

»Das ist eine gute Lösung.«

»Wenn es schwierig wird, geben wir Melpo Urlaub, bis Fanis' Eltern abreisen, und ich vertrete sie.«

Als ich ihr beim Abräumen des Tisches helfen will, winkt sie ab und schickt mich ins Bett. Dieses Angebot schätze ich heute ganz besonders.

39

Ich schaue kurz bei der Mordkommission vorbei, um meinen Mitarbeitern zu sagen, dass ich ab heute in Gikas' Büro zu finden bin. Die Zusammenarbeit mit dem auswärtigen Kollegen erfordert eine Kommunikation auf Augenhöhe.

»Jawohl, Herr Vizekriminaldirektor!«, salutiert Koula.

»Wenn Sie in ein Polizeirevier abkommandiert werden wollen, liebe Koula, können Sie mir das auch direkt sagen.«

Ich höre sie noch lachen, als ich beim Fahrstuhl angekommen bin.

Oben in der fünften Etage grüße ich Stella. Anders als Koula schenkt sie mir ein Lächeln. »Schön, dass Sie jetzt mein Vorgesetzter sind.«

Ich betrete das Büro, bleibe aber nach dem ersten Schritt stehen und blicke mich um. Alles wirkt fremd und abstoßend. Bis jetzt habe ich dieses Büro immer nur als Untergebener betreten, aber diese Perspektive unterscheidet sich grundsätzlich von der eines Vorgesetzten, der hier permanent residiert.

Der Raum wirkt kalt und riesig, ebenso wie der Schreibtisch, an dem ich sitzen werde. Noch dazu ist er so leer wie ein unbebautes Stück Brachland, das nicht mal von einem einzigen, einsamen Auto als Parkplatz genutzt wird.

Ich rufe Koula an und ersuche sie, mir alle Akten zum Dreifachmord zu bringen. Einerseits, damit mein Besucher nicht glaubt, ich sei ein Bürohengst, der in einem leeren Arbeitszimmer sitzt und nur herumbefiehlt. Anderseits, weil mir die Unterlagen für den Rapport an den EUROPOL-Beamten nützlich sein können.

Nachdem mir Koula die Unterlagen gebracht hat, breite ich sie auf dem Schreibtisch aus. Nicht um den ausländischen Kollegen zu beeindrucken, sondern um die nackte Oberfläche zu bedecken.

Mir ist selbst nicht klar, ob mein Aktivismus nur dazu dient, mich an den Raum zu gewöhnen, oder ob ich damit die Anspannung bekämpfe, die der bevorstehende Besuch in mir auslöst. Angesichts des in Betrieb genommenen Schreibtisches steigt jedenfalls meine Stimmung.

Danach gibt es nichts weiter zu tun, und so sitze ich einfach nur da. Zum Glück dauert es nicht lange, bis ich aus dem Büro des Polizeipräsidenten erfahre, dass der Kollege schon unterwegs ist.

Spontan verspüre ich den Impuls, meine Mitarbeiter anzurufen, aber ich halte mich zurück. Es ist besser, wenn ich mich schon jetzt an das Protokoll gewöhne.

Ich rufe Stella zu mir und ersuche sie, die Abteilungsleiter und meine Mitarbeiter in der Mordkommission zu benachrichtigen. Sie sollen sich bereithalten, falls ich sie zum Gespräch mit dem EUOPOL-Beamten hinzuziehen muss.

Eine weitere halbe Stunde vergeht, bis Stella mir das Eintreffen des Kollegen mit seinem Dolmetscher ankündigt.

Ich erhebe mich, um den hochgewachsenen, drahtigen Mittvierziger zu begrüßen. Er stellt sich mir als Kurt Rottmann vor. Der Dolmetscher in seiner Begleitung ist ein junger Grieche.

»Do you speak English?«, fragt mich Rottmann nach der allgemeinen Vorstellung, und auf mein Nicken hin sagt er zufrieden: *»Fine, then we will talk in English.«* Das ist auch für mich in Ordnung.

»Einverstanden, das ist einfacher«, antworte ich ihm auf Englisch. »Aber die Fakten würde ich Ihnen lieber auf Griechisch darstellen, damit sich dabei kein Fehler einschleicht.«

Als er zustimmend nickt, lege ich los. »Am besten beschreibe ich Ihnen den ganzen Fall von Anfang an bis hin zu den Punkten, die Sie speziell interessieren«, schicke ich voraus.

Ich beginne mit der Ermordung von Fokidis und Kaplanis, um erst dann das letzte Verbrechen anzusprechen. Dabei beschreibe ich detailliert den gesamten Ablauf der Vernehmungen bis hin zur Befragung der Entlassenen, unter anderem auch von Doukaris.

Als ich fertig bin, lege ich ihm das Dossier mit den Bekennerschreiben vor und lasse sie ihm vom Dolmetscher übersetzen. Dann ergänze ich die Übersetzung mit der Darstellung der unterschiedlichen Wege, auf denen die Bekennerbriefe zu den Medien gelangten.

»Haben Sie eine Erklärung dafür, warum man für den Dreifachmord keine Autobombe eingesetzt hat?«, will er auf Englisch wissen.

»Alle drei sollten auf einen Schlag ums Leben kommen. Es waren zwei Wagen in Gebrauch, daher konnten sie nicht im Voraus wissen, mit welchem Auto die Opfer unterwegs sein würden. Ich glaube, dass sie von Anfang an planten, einen Unfall zu provozieren. Deshalb haben sie den Transporter gestohlen.«

Zum Abschluss stelle ich ihm die entscheidende Frage. »Was ist Ihr Eindruck?«

Er überlegt, bevor er mir antwortet. »Die Täter sind intelligent«, erwidert er schließlich. »Das zeigt sich an den Bekennerschreiben und an dem Spiel, das sie mit der Polizei treiben. Aber ihre Intelligenz spiegelt sich vor allem in ihren Argumenten wider.«

»Wie meinen Sie das?«

»Ihre Argumente haben einen wahren Kern, will ich sagen«, antwortet er. »Es stimmt, dass viele Unternehmer ihren Firmensitz in Steuerparadiese verlegen und sich um die Abgaben drücken. Es stimmt, dass es heutzutage eine Diskrepanz zwischen der hervorragenden Ausbildung der jungen Leute und ihrer niedrigen Entlohnung gibt. Es stimmt, dass viele Unternehmer altgediente Mitarbeiter mit hohen Gehältern entlassen, um junge Leute einzustellen, die sie viel billiger haben können. Es stimmt auch, dass diese jungen Leute überall als Vollbeschäftigte gelten, obwohl ihre Löhne kaum für Miete und Unterhalt reichen. Und es stimmt ebenfalls, dass die verbesserten Wirtschaftsindikatoren nur den Reichen in die Hände spielen. Die Übrigen haben nichts davon.«

Seine Erläuterung, aber auch seine Aufrichtigkeit haben mir die Sprache verschlagen. Er blickt mich an und lächelt.

»Ich weiß nicht, wie es Ihnen hier in Athen ergeht, aber die europäischen Großstädte verwandeln sich in Reichengettos«, meint er. »Eine Familie von Angestellten kann dort unmöglich eine Wohnung kaufen, ja nicht einmal mieten. Sie müssen an den Stadtrand ziehen. Die Metropolen stehen nur noch den Reichen offen.«

Als er verstummt, blicken wir uns an. Der Blick des Dolmetschers springt zwischen mir und Rottmann hin und her. Offensichtlich kann er genug Englisch, um dem Gespräch zu folgen.

»Trotzdem sind Sie verpflichtet, sie festzunehmen«, sagt der Deutsche zu mir. »Mörder werden der Justiz übergeben, auch wenn sie im Recht sind. Können Sie mir erklären, wie Ihre Ermittlungen nun weitergehen?«

»Derzeit legen wir das Hauptaugenmerk auf die entlassenen Angestellten«, erläutere ich ihm. »Wir glauben, dass die Verzweiflung einige von ihnen zum Mord an Fokidis getrieben haben könnte. Und wie so oft führte die erste Tat zur zweiten und dann zur dritten.«

»Ich stimme Ihrer Analyse zu«, meint Rottmann. »Außerdem besteht auch eine Verbindung zum Folgemord. Die Täter haben Kaplanis getötet, weil er in den offiziellen Statistiken Personen als Beschäftigte registrierte, die sie selbst als Arbeitslose betrachten, weil sie von ihrem Lohn nicht leben können.«

Langsam wächst meine Zuversicht, dass ich mit Rottmann gut auskommen werde. Er ist bereits in meiner Wertschätzung gestiegen.

»Ich würde, wenn möglich, gern den Tatort sehen, wo sich der Dreifachmord zugetragen hat«, sagt er.

»Natürlich, ich begleite Sie.«

Ich bitte Stella, uns einen Streifenwagen zu beschaffen, und beordere Dermitsakis dazu, da er die Ermittlungen am

Tatort geleitet hat. Ergänzt wird unser Team durch Dimitriou, der dem EUROPOL-Beamten die Fahrtmanöver des Transporters erläutern soll.

Ich schlage Rottmann vor, auf dem Beifahrersitz Platz zu nehmen, damit er die Aussicht genießen kann. Dermitsakis, der Dolmetscher und ich nehmen mit den Rücksitzen vorlieb.

Als wir auf die Küstenstraße gelangen, stößt Rottmann einen Ruf der Bewunderung aus. »Was für eine herrliche Aussicht! Sollte ich jemals nach Athen ziehen, würde ich hier leben wollen.«

»Wenn Sie hier wohnen und Ihr Büro im Präsidium liegt, brauchen Sie für die tägliche Fahrt zur Arbeit bis zu drei Stunden«, lautet Dermitsakis' ernüchternder Kommentar.

»Haben Sie hier so viel Verkehr?«, wundert sich der Deutsche.

»Ja, weil diese Gegend sehr dicht besiedelt ist«, erkläre ich.

Als wir den Tatort erreichen, steigen wir aus. Ich erläutere ihm, wo genau der Transporter stand und an welchem Punkt der Hyundai ins Meer stürzte. Rottmann tritt an den Straßenrand und wirft einen Blick auf die Felsen und zum Meer hinunter.

In der Zwischenzeit ist Dimitriou eingetroffen. Ich stelle sie einander vor und bitte ihn, Rottmann die Fahrtroute von Transporter und Hyundai in allen Einzelheiten zu beschreiben. Der Dolmetscher schwitzt, da jetzt alle Griechisch reden.

Dimitriou zeigt Rottmann, wie der Lieferwagen den

Tunneleingang versperrt hat und wo die Spurensicherung den Bremsweg des Hyundai und die Absturzstelle ins Meer festgestellt hat.

»Jetzt verstehe ich, wie es ablief«, meint Rottmann, als sie zurückkehren. »Sie haben auf das Zeichen gewartet, dass der Wagen losgefahren ist, und ihm dann an diesem Punkt den Weg versperrt. Wegen des Transporters auf der Fahrbahn musste der Fahrer entweder auffahren oder das Steuer herumreißen und auf die Felsen prallen.«

»Er fuhr mit hoher Geschwindigkeit, da die Straße zu dieser Uhrzeit leer war«, erklärt Dermitsakis und fügt hinzu: »Es gibt noch eine weitere wichtige Angabe im Obduktionsbericht, der uns heute Morgen zugegangen ist. Die toxikologische Untersuchung zeigt, dass der Fahrer eine erhöhte Alkoholkonzentration im Blut hatte.«

Dieses Detail ergänzt das Gesamtbild. »Wollen Sie auch das Restaurant sehen, in dem sie essen waren?«, frage ich den Deutschen.

»Falls das möglich ist.«

Ich schicke ihn zusammen mit Dermitsakis und dem Dolmetscher im Streifenwagen hin.

»Wieso ist der eigentlich mit dabei?«, fragt mich Dimitriou.

»Er ist von der EUROPOL«, erwidere ich. »Wenn zwei Ausländer ermordet werden, die in offizieller Mission in Griechenland waren, bleibt das nicht ohne Folgen.«

Rottmann zeigt sich bei seiner Rückkehr zufrieden. »Ich konnte mir ein umfassendes Bild von den Taten machen«, meint er.

»Das freut mich, aber ich glaube, ein Treffen mit den

Abteilungsleitern von der Wirtschafts- und der Internetkriminalität wäre ebenfalls hilfreich«, sage ich.

Ich bin zwar sicher, dass Koulakos und Vellidis ihm auch nicht mehr sagen können, aber mir ist lieber, er hat mit allen gesprochen, damit nicht morgen der Verdacht aufkommt, wir hätten Informationen zurückgehalten, und ich unter Rechtfertigungsdruck gerate.

Rottmann stimmt lebhaft zu, und wir schlagen den Rückweg ein.

Zurück im Büro, ersuche ich Stella, Koulakos und Vellidis zu rufen. Anscheinend waren die beiden schon auf dem Sprung, denn sie sind gleich vor Ort.

Nach der Vorstellungsrunde ergreift Vellidis als Erster das Wort. Er erläutert Rottmann, dass die Mörder für ihre Botschaften weder das Internet noch die sozialen Medien nutzen, sondern simple, antiquierte Methoden. Das macht die Ermittlungen komplizierter, und man kann ihnen weniger leicht auf die Schliche kommen.

Dann ist Koulakos an der Reihe. Er erklärt Rottmann, auf welchem Weg wir festgestellt haben, dass die Fokidis-Gruppe ihren Firmensitz auf den Kaimaninseln hat. Er hat auch eine Kopie der Presseerklärung mitgebracht, in der die Opfer des Dreifachmordes den Anstieg von Bruttoinlandsprodukt und Staatseinnahmen verlautbarten.

Rottmann hört beiden aufmerksam zu, ohne sie auch nur ein einziges Mal zu unterbrechen. Als Koulakos fertig ist, meint er zu mir: »Ich möchte Ihnen für das exzellente Briefing danken, Herr Kommissar. Sie haben mir ein vielseitiges Bild vermittelt, was mir die weitere Verfolgung Ihrer Ermittlungsarbeit wesentlich erleichtern wird.«

Er erhebt sich und verabschiedet sich von allen mit Handschlag. Danach nickt er dem Dolmetscher zu, und sie verlassen gemeinsam das Büro.

Kurz geht mir der Gedanke durch den Kopf, Rottmann mit Uli in Kontakt zu bringen. Aber Fanis' Eltern sind eingetroffen, und ich darf nicht versäumen, sie zu begrüßen.

»Von seiner Miene beim Abschied her zu schließen, war er zufrieden«, bemerkt Koulakos und meint dann lachend zu mir: »Wenn du Lob aus den höheren Etagen bekommst, vergiss nicht, uns zu erwähnen.«

Die Besprechung endet in bester Stimmung. Ich glaube, dass ich genug für heute geleistet habe, und mache mich auf den Weg zu Katerina, um Fanis' Eltern willkommen zu heißen.

40

Sevasti empfing mich gestern Abend mit Lambros im Arm. Sein Köpfchen ruhte an ihrer Schulter, während sie ihm den Rücken streichelte. Voller Stolz betrachtete Prodromos seinen Enkel und murmelte vor sich hin: »Ein ganzer Kerl … ein ganzer Kerl.«

Die Familie war vollzählig anwesend. Adriani war schon früher gekommen, um Fanis' Eltern zu begrüßen.

»Er ist einfach ein Schatz!«, meinte Sevasti begeistert.

Alle waren in freudig-festlicher Stimmung und bestens gelaunt. Irgendwann kam mir der Gedanke, dass meine Tochter und mein Schwiegersohn bestimmt eine kleine Atempause brauchten. Deshalb schlug ich Fanis' Eltern vor, auswärts essen zu gehen. Adriani warf mir einen anerkennenden Blick zu, während Prodromos und Sevasti gerne auf den Vorschlag eingingen.

Anfangs dachte ich an Inothiras in Kessariani, aber dann fiel mir ein, dass in Volos alle Tage Fisch und Meeresfrüchte auf den Tisch kommen. Fanis schlug dann die Taverne Karavitis vor, was mich aus meinem Dilemma erlöste.

Das Essen sagte unseren Gästen zu, der Abend war gelöst, und natürlich dominierte unser Enkelkind das Gespräch. Doch anscheinend hatte Prodromos es sich in den Kopf gesetzt, uns die Stimmung zu verderben.

»Wie man es auch dreht und wendet, Kostas, ich verstehe wirklich nicht, weshalb sie meinem Enkel einen Namen geben, der überhaupt keinen Bezug zur Familie hat.«

Fast wäre ich ausgeflippt, aber im letzten Moment hielt ich mich zurück. »Es liegt doch bei den Eltern, wie sie ihr Kind nennen wollen. Wir haben da nicht mitzureden«, erwiderte ich gefasst.

»Siehst du!«, brach es aus Sevasti heraus. »Ich kann's schon nicht mehr hören! Kostas hat recht: Über den Namen entscheiden die Eltern. Sie sind ja noch jung und bekommen bestimmt noch ein Kind, du musst nur Geduld haben! Ganz abgesehen davon, dass ich bei einem Mädchen gar nicht will, dass sie es Sevasti nennen. Alle würden sich darüber lustig machen. Das sind Namen aus der Zeit unserer Eltern, die klingen heutzutage altmodisch. Adriani wäre da tausendmal besser, das ist ein viel schönerer Name.«

»Vielen Dank, Sevasti, das schmeichelt mir«, meinte Adriani.

Wir mussten lachen, und die Situation entspannte sich wieder.

Wir begleiteten die beiden zur Wohnung unserer Tochter zurück und machten uns auf den Heimweg. Im Auto fragte ich Adriani: »Hast du eine Ahnung, weshalb sich Prodromos so sehr auf den Namen kapriziert?«

»Mein lieber Kostas, wir leben in Athen. In der Provinz hält man jedoch noch die alten Bräuche hoch – so wie die Altkalendarische Kirche den Julianischen Kalender.«

Jetzt ist es acht Uhr morgens. Als ich mit Adriani gerade einen Mokka trinken will, trifft Melpo ein, die meiner Frau Bericht erstatten und sich Tipps für ihr Verhalten holen möchte. Ich habe nichts dagegen, dass sich Melpo mit an den Kaffeetisch setzt, da wir alle sie ins Herz geschlossen haben.

Aber ich komme nicht einmal zum ersten Schluck, denn mein Handy schlägt Alarm.

»Wir haben einen Anruf von der Notrufzentrale erhalten, Herr Kommissar«, höre ich Dermitsakis' Stimme. »Auf einem Parkplatz am Amfitheas-Boulevard ist eine Bombe hochgegangen. Der Parkwächter ist dabei ums Leben gekommen, und es ist eine Frau vor Ort, die sich nicht beruhigen lässt und behauptet, dass man eigentlich sie umbringen wollte.«

»Auf Griechisch oder in einer anderen Sprache?«, frage ich.

»Auf Griechisch.«

Zumindest haben wir nicht noch ein Opfer aus dem Ausland. Mittlerweile ist uns sogar das schon ein Trost.

»Gib der Spurensicherung und der Gerichtsmedizin Bescheid und macht euch mit dem vollzähligen Team auf den Weg, wir treffen uns vor Ort.«

Dermitsakis beschreibt mir die Lage des Parkplatzes, und ich rufe Stella an, damit sie das Sekretariat des Vizepolizeipräsidenten informiert. Ich habe weder die Zeit noch die Geduld, auf einen Streifenwagen zu warten, und presche mit dem Seat los.

Aber meine Ungeduld kommt mich teuer zu stehen. Mit dem Streifenwagen wäre ich wesentlich schneller vorangekommen. Der Stau geht schon am Syntagma-Platz los und zieht sich den ganzen Amalias- und Syngrou-Boulevard entlang bis hin zur Abzweigung nach Amfithea.

Der Parkplatz, der nicht mehr in Amfithea, sondern in Paleo Faliro in der Nähe eines Kinos liegt, ist mit rotem Band abgesperrt. Ein paar Leute lassen lautstark ihrem Unmut freien Lauf, da sie mit ihren Wagen wegfahren wollen, und die Polizeibeamten geben sich alle Mühe, ihnen die Situation zu erklären.

Der Transporter der Spurensicherung und der Krankenwagen der Gerichtsmedizin sind schon vor mir da.

Als ein vierzigjähriger Autobesitzer merkt, dass meine Mitarbeiter auf mich zusteuern, schlussfolgert er, dass ich ihr Vorgesetzter sein muss. Er beeilt sich, von mir höchstpersönlich Rechenschaft einzufordern.

»Sind Sie hier der Chef?«, will er von mir wissen.

»Bei der Polizei gibt es keine Chefs«, antworte ich.

»Schon gut, das spielt jetzt keine Rolle. Haben Sie hier das Sagen?«

»Ja.«

»Dann geben Sie Ihren Leuten Bescheid, dass wir unsere Autos wegfahren dürfen.«

»Die Wagen können abgeholt werden, wenn die Ermittlungen abgeschlossen sind.«

»Mein Auto steht am anderen Ende des Parkplatzes und hat mit Ihren Ermittlungen nichts zu schaffen. Wir haben alle heute noch was vor!«

»Dann fahren Sie eben einmal mit dem Bus oder nehmen ein Taxi, Sie werden es überleben«, halte ich dagegen und wende ihm den Rücken zu.

Zunächst gehe ich zu dem Punkt, wo der vollkommen zerstörte Wagen steht. Wie in den vorherigen Fällen ist vom Fahrer nur noch eine unförmige Masse übrig. Die in der Nähe geparkten Autos sind stark in Mitleidenschaft gezogen.

»Sie sind ganz genauso vorgegangen wie bei Fokidis und Kaplanis«, erläutert mir Dimitriou, der neben mich getreten ist.

»Nur dass sie das falsche Opfer erwischt haben«, fügt Dermitsakis hinzu.

»Wir müssen herausfinden, warum ihnen dieser Fehler unterlaufen ist«, gebe ich den beiden zu bedenken. »Wo befindet sich die Frau, die behauptet, man hätte sie damit treffen wollen?«

»Die Revierbeamten haben sie nach Hause gefahren.«

»Na super! Ein Wunder, dass sie sie nicht ins Krankenhaus gebracht haben!«, rufe ich empört aus. »Man soll sie sofort wieder herholen, und schick auch Koula zu mir.«

In der Zwischenzeit kommt Stravropoulos auf mich zu. »Was ich Ihnen dazu sagen kann, bin ich schon bei den vorigen Morden losgeworden. Nämlich: gar nichts«, meint er.

»Verstehe, die Tatzeit wissen wir ja ohnehin.«

»Kann ich mich mit dem Opfer auf den Weg machen?«

»Ein wenig Geduld noch, man hat dummerweise die Halterin des Wagens nach Hause geschickt. Sie muss erst wieder hergebracht werden, damit ich sie befragen kann.«

Das passt ihm nicht, aber er kann nichts dagegen einwenden. Kaum hat er sich entfernt, trifft Koula bei mir ein.

»In Kürze vernehme ich die Wagenhalterin, die nur

knapp dem Tod entronnen ist. Da hätte ich Sie gern mit dabei.«

»Verstehe, als seelischen Beistand«, erwidert sie.

Der Streifenwagen mit dem eigentlich angepeilten Opfer ist noch nicht eingetroffen. Ich nutze die Zeit, um den Vizepolizeipräsidenten anzurufen. Er reagiert genauso wie ich.

»Zum Glück haben wir kein ausländisches Opfer. Sonst hätten wir Probleme auf internationaler Ebene bekommen.«

»Nein, der Anschlag verlief nach demselben Schema wie die Attentate auf Fokidis und Kaplanis. Nur haben sie diesmal danebengetroffen. Den Grund erzähle ich Ihnen, sobald ich die Frau vernommen habe, die mit dem Leben davongekommen ist.«

Ich sehe, wie sich der Streifenwagen nähert und etwas abseits des Parkplatzes anhält. Dervisoglou steigt aus und eilt auf mich zu.

»Wir haben sie«, verkündet er.

»Findet die Geschäftszeiten und alles Weitere über den Parkplatz heraus«, sage ich. »Auch, ob es außer dem Opfer noch einen anderen Parkwächter gab.«

»Kommen Sie«, sage ich zu Koula.

Die Frau auf dem Rücksitz muss knapp vor dem Rentenalter stehen. An ihrer Kleidung kann man ablesen, dass sie auf dem Weg zur Arbeit war. Sie ist immer noch aufgewühlt.

»Ich kann es einfach nicht glauben«, wispert sie, als ich neben ihr Platz nehme. »Unfassbar!« Gleich darauf verfällt sie in Hysterie. »Mich wollten sie umbringen!«, schreit sie. »Mich! Warum wollten sie mich töten? Wem habe ich etwas getan?«

»Beruhigen Sie sich«, meint Koula, die auf dem Beifahrersitz Platz genommen hat. »Der Herr Kommissar stellt Ihnen ein paar Fragen, und dann können Sie gleich nach Hause zurück. Doch Sie müssen ruhig Blut bewahren, denn Ihre Aussage hilft uns, die Täter zu finden.«

Die Frau atmet hörbar aus und versucht, zur Ruhe zu kommen.

»Wie heißen Sie?«, frage ich.

»Chariklia Lambraki.«

»Wo arbeiten Sie?«

»In der Bank von Griechenland. In einem Jahr gehe ich in Rente.«

»Erzählen Sie, was heute Morgen passiert ist.«

»Ich wohne in der Orfeos-Straße, ein kleines Stück von diesem Parkplatz entfernt. Wie jeden Morgen bin ich hergekommen, um mein Auto zu holen und ins Büro zu fahren. Da ist mir aufgefallen, dass es von anderen Wagen zugeparkt war und ich unmöglich damit wegfahren konnte. Ich bin also zu Christos, dem Parkwächter, gegangen und habe mich bei ihm beschwert, dass er die anderen dort parken ließ, obwohl er weiß, dass ich jeden Morgen um acht mein Auto hole. Er meinte, ich sollte mich beruhigen, er würde es für mich ausparken. Zuerst fuhr er ein paar andere Wagen weg, dann setzte er sich in mein Auto. Sobald er den Motor anließ, kam es zur Explosion.«

Sie hält inne und bricht in Tränen aus. »Ein Glück, dass ich am Ausgang gewartet habe. So ist mir nichts passiert. Aber der arme Christos musste dran glauben.« Sie pausiert kurz und wiederholt dieselbe Frage. »Warum wollten sie mich töten? Was habe ich verbrochen? Mein ganzes Leben lang habe ich keiner Fliege etwas zuleide getan!«

Was soll ich sagen? Ich möchte nicht lange reden, deshalb frage ich sie: »Stellen Sie Ihren Wagen immer auf dem bewachten Parkplatz ab?«

»Ja, weil ich in meiner Wohnstraße nie sicher sein kann, einen Parkplatz zu finden. Daher bezahle ich lieber pro Monat den Stellplatz und muss mir keine Gedanken machen.«

»Vielen Dank, wir benötigen Sie nicht länger.« Zu Koula sage ich, bevor ich aus dem Streifenwagen steige: »Begleiten Sie Frau Lambraki nach Hause.«

Der Tatplan war genau derselbe wie bei Fokidis und Kaplanis. Der Lapsus ist ihnen unterlaufen, da sie bei der Lambraki nicht mit einem zugeparkten Wagen rechneten, der vom Parkwächter ausgeparkt werden musste.

Dervisoglou kommt auf mich zu. »Der Parkplatz ist von sechs Uhr morgens bis Mitternacht achtzehn Stunden lang geöffnet. Es gibt zwei Parkwächter, die abwechselnd Schicht haben. Heute hatte Christos die Frühschicht, nachmittags ist ein gewisser Lakis dran.«

»Finden Sie mir diesen Lakis und reden Sie so schnell wie möglich mit ihm«, sage ich.

Als ich den Vizepolizeipräsidenten unterrichten will, funkt mir Dermitsakis dazwischen. »Da ist ein Zeuge, der seinen Wagen regelmäßig hier abstellt. Er hat etwas beobachtet, das Sie sich anhören sollten.«

Wir gehen zu einem Peugeot außerhalb des Parkplatzes. Der Halter steht davor und wartet auf uns.

»Würden Sie dem Herrn Kommissar erzählen, was Sie gestern Abend gesehen haben?«, bittet ihn Dermitsakis.

»Ich wollte mein Auto kurz vor Schließung des Parkplatzes abstellen. Ich wohne ein bisschen weiter oben auf dem Acheon-Boulevard. Als ich zu Fuß nach Hause ging, habe ich einen Wagen mit drei Insassen gesehen, die zu dem bewachten Parkplatz hinübergeschaut haben. Das Auto wäre mir nicht weiter aufgefallen, wenn die Leute nicht dringesessen und so auffällig den Parkplatz beobachtet hätten. Normalerweise lässt man sein Auto um diese Uhrzeit dort, oder man fährt wieder weg. Das diskutiert man eigentlich nicht lange.«

»Können Sie sich vielleicht erinnern, was für ein Wagen es war?«, frage ich.

Er denkt kurz nach. »Ein Toyota, wenn ich mich nicht täusche.«

»Konnten Sie die Gesichter erkennen?«

»Nein, es war zu dunkel. Durch die Scheinwerfer der vorbeifahrenden Fahrzeuge konnte ich sehen, dass es zwei Männer und eine Frau waren. Die Frau saß am Steuer. Die beiden Männer saßen auf dem Beifahrersitz und dem Rücksitz.«

»Ich danke Ihnen. Hinterlassen Sie uns Ihre Adresse, damit wir ein offizielles Protokoll aufsetzen.«

Ich bitte Dermitsakis, seine Personalien aufzunehmen, und rufe den Vizepolizeipräsidenten an.

»Fast haargenau gleich wie die ersten beiden Morde«, sagt er und fügt hinzu: »Es tut mir leid, dass ich Sie von den Ermittlungen abhalte, Herr Kommissar, aber Sie müssen bei uns vorbeikommen. Unser Minister hat ein Treffen mit dem belgischen und dem italienischen Botschafter angesetzt. Der Kollege von EUROPOL wird auch dabei sein.«

Vorsorglich bereite ich ihn darauf vor, dass ich mich verspäten könnte, da ich am Tatort in Amfithea bin und ein Weilchen bis zum Messojion-Boulevard brauchen werde.

Wenn man mit dem falschen Fuß aufgestanden ist, kann aus dem Tag nichts werden.

41

Zum Glück habe ich eine geniale Eingebung: Ich lasse den Streifenwagen des örtlichen Polizeireviers wie einen Eisbrecher voranfahren, um uns unter Einsatz der Sirene den Weg zu bahnen. So gelange ich unerwartet rasch zum Messojion-Boulevard, wo ich den Fahrer des Streifenwagens von seiner Aufgabe entbinde und allein bis zum Ministerium weiterfahre.

Sofort steuere ich das Ministerbüro an, da sich die Gesprächsrunde gewiss dort versammelt. Meine Vermutung bestätigt sich, und die Sekretärin winkt mich sofort durch, da ich bereits erwartet werde.

Ich finde den Minister, die beiden Botschafter, meine Vorgesetzten und Rottmann vor, nur der Dolmetscher fehlt. Da alle Englisch sprechen, ist er überflüssig.

»Gibt es einen weiteren Mord?«, fragt mich der Minister.

»Ja, nur hat es diesmal die falsche Person getroffen«, entgegne ich ihm.

»Gut, darüber reden wir später. Konzentrieren wir uns erst auf die bisherige Ermittlungsarbeit, um die Herren Botschafter nicht allzu lange aufzuhalten. Besonders der Mord an den beiden ausländischen Besuchern soll hier im Fokus stehen.«

So liefere ich der Runde nur eine kurze Darstellung der

ersten beiden Bombenattentate und gehe dann zu einer ausführlichen Beschreibung des Dreifachmordes über. Detailliert erläutere ich ihnen das Vorgehen der Täter und gebe den Inhalt der Bekennerschreiben zusammenfassend wieder.

Sie hören mir aufmerksam zu, doch am Schluss danken sie nicht mir, sondern dem Minister. Danach wendet sich der belgische Botschafter an Rottmann.

»Was meinen Sie dazu, Herr Kommissar?«, fragt er ihn.

»Zunächst einmal möchte ich sagen, dass die griechische Polizei hervorragende Arbeit geleistet hat«, beginnt Rottmann. »Mir wurde die Sachlage so schlüssig und nachvollziehbar dargestellt, dass ich den Eindruck hatte, ich wäre bei jedem Ermittlungsschritt dabei gewesen. Doch ich muss gestehen, dass es mir schwerfällt, die Motive der Mörder nachzuvollziehen. Warum tötet man Menschen, die einem die gute Nachricht überbringen, dass sich Bruttoinlandsprodukt und Staatseinnahmen erhöht haben, während das Land in einer schweren Langzeitkrise steckt? Darüber sollte man sich doch freuen! Eigentlich heißt das doch nichts anderes, als dass Griechenland dabei ist, die Krise zu überwinden. Statt ihnen dankbar zu sein, bringt man sie um. Dasselbe gilt für die beiden ersten Morde. Warum bringt man einen führenden Mitarbeiter des Statistikamtes um, der einem die erfreuliche Nachricht überbringt, dass die Arbeitslosenzahlen gesunken sind und das Land die Krise überwunden hat? Und warum bringt man jemanden um, der jungen Leuten Jobs anbietet? Weil sein Firmensitz in einem Steuerparadies liegt? Kann schon sein, dass einem das nicht gefällt, aber es ist legal. Oder tötet man ihn, weil er Niedriglöhne zahlt? So eine Frage reguliert aber doch nicht das Statistikamt, sondern der Arbeitsmarkt.«

Er hält inne und blickt die Anwesenden an. Keiner sagt etwas. Nur die beiden Botschafter nicken verständnisvoll.

Mir hat es die Sprache verschlagen. Rottmann argumentiert genau umgekehrt, als er es bei unserer ersten Begegnung gemacht hat. Es liegt mir schon auf der Zunge, ihm seine Rede in Erinnerung zu rufen, aber ich reiße mich zusammen, da ich meine Vorgesetzten sonst in eine peinliche Lage bringe.

»Was halten Sie von Herrn Rottmanns Einschätzung?«, fragt mich der Polizeipräsident.

»Das Motiv der Täter interessiert uns nur insofern, als es zu ihrer Enttarnung führt«, antworte ich. »Ob sie recht oder unrecht haben, betrifft die Ermittlungen nicht. Da sie sechs Menschen auf dem Gewissen haben, müssen sie festgenommen und der Justiz übergeben werden.«

Bei diesen Worten blicke ich Rottmann eindringlich an, um ihn daran zu erinnern, dass wir darüber vor kurzem noch einer Meinung waren.

»Das haben Sie treffend ausgedrückt, Herr Kommissar«, lobt mich der belgische Botschafter und vermacht mir damit einen Trostpreis.

Die Botschafter danken dem Minister und reichen uns nacheinander die Hand. Die Mienen aller Beteiligten lassen darauf schließen, dass das Treffen zufriedenstellend verlaufen ist.

»In welchem Hotel wohnen Sie?«, frage ich Rottmann.

»Im Caravel.«

»Schön, ich bringe Sie hin.«

»Das ist eine gute Gelegenheit, mich von Ihnen zu verabschieden. Morgen reise ich ab«, sagt er mit einem Lächeln.

Ich gedulde mich, bis wir auf dem Messojion-Boulevard sind, bevor ich das Thema anspreche, das mir unter den Nägeln brennt. »Gestern in unserem Gespräch haben Sie ganz anders über die Mörder und ihre Motive gesprochen«, sage ich.

Er blickt mich vom Beifahrersitz aus an, lässt sich mit der Antwort jedoch Zeit. »Ich habe Ihnen genau das gesagt, wovon ich überzeugt bin«, entgegnet er schließlich.

»Und wieso haben Sie heute das Gegenteil behauptet?«

Diesmal zögert er nicht mit seiner Antwort. »Weil ich nicht auf der Verliererseite stehen möchte, Herr Kommissar. Ich bin fünfundvierzig und habe noch einige Karriereschritte vor mir. Wenn ich aufsteigen will, muss ich auf der Gewinnerseite stehen und das sagen, was man dort hören will. Sonst kann ich jede Beförderung vergessen.« Er blickt mich an. *»I don't want to be a loser, dear colleague«*, sagt er.

Seine Aussagen bringen mich auf die Palme, wecken aber auch meinen Stolz. Obwohl ich auf der Verliererseite stehe, habe ich es geschafft, befördert zu werden und – wenn auch auf den letzten Drücker – trotz allem Karriere zu machen.

Vor dem Caravel steige ich aus dem Seat, um mich ganz offiziell mit einem Händedruck von ihm zu verabschieden. Beide betonen wir, wie sehr wir uns freuen, uns kennengelernt zu haben, und gehen in aller Freundschaft auseinander.

Bei meiner Ankunft im Präsidium ist es schon Nachmittag, und ich gehe direkt in mein altes Büro. Es kann nicht angehen, dass meine Mitarbeiter bei der Ermittlungsarbeit ständig zwischen dritter und fünfter Etage hin- und herpendeln.

Ich rufe die ganze Truppe zusammen, um zu erfahren, wie die Recherchen gelaufen sind, seit ich wegmusste.

»Wir haben den zweiten Parkwächter ausfindig gemacht, und er hat uns etwas Interessantes berichtet«, macht Dermitsakis den Anfang.

»Was denn?«

»Am Vorabend des Attentats hat jemand bei ihm Auskünfte eingeholt.«

»Was für Auskünfte?«

»Zu den Öffnungszeiten und ob der Parkplatz an bestimmten Tagen früher schließt. Der junge Mann hat ihm bereitwillig alle Informationen gegeben, weil er ihn für einen potentiellen Kunden hielt.«

»Hat er sich sein Aussehen gemerkt? Konnte er ihn beschreiben?«

»Ja, es war ein Fünfzigjähriger, mittelgroß, mit braunem Haar und Schnauzbart.«

Der so beschriebene Typ kommt mir bekannt vor, aber ich kann nicht sagen, woher. »Der Parkwächter soll morgen zur Spurensicherung kommen, damit ein Phantombild nach seiner Beschreibung erstellt werden kann. Vielleicht ist uns der Mann schon bei den früheren Fällen über den Weg gelaufen.«

»Wir können ihn auch gleich holen«, schlägt Askalidis vor.

»Nein, es ist schon spät, und ich will die Sache nicht übers Knie brechen. Morgen ist auch noch ein Tag.« Dann sage ich zu Koula: »Haben Sie etwas über die Lambraki in Erfahrung gebracht?«

»Sie leitet die Bankenaufsicht in der Bank von Griechenland. Als ihr klar wurde, dass sie dasselbe Schicksal treffen sollte wie die anderen Opfer, war sie ganz aus dem Häuschen und fragte sich, warum man sie im Visier hatte.«

Vorläufig habe ich keine weiteren Fragen. Ich hoffe, dass mir noch welche einfallen, wenn ich das Phantombild des Typen sehe, der mit dem Parkwächter gesprochen hat. Jetzt steht mir nur noch ein Treffen mit Koulakos ins Haus.

Als ich fertig bin mit meiner Zusammenfassung der Ereignisse, blickt er mich fassungslos an. »Mir ist unbegreiflich, warum sie eine Abteilungsleiterin der Bank von Griechenland umbringen wollten!«

»Nun, wenn es dir schon unbegreiflich ist, wie soll ich es dann einordnen? Deshalb wäre mir lieb, wenn wir die Lambraki morgen zusammen befragen könnten. Vielleicht kriegst du dabei mehr heraus als ich.«

»Klar, gib mir Bescheid, dann stoße ich dazu.«

Ich beschließe, mein Tagwerk zu beenden. Mein Team ist auch schon nach Hause gegangen. Auch Stella entlasse ich in den Feierabend.

Ich starte den Seat mit dem innigen Wunsch, zu Hause nicht Fanis' Eltern vorzufinden, da ich keine Kraft mehr habe, Smalltalk von mir zu geben, wie man es Gästen gegenüber tut.

Fanis' Eltern treffe ich zwar nicht an, dafür aber Mania und Uli. Uli sitzt auf dem Sofa, während sich Mania mit meiner Frau unterhält. Aus ihren Mienen schließe ich, dass irgendetwas passiert ist.

»Was ist los?«, will ich wissen.

Adriani wendet sich an Mania. »Erzähl du«, meint sie zu ihr.

»Katerina ist von ihren Schwiegereltern genervt«, erläutert sie mir. »Sie haben Lambros' Tagesablauf völlig durcheinandergebracht. Die ganze Zeit tragen sie ihn umher und mischen sich überall ein. Katerina regt das ganz schön auf. Als sie ihnen erklärte, dass Lambros einen ganz anderen Rhythmus hat, meinten sie, sie hätten ja auch Kinder aufgezogen und verstünden etwas davon. Melpo hat jeden Widerspruch aufgegeben und versucht, Katerina zu beruhigen und ihr wenigstens das Kochen abzunehmen.«

»Weiß Fanis Bescheid?«, frage ich sie.

»Ja, und er ist ganz außer sich. Er würde seine Eltern am liebsten vor die Tür setzen.«

»Tja, er wollte ja nicht hören, als ich vorgeschlagen habe, dass seine Eltern bei uns wohnen sollen«, lautet Adrianis Kommentar.

»Es hat keinen Sinn, über etwas zu diskutieren, das sich nicht ändern lässt«, sage ich zu ihr. »Sie bleiben sowieso nur noch ein paar Tage, bevor sie nach Volos zurückfahren.«

»Ja, aber der Kleine ist völlig durcheinander, und Katerina muss ihn danach wieder an seinen alten Tagesablauf gewöhnen. Zum Glück hat sie Melpo!«

Es ist einer jener Tage, wo alle möglichen unangenehmen Dinge zusammenkommen. In der Hoffnung auf eine Atempause und einen Themenwechsel setze ich mich neben Uli.

»Ja, so läuft das in griechischen Familien«, bemerke ich.

»In deutschen Familien entscheiden die Eltern des Kindes. Die Großeltern sagen ihre Meinung nur, wenn sie gefragt werden. Aber in deutschen Familien findet man nicht die Zuneigung und gegenseitige Unterstützung der Griechen«, hält er mir entgegen.

Ich beginne ihm die Geschichte von Rottmann zu erzählen, um das Thema zu wechseln. Er hört mir zu und schüttelt den Kopf.

»Das ist der Grund, warum ich lieber selbständig sein wollte«, meint er. »Wäre ich in einer Firma angestellt, müsste ich mich so wie Rottmann verhalten.«

Manias Stimme dringt aus dem Wohnzimmer und unterbricht unser Gespräch. »Herr Kommissar, kommen Sie! Da ist etwas Interessantes in den Nachrichten.«

Ich stürze ins Wohnzimmer und sehe das vertraute Bild vor mir: Die Moderatorin diskutiert mit ihrem gewohnten Gesprächspartner.

»Wie ist das Bekennerschreiben zum Sender gelangt, Manos?«

»Genau wie schon mal, als ein Motorradfahrer heranraste und den Umschlag vor dem Security-Mitarbeiter auf den Boden fallen ließ.«

»Besser, die Zuschauer lesen zuerst das Bekennerschreiben, und wir kommentieren es hinterher«, meint die Moderatorin.

Das Bekennerschreiben flimmert über den Bildschirm.

Wir möchten unsere tiefe Betroffenheit über den Tod eines Unschuldigen zum Ausdruck bringen und seine Familie um Verzeihung bitten.

Wir wollten nicht den unglücklichen Parkwächter treffen, sondern Chariklia Lambraki.

Chariklia Lambraki leitet die Abteilung für Bankenaufsicht. Daher ist sie mitschuldig an der zügellosen Gier der Banken, die den Griechen Hypotheken, Darlehen und Kreditkarten hinterherwarfen, ohne dass die Bank von Griechenland eingeschritten wäre. Man hat sogar für Urlaubsreisen oder Brautkleider Kredite vergeben. Die Banken verdienten sich eine goldene Nase, während die Griechen das geliehene Geld immer mehr als einen Teil ihres Einkommens betrachteten. So begann das ganze Übel. Die Bankenaufsicht hat absolut nichts unternommen, um diese Praxis zu stoppen.

Aus unserem tragischen Missgriff ziehen wir zwei Lehren:

Erstens: Egal, was wir unternehmen, die Banken bleiben unantastbar und machen weiter wie bisher.

Zweitens: Es sind immer die unschuldigen Opfer, die in der Auseinandersetzung mit den Banken draufzahlen.

Noch einmal bitten wir die Familie des unglücklichen Parkwächters um Vergebung und erklären, dass wir unsere Aktionen einstellen. Es kann nicht sein, dass sie Unschuldigen das Leben kosten.

Das Heer der Nationalen Idioten

»Mach aus, die Kommentare können wir uns sparen«, sage ich zu Mania.

Adriani bekreuzigt sich. »Du musst sie ins Gefängnis

stecken, ich weiß«, sagt sie. »Aber ich ziehe den Hut vor ihnen.«

»Tust du mir einen Gefallen?«

»Ja, was denn?«

»Machst du uns was zu essen? Auf leeren Magen kann man das alles nur schwer verkraften«, sage ich zu ihr.

Schade, dass Rottmann jetzt nicht hier ist. Seine Meinung würde mich interessieren. Aber ich fürchte, wir würden mit zweierlei Maß messen.

42

Kaum bin ich im Büro eingetroffen, gilt meine erste Frage dem anderen Parkwächter.

»Wir haben ihn abgeholt, und Askalidis hat ihn zur Spurensicherung gebracht«, berichtet Dermitsakis.

Die Fertigstellung des Phantombildes wird eine Weile dauern. Ich überlege, was wir in der Zwischenzeit erledigen können, und entscheide mich für die Befragung der Lambraki. Ich beauftrage Koula, sie telefonisch ins Präsidium vorzuladen, damit ich sie gemeinsam mit Koulakos vernehmen kann.

»Sie ist schon wieder im Büro und ersucht uns, ihr einen Streifenwagen zu schicken«, gibt mir Koula kurz danach Bescheid.

Ich gehe auf ihren Wunsch ein, da sie bestimmt immer noch unter größter Anspannung steht. Dann benachrichtige ich Koulakos und begebe mich in die fünfte Etage. Es ist besser, wenn die Befragung in meinem neuen Büro stattfindet.

»Du hast dich hier schon häuslich niedergelassen, wie ich sehe«, bemerkt Koulakos beim Eintreten amüsiert.

»Nur für die offiziellen Termine, aber irgendwann werde ich mich wohl dauerhaft hier einrichten. Obwohl, der Gedanke begeistert mich wenig.«

»Wieso?«

»Weil jemand anderer die Leitung der Mordkommission und damit auch mein Büro übernehmen wird. Das heißt, ich muss meine Gewohnheiten ändern.«

Das Eintreffen der Lambraki unterbricht das Gespräch. Sie nimmt auf dem Sessel gegenüber von Koulakos Platz.

»Ich habe die Zähne zusammengebissen und bin zur Arbeit gegangen«, erklärt sie, sobald sie sitzt. »Ich lebe allein und wollte nicht den ganzen Tag Trübsal blasen. Im Büro bin ich ständig auf Trab und komme nicht zum Nachdenken.«

Ich stelle ihr Koulakos vor und komme gleich zum Punkt.

»Frau Lambraki, wir haben Sie vorgeladen, weil wir ein paar Fragen an Sie haben«, erkläre ich. »Haben Sie das Bekennerschreiben der Täter gelesen?«

»Ja, hab ich«, sagt sie, erneut aufgewühlt. »Gestern Abend habe ich mir die Nachrichtensendung angesehen, weil ich gehofft habe, den Grund zu erfahren, warum sie mich umbringen wollten. Als ich ihre Worte las, traute ich meinen Augen nicht. Wegen so eines Unsinns wollten sie mich ermorden?«

»Was meinen Sie mit Unsinn?«, will Koulakos von ihr wissen.

»Die Direktion, die ich leite, beobachtet und prüft die Banken, ob sie die gesetzlichen Vorschriften einhalten. Die Kreditvergabe an Privatpersonen und Unternehmen liegt im Entscheidungsbereich der einzelnen Banken und bildet eine vollkommen rechtmäßige Aktivität. Die Bank von Griechenland hat kein Recht zur Kontrollausübung.

Es gehört zum Tätigkeitsbereich der Banken, Darlehen zu vergeben. Die Bürger entscheiden, ob sie einen Kredit aufnehmen oder nicht. Eine Bank ist für die Bürger weder Ratgeber noch Vormund. Sie ist ein Kreditinstitut, das heißt ein Unternehmen, das gewinnorientiert arbeitet.«

»Kennen Sie einen gewissen Fabrizio Tebaldi, leitender Beamter bei der EZB?«, fragt Koulakos.

»Wir haben uns einmal getroffen, aber nie zusammengearbeitet. Tebaldi war als einer der Vertreter der Quadriga hier. Er stand vor allem mit dem Finanzministerium und den Politikern in Kontakt.« Auf einmal fällt bei ihr der Groschen. »Wurde er zusammen mit dem Mann aus Brüssel getötet?«

»Genau«, antworte ich.

»Und Sie glauben, dass sie deswegen auch mich töten wollten?«

»Wir glauben gar nichts«, antwortet Koulakos. »Wir ermitteln erst einmal, für Schlussfolgerungen ist es noch zu früh.«

»Mit Tebaldi jedenfalls kam ich nur einmal ganz formell in Kontakt. Den anderen kannte ich überhaupt nicht.«

Ich wechsle das Thema: »Haben Sie in letzter Zeit etwas Auffälliges bemerkt in Ihrem täglichen Leben?«

»Nein, gar nichts«, antwortet sie prompt.

»Haben Sie irgendein Auto beobachtet, das Ihnen während der Fahrt gefolgt oder auf den Parkplatz hinterhergefahren ist?«

»Nein, alles war so wie immer.«

Wir haben keine Fragen mehr an die Lambraki. Ich ersuche Stella, den Streifenwagen zu verständigen, der sie wieder zur Bank von Griechenland fährt. Dann verabschieden wir uns mit Dankesworten von ihr.

»Ich glaube nicht, dass uns ihre Antworten viel weiterbringen«, meint Koulakos.

»Nein, aber eine Hoffnung gibt es noch.« Ich erzähle ihm von dem Typen, der beim anderen Parkwächter Auskünfte einholte. »Wenn wir Glück haben und das Phantombild eine Person zeigt, der wir schon begegnet sind, dann sind wir einen wichtigen Schritt weiter.«

»Hoffentlich klappt es! Denn die Erklärung der Täter, die Anschläge einzustellen, ist zwar für ein paar potentielle Opfer die Rettung, aber für uns keine Lösung, solange wir die Täter nicht festnageln können.«

Als wir auseinandergehen, kehre ich in mein altes Büro zurück. Kaum habe ich Platz genommen, stürmt Dermitsakis herein. »Kommen Sie, ich habe den Parkwächter hier, und das Phantombild noch dazu«, sagt er strahlend.

Zusammen gehen wir zum Verhörraum. Der Parkwächter ist ein junger Mann um die zwanzig. Er hält den Blick auf sein Handy geheftet und scrollt auf dem Bildschirm rauf und runter. Er ist so in diese Tätigkeit vertieft, dass er mein Eintreten gar nicht bemerkt.

Vor Dervisoglou liegt das Phantombild. Ich greife danach und schaue es mir an. Auf den ersten Blick kommt mir das Gesicht bekannt vor, aber ich kann mich nicht erinnern, wer es ist und wo ich ihn gesehen habe.

Wie ein Blitz aus heiterem Himmel kommt mir die Erleuchtung! Es muss Manos Efstathiou sein, Kaplanis' Freund. Ich hatte ihn wegen des Mords befragt, und er hatte mir erzählt, er sei jetzt arbeitsloser Hausmann.

Ich bedeute Dermitsakis mitzukommen, und während wir zum Büro meiner Assistenten gehen, sage ich zu ihm: »Er sieht aus wie Manos Efstathiou, Kaplanis' Freund, den ich besucht und anschließend noch mal vernommen habe. Er wohnt in der Syrou-Straße in Kypseli. Im Vernehmungsprotokoll könnt ihr die genaue Adresse finden. Nimm einen Fotografen von der Spurensicherung mit und macht eine Aufnahme von ihm.« Dann wende ich mich an Koula. »Versuchen Sie herauszufinden, ob Efstathiou ein Auto hat und welche Marke er fährt.«

Zum ersten Mal zeichnet sich ein Hoffnungsschimmer ab, und ich merke, wie viel Auftrieb mir das gibt. Wenn Efstathiou tatsächlich unser Mann ist, dann lagen wir mit der Zielgruppe »Arbeitslose« richtig. Nur dass er nicht zu Fokidis' entlassenen Mitarbeitern gehört.

Der junge Parkwächter ist immer noch mit seinem Smartphone zugange. »Schalten Sie das Ding aus, ich habe ein paar Fragen an Sie«, sage ich, denn ich traue ihm zu, dass er mir die Antworten per SMS schickt.

Er zeigt mir zwar offen sein Missfallen, lässt das Handy aber in der Tasche verschwinden.

»Wie heißen Sie?«

»Apostolos Rokas.«

»Schildern Sie uns Ihre Begegnung mit dem Mann, der zum Parkplatz kam, und was er zu Ihnen gesagt hat.«

»Der Typ kam gegen acht Uhr abends. Als Erstes fragte er mich, ob noch Stellplätze frei seien. Ich sagte ihm, wir hätten immer welche frei. Dann wollte er wissen, wie lang der Parkplatz geöffnet hat. Ich antwortete, von sechs Uhr morgens bis Mitternacht. Wenn er seinen Wagen bis Mitternacht nicht abholen würde, habe ich ihm erklärt, könnte er ihn am nächsten Morgen ab sechs Uhr holen. Dann wollte er einen Rundgang machen, um zu sehen, wie die Wagen geparkt werden. Das fand ich schon ein bisschen verrückt, denn der Parkplatz ist mit einem Drahtzaun umgeben, und von außen kann man das genauso gut sehen. Aber ich sagte mir, soll er ruhig. Ich hatte keinen Bock auf lange Diskussionen und habe ihn nach Lust und Laune rumlaufen lassen.«

»Haben Sie ihn begleitet?«, frage ich.

»Ich darf meinen Platz nur verlassen, wenn ich etwas bei den Wagen zu erledigen habe. Warum hätte ich mitgehen sollen? Er konnte ja nicht einfach so ein Auto klauen.«

»Lassen Sie uns Ihre Handynummer da«, sage ich. »Wir wissen vermutlich, wer der Mann ist, der Ihnen die Fragen gestellt hat. Wir werden ihn fotografieren und Ihnen im Präsidium die Aufnahme vorlegen, damit Sie ihn identifizieren.«

»In Ordnung, aber ich gebe Ihnen auch die Nummer unserer Zentrale, damit Sie denen erklären, weshalb ich nicht bei der Arbeit erscheine, sonst kann ich einpacken. Ich will meinen Job nicht verlieren.«

Dervisoglou notiert sich alles. Ich verlasse den Raum und eile schnurstracks zu Vellidis.

»Du blickst ja schon viel optimistischer drein. Hat sich etwas Neues ergeben?«, fragt er mich.

»Zum ersten Mal kann ich dir mit Ja antworten.« Ich nenne ihm Efstathious Namen. »Findet seine Mobilfunknummer heraus, checkt seine Anrufliste und überwacht seine Gespräche«, sage ich.

»Das ist eine einfache Übung. Da können wir schnell mit Ergebnissen aufwarten«, versichert er mir.

Koula hat mir eine Notiz hinterlassen, ich solle sie anrufen.

»Manos Efstathiou hat kein Auto«, sagt sie. »Aber er hat eine Yamaha.«

»Sagen Sie Dervisoglou, er soll zu dem Sender fahren, der das letzte Bekennerschreiben gesendet hat, und den Security-Mitarbeiter fragen, ob der Überbringer mit einer Yamaha vorgefahren ist.«

Es könnte durchaus sein, dass er es war, der die Bekennerschreiben beim Sender deponiert hat. Beim letzten Mal fuhr er allerdings so schnell, dass es für die Security schwierig sein wird, mit Gewissheit zu sagen, ob es eine Yamaha war, vom Modell ganz zu schweigen.

Ich rufe den Vizepolizeipräsidenten an, um ihm die guten Neuigkeiten mitzuteilen. »Endlich haben wir Glück!«, meint er.

»Warten wir's ab. Der Augenzeuge muss noch bestätigen, dass der Typ am Parkplatz tatsächlich Efstathiou war.«

»Hoffen wir es! Ich überbringe die frohe Kunde gleich dem Polizeipräsidenten«, sagt er, bevor er auflegt.

43

Obwohl ich keineswegs rasch mit einem Foto von Efstathiou rechnete, blieb ich noch ein bisschen länger auf der Dienststelle, allerdings mehr aus Gewissenhaftigkeit denn aus Überzeugung. Als mir nach einer Stunde klarwurde, dass mein Warten sinnlos war, beschloss ich, nach Hause zu fahren.

Zum Glück zeigte sich die Familie entspannter als am Vorabend. Fanis' Eltern wollten am nächsten Morgen abreisen. Fanis hatte laut Adriani seinen Eltern erklärt, dass das ständige Hin und Her mit den Großeltern das Kind ganz konfus mache, und ihnen vorgeschlagen, sie in einem Hotel unterzubringen. Daraufhin beschlossen sie, nach Volos zurückzukehren, allerdings musste Fanis versprechen, ihnen den Enkel vorbeizubringen, sobald er ein paar Monate älter und reisefähig war. So löste sich die ganze Sache in Wohlgefallen auf.

Adriani bestand darauf, dass wir uns persönlich von Fanis' Eltern verabschiedeten. Darauf hatte ich eigentlich keine Lust, da mir die Mordfälle mehr denn je im Kopf herumgeisterten. Aber ich ließ mich dazu überreden. Zum Glück fassten wir uns kurz und blieben nicht lang. Sie konnten verstehen, dass ich wegen des schwierigen Falls müde war und nach Hause wollte.

Kaum trete ich morgens in mein Büro, habe ich Stella am Telefon. »Herr Vellidis will Sie sprechen.«

Ich fahre sofort in sein Büro hoch. Sein Blick sagt mir, dass er Positives zu berichten hat.

»Wir haben auf Efstathious Handy eine Reihe von Anrufen bei einer gewissen Olga Triandi geortet. Die Gespräche konnten wir noch nicht anhören und transkribieren, aber die Häufigkeit der Kontakte ist auffällig. Sobald wir genauer reingehört haben, melden wir uns.«

»Wann wurden die Telefonate häufiger?«

Er blickt in seine Aufzeichnungen. Das Datum, das er mir nennt, liegt etwa eine Woche vor Fokidis' Ermordung.

Ich kehre in mein Büro zurück und rufe sofort Koula zu mir. »Finden Sie heraus, ob eine gewisse Olga Triandi als Halterin eines Toyota registriert ist.« Es würde mich nicht wundern, wenn sie die Frau wäre, die sich am Tag des Fokidis-Mordes im Hotel aufgehalten hat.

Ich überlege kurz, dem Vizepolizeipräsidenten die neusten Erkenntnisse zu übermitteln. Doch ich lasse es bleiben, da ich sonst noch zurückrudern muss, falls sich das Ganze als Schlag ins Wasser erweist.

Meine Bürotür springt auf, Dermitsakis stürmt herein und legt Efstathious Foto auf meinen Schreibtisch.

»Es stimmt, was er Ihnen erzählt hat, er ist Hausmann«, stöhnt er. »Wir haben wir uns die Beine in den Bauch gestanden. Und als er schließlich aus dem Haus kam, ging er in den Supermarkt.«

»Wart's ab, vielleicht ist er nicht nur Hausmann, sondern auch ein Mörder«, sage ich und erzähle ihm von dem Gespräch mit Vellidis.

Er pfeift anerkennend durch die Zähne, als Koula und Dervisoglou eintreten.

»Olga Triandi fährt einen Toyota«, verkündet Koula.

»Und das ist noch nicht alles«, ergänzt Dervisoglou.

»Was gibt's sonst noch?«

»Olga Triandi ist Jason Doukaris' Ehefrau.«

»Stimmt!«, ruft Dermitsakis und springt auf. »Als wir bei den Ermittlungen herausgefunden haben, dass Doukaris' Frau ihren Kleiderladen aufgrund der Krise schließen musste, haben alle nur von ›Olga‹ gesprochen, ein paar jüngere Leute haben Triandi ergänzt.«

Jetzt bin ich kurz davor, von meinem Sitz hochzuspringen. Wenn Doukaris' Ehefrau in die Verbrechen verwickelt ist, dann wohl kaum ohne das Wissen ihres Mannes. Das bedeutet, Doukaris gehört aller Wahrscheinlichkeit nach mit zur Bande.

Die Gedanken wollen schon mit mir durchgehen, doch gerade jetzt muss ich kühlen Kopf bewahren, um Prioritäten zu setzen und die Ermittlungen unter Kontrolle zu behalten.

»Rufen Sie das Polizeirevier Paleo Faliro an, sie sollen uns sofort den Parkwächter in einem Streifenwagen herschicken«, sage ich zu Dervisoglou und wende mich dann an die anderen.

»Wenn der Parkwächter Efstathiou wiedererkennt, dann sind wir nur noch einen Schritt von der Aufklärung der Verbrechen entfernt. Wenn nicht, haben wir Pech gehabt. Aber jetzt haben wir wenigstens ein paar Anhaltspunkte, wo wir ansetzen können.«

In diesem Moment trifft Vellidis' Anruf ein. »Wir haben

die Niederschrift der Telefongespräche, aber ich weiß nicht, ob sie dich wirklich weiterbringen«, meint er.

»Wieso?«

»Es scheint darin keinen eindeutigen Hinweis zu geben«, erläutert er.

Ich besuche ihn noch mal in seinem Büro. Er legt mir die Niederschrift der Gespräche zwischen Manos Efstathiou und Olga Triandi vor. In der Tat führen sie kaum einen Dialog, sondern verständigen sich nur mit ein paar Worten und legen gleich wieder auf.

Da ich mit den Telefonaten nicht weiterkomme, beginne ich nach den Daten der Morde zu suchen. Damit habe ich mehr Glück. Am Morgen von Fokidis' Ermordung ruft Efstathiou die Triandi an und sagt ihr, sie solle das Auto weit entfernt abstellen.

Zwei Tage vor dem Dreifachmord meldet sich Manos Efstathiou bei Olga Triandi und sagt: »In Ordnung, geschafft.« Vermutlich meint er den Transporter. Am selben Tag weist er sie an, an dem unbefestigten Platz vor dem Tunnel zu warten.

Am Nachmittag vor dem Anschlag auf die Lambraki bittet Efstathiou die Triandi, vor der Kirche zu warten. Höchstwahrscheinlich meint er damit die Ajios-Sostis-Kirche auf dem Syngrou-Boulevard. Von dort sind sie dann auf den Amfitheas-Boulevard gefahren.

Jetzt begreife ich, warum Doukaris kein Handy hatte: Die Kommunikation erfolgte über seine Frau.

»Was schließt du daraus?«, fragt mich Vellidis.

»Aus den Anrufen ergibt sich Folgendes: Erstens hat Efstathiou die Einsätze geleitet, und zweitens haben sich die Bandenmitglieder jedes Mal vorher getroffen, um die Aktion zu planen. Daher mussten sie bei den Telefonaten nicht mehr als nötig sprechen.«

»Deine Erklärung klingt glaubhaft«, meint er dazu.

»Vorläufig steht fest, dass Manos Efstathiou und Olga Triandi in die Sache verwickelt sind. Bezüglich Doukaris haben wir keine Beweise, außerdem wissen wir nicht, wer die Bomben gelegt hat. Ich halte es für unwahrscheinlich, dass es Efstathiou oder Doukaris war.«

Ich bitte Vellidis, mir die Niederschriften per Mail zu schicken, und gehe in mein Büro hinunter. Dervisoglou gibt mir Bescheid, dass der Parkwächter im Büro meiner Assistenten auf mich wartet.

»Soll ich ihn holen?«, fragt er.

»Nein, bring ihn in den Verhörraum und schick mir Koula mit dem Computer zum Protokoll.«

Im Verhörraum lege ich dem Parkwächter Efstathious Foto vor.

»Das ist er!«, ruft er gleich auf den ersten Blick aus.

»Heißt das, das ist der Mann, der Sie am Tag vor der Explosion der Autobombe angesprochen hat?«

»Ja.«

»Konzentrieren Sie sich gut, damit Sie keinen Fehler machen. Sie werden vor Gericht als Zeuge aussagen müssen.«

»Er ist es, sage ich Ihnen. Dafür lege ich meine Hand ins Feuer.«

»Lassen Sie ihn seine Aussage unterschreiben, dann kann er gehen.« Von Koula wende ich mich noch einmal zum Parkwächter. »Bravo, junger Mann! Sie wissen gar nicht, wie sehr Sie uns geholfen haben.«

»Lobende Worte aus dem Mund eines Bullen!«, ruft er aus. »Bisher bin ich von euch immer nur zusammengestaucht worden …«

Ich rufe die anderen in meinem Büro zusammen. Alle blicken mich mit einem breiten Lächeln an.

»Fahrt sofort los und bringt mir Efstathiou zur Vernehmung«, sage ich zu Askalidis und Dervisoglou. »Wenn er auch nur den geringsten Widerstand leistet, fragt ihr ihn, ob er lieber in Handschellen abgeführt werden will. Und lasst ihn auf keinen Fall sein Handy benutzen.«

»Wer holt die Triandi?«, will Dermitsakis von mir wissen.

»Erst mal niemand, zuerst verhören wir Efstathiou. Die Triandi soll sich in Sicherheit wiegen.«

Kaum sind sie weg, rufe ich den Vizepolizeipräsidenten an, um ihm die gute Neuigkeit zu überbringen. »Heißt das, wir sind im Endspurt?«, fragt er, schon fast begeistert.

»Ja, wir sind fast am Ziel! Wir müssen nur noch abklären, wie tief Doukaris in der Sache drinsteckt, und vor allem müssen wir das ausführende Organ, also den Bombenleger, ausfindig machen.«

»Gut, dann informiere ich jetzt sofort den Polizeipräsidenten. Wenn Sie richtigliegen, dann gibt's beim nächsten Mal keinen Besprechungstermin, sondern eine Party.«

44

Dermitsakis meldet mir, dass Efstathiou im Verhörraum wartet.

»Wir beide vernehmen ihn zusammen, Koula protokolliert. Wir müssen Efstathiou unter Druck setzen. Es ist klar, dass er die Bombe nicht gelegt hat. Aber er ist der Kompass, der uns den Weg zu den anderen zeigt.«

Dermitsakis macht sich auf, um Koula zu holen. Ich habe es nicht eilig mit dem Beginn der Vernehmung, sondern lasse Efstathiou lieber noch ein bisschen schmoren, um ihn nervös zu machen.

In der Zwischenzeit taucht Askalidis auf. »Ich habe die beiden Aufträge erledigt, Herr Kommissar«, äußert er zufrieden.

»Gut, mit welchem Ergebnis?«

»Also, in Fokidis' Hotel hatte eine Rezeptionistin den Eindruck, dass sie Efstathiou am Tattag gesehen hat. Da es schon eine Weile her ist, war sie nicht vollkommen sicher. Wenn sie ihn persönlich vor sich sähe, meinte sie, würde sie ihn höchstwahrscheinlich erkennen. Der Wachmann beim Fernsehsender ist ziemlich sicher, dass das Motorrad, von dem aus das Bekennerschreiben abgeworfen wurde, eine Yamaha war. Er wollte eine Abbildung der Maschine sehen, um sich zu vergewissern. Das Gesicht des

Fahrers konnte er aber nicht erkennen, da er einen Helm trug.«

Bisher haben wir also nur die Aussage des Parkwächters. Aber für unsere Zwecke reicht das aus.

Jetzt ist der Zeitpunkt gekommen, zum Verhörraum zu gehen. Dort warten Dermitsakis und Koula schon auf mich. Efstathiou sitzt ihnen gegenüber. Bei meinem Anblick springt er auf.

»Warum lassen Sie mich auf diese Art und Weise herholen?«, ruft er empört. »Sie hätten mich nur anrufen müssen, dann wäre ich sofort gekommen.«

»Herr Efstathiou, es handelt sich hier um eine polizeiliche Vernehmung, die protokolliert wird«, sage ich zu ihm.

Meine offizielle Miene überrascht ihn. Langsam wird ihm klar, wie ernst die Lage ist.

»Können Sie uns sagen, warum Sie einen Tag vor dem Anschlag auf Chariklia Lambraki den Mietparkplatz auf dem Amfitheas-Boulevard aufgesucht haben?«

Diese Frage trifft ihn unvorbereitet, und er kommt ins Stottern. »Welchen Parkplatz und welche Lambraki meinen Sie? Ich weiß nicht, wovon Sie reden«, antwortet er, um Zeit zu gewinnen.

»Hören Sie auf mit dem Versteckspiel«, meldet sich Dermitsakis zu Wort. »Wir haben dem Parkwächter Ihre Fotografie gezeigt, und er hat Sie erkannt. Er hat ausgesagt, dass Sie die Öffnungszeiten des Parkplatzes wissen wollten. Außerdem haben Sie ihn gefragt, ob Sie eine Runde über den Parkplatz drehen dürfen, weil Sie sehen wollten, wie die Wagen geparkt werden.«

»Sie selbst haben gar kein Auto, Sie fahren eine Yamaha.

Woher also Ihr Interesse an dem Mietparkplatz?«, frage ich.

»Ein Freund hatte mich gebeten, für ihn dort nachzufragen, und ich war gerade in der Gegend.«

»Ein Freund oder eine Freundin?«, hakt Dermitsakis nach.

»Ich verstehe die Frage nicht. Was hat das zu sagen?«

»Hat vielleicht Frau Triandi Sie darum gebeten?«, frage ich ihn. »Am folgenden Tag haben Sie sich doch auf dem Syngrou-Boulevard vor der Ajios-Sostis-Kirche verabredet.«

Er weiß weder ein noch aus, und ihm fällt keine passende Antwort ein.

»Es würde Ihnen, aber auch uns das Leben erleichtern, wenn Sie uns den wahren Grund für Ihren Besuch auf dem Parkplatz nennen«, erkläre ich ihm. »Ich will Ihnen die Wahrheit sagen. Wir haben Ihr Handy überwacht und wissen, dass Sie regelmäßig mit Olga Triandi gesprochen haben.«

»Und was ist so schlimm daran, wenn ich mit Olga telefoniere?« Er ringt um Fassung. »Wir sind befreundet. Wir könnten auch ein Liebespaar sein. Ist das verboten?«

Dermitsakis setzt seine gönnerhafte Miene auf. »Kommen Sie schon, Efstathiou. Lassen Sie die Spielchen! Was für ein Auto fährt Frau Triandi?«

»Einen Toyota.«

»Richtig. Halten Sie es für einen Zufall, dass am Abend des Anschlags auf die Lambraki ein Toyota mit zwei männlichen Insassen und einer Frau am Steuer unweit des Parkplatzes stand? Spielen Sie jetzt nicht den Ahnungslosen.

Einem Autobesitzer, der gerade nach Hause ging, sind die drei Leute in dem Toyota aufgefallen.«

Unsere Ergebnisse prasseln nur so auf ihn ein und versetzen ihm eine Ohrfeige nach der anderen. Efstathiou wagt es nicht, etwas zu entgegnen. Sein Blick springt von mir zu Dermitsakis und wieder zurück. Ich halte es für besser, ihn kurz allein zu lassen. Dann kann er in sich gehen und sich fragen, ob er uns nun antworten will oder nicht.

»Wir geben Ihnen jetzt ein wenig Zeit, um über alles nachzudenken«, sage ich zu ihm. »Ich hoffe, danach sagen Sie uns die Wahrheit. Das wäre in Ihrem Interesse.«

Ich bedeute Koula, dass er allein im Verhörraum zurückbleiben soll. Aber vor der Tür lasse ich sie einen Wachmann postieren, damit er nicht aus Panik eine Dummheit macht.

Zurück in meinem Büro, sage ich zu Dermitsakis: »Schick Askalidis und Dervisoglou los, sie sollen die Triandi holen. Der Zeitpunkt für ein Kreuzverhör ist gekommen.«

Als Dermitsakis fort ist, bleibe ich zurück und sortiere meine Eindrücke. Efstathiou konnte uns nichts entgegensetzen. Er antwortete mit Ausflüchten und hat offensichtlich die Nerven verloren.

Ein Anruf des Vizeipolizeipräsidenten unterbricht meine Gedanken. »Entschuldigen Sie, dass ich in Ihre Vernehmung platze, aber der Polizeipräsident steht in Dauerkontakt mit dem Minister und möchte fortlaufend informiert werden.«

Ich berichte ihm vom Verlauf der Vernehmung. »Bis jetzt sieht es gut aus. Wir werden sehen, was beim Kreuzverhör von Efstathiou und der Triandi herauskommt.«

»Der Minister hat die Absicht, die Botschafter ins Ministerium einzuladen, sobald sich der Fall geklärt hat. Diese Information gebe ich Ihnen jetzt schon, damit Sie vorbereitet sind.«

Ich kann es kaum abwarten, endlich die Triandi befragen zu können. Da steht Dervisoglou auf meiner Türschwelle.

»Es ist nicht nur die Frau mitgekommen, sondern noch zwei weitere Personen«, kündigt er mir an.

Ich springe von meinem Stuhl hoch. »Wer sind die beiden anderen?«

»Der eine ist Doukaris, Fokidis' ehemaliger Personalchef und Ehemann der Triandi. Der andere ist einer der Arbeitslosen, die wir befragt haben. Sein Name fällt mir gerade nicht ein.«

»Wo habt ihr sie hingebracht?«

»In den Verhörraum. Sie haben zugegeben, dass sie Efstathious Beihelfer sind.«

Ich eile zusammen mit Dermitsakis zum Verhörraum, und da sitzt sie, die Quadriga der Täter.

»Sie haben die ›Nationalen Idioten‹ vor sich, Herr Kommissar«, sagt Doukaris lächelnd zu mir. »Wir sind mitgekommen, weil wir uns stellen wollen.«

Ich blicke zur Triandi hinüber. Sie war es, die mir damals die Tür geöffnet hat, als ich Doukaris besuchte. Der andere ist Renos Valassis, einer der entlassenen Angestellten, die wir vernommen haben.

»Erzählen Sie mir die Geschichte der Reihe nach, das spart uns Zeit«, fordere ich Doukaris auf.

»Vielleicht wären wir die ehrlichen, anständigen Bürger geblieben, die wir ein Leben lang waren, wenn uns nicht alle, wie es so schön heißt, ein Schicksalsschlag getroffen hätte«, erläutert mir Doukaris. »Als Erster hat Manos seinen Job verloren, weil Fokidis alle über fünfundvierzig gefeuert und stattdessen junge Leute eingestellt hat, denen er nicht mal halb so viel zahlen musste. Danach hat er auch mich rausgeworfen, weil ich es gewagt habe, gegen die Entlassungen zu protestieren. Zur selben Zeit war Olga durch die Krise gezwungen, ihren Laden zu schließen. Ein Unglück folgte aufs nächste. Wir alle hingen plötzlich in der Luft.«

»Was hat den Ausschlag zur Tat gegeben?«, fragt Dermitsakis.

»Wir hatten ein gemeinsames Stammlokal«, ergreift Efstathiou das Wort. »Das war die Weinbar von Kaplanis' Frau Loukia. Da haben wir uns häufig abends getroffen. Aber nach unserem Abstieg haben wir uns nur noch selten dort über unser Schicksal ausgeweint. Loukia hat uns aus Mitleid ein paar Getränke spendiert, damit wir kein Geld ausgeben mussten. Das tat noch mehr weh. Renos ist schließlich auf die Idee gekommen.«

Er lässt Valassis weitererzählen. »Eines Abends, als sich unsere Trauer nach und nach in Wut verwandelte, habe ich die anderen gefragt, warum wir eigentlich die Opfer sein sollten und Fokidis der Täter? Wieso sollten wir die Voraussetzungen nicht umkehren und er das Opfer und wir die Täter sein? Das war der erste Schritt, um Fokidis' Hinrichtung zu organisieren.«

»Wer hat die Bombe gelegt?«, frage ich.

»Ich«, erwidert Valassis.

»Und warum verstehen Sie als Hotelfachmann auch was von Bomben?«, fragt Dermitsakis.

»Mein Vater war Offizier und Sprengstoffexperte. Er hat es mir beigebracht.«

»Dann müssen Sie uns seine Personalien geben. Wir sind verpflichtet, ihn zu vernehmen«, sage ich.

»Aber gern. Sein Name ist Dimosthenis Valassis, und seine Adresse ist der Friedhof von Zografou. Er ist vor sechs Monaten gestorben, mit der bitteren Gewissheit, dass sein Sohn arbeitslos ist«, antwortet er.

»Und wer hat die Bekennerschreiben in Schönschrift verfasst?«, frage ich. »Gab es noch einen Mitwisser, den Sie vor uns geheim halten?«

»Die habe ich geschrieben«, sagt die Triandi. »In der Schule habe ich nur Krähenfüße gekritzelt und mir dafür Klapse von meiner Mutter eingehandelt. Da habe ich es mir in den Kopf gesetzt, Schönschrift zu lernen. Einerseits, um der Strafe zu entgehen, aber auch um zu beweisen, dass ich es hinkriege. Als ich den Laden eröffnet habe und Schilder mit Angeboten oder Preisnachlässen schrieb, habe ich die auch in Schönschrift verfasst. Mir war aufgefallen, dass die Leute die Schilder dann aufmerksamer betrachten.«

Während wir uns komplizierte Erklärungen zurechtlegen, liegt die Lösung manchmal ganz nah.

»Wie haben Sie den Mord an Fokidis organisiert?«, will Dermitsakis von Valassis wissen.

»Olga und Manos haben bei der Rezeption Schmiere gestanden. Ich habe gewartet, bis Fokidis kam, und bin dann in die leere Garage gegangen. Ich wusste, dass es in Fokidis' Hotels im Winter keinen Garagenleiter gibt. Nachdem ich die Autobombe gelegt hatte, bin ich fort. Olga und Manos haben sich in der allgemeinen Panik nach der Explosion aus dem Staub gemacht. Jason war nicht vor Ort, da man ihn erkannt hätte, während Olga keiner kannte.«

»Und wie sind Sie auf die Signatur ›Heer der Nationalen Idioten‹ gekommen, wo Sie doch nur zu viert sind?«, fragt Dermitsakis.

»Da irren Sie sich, mein Lieber«, erwidert Doukaris. »Wir sind nicht nur zu viert. Wir verkörpern die ganze Mittelschicht. Sie bildet das ›Heer der Nationalen Idioten‹. Wir zahlen proportional die meisten Steuern, während Leute wie Fokidis immer ein Schlupfloch finden. Wir laufen am meisten Gefahr, arbeitslos zu werden und zu bleiben – weil wir mit fünfzig zu teuer und schwer vermittelbar sind oder weil wir unsere Geschäfte aufgrund der Krise schließen müssen. Wir zahlen ein Leben lang in die Rentenkasse ein, und wenn wir in Pension gehen, werden unsere Renten gekürzt. Wir haben unsere Schäfchen nicht rechtzeitig ins Trockene gebracht, wir gehörten nicht zum Klientelstaat, wir arbeiteten hart, und der Staat belohnt uns mit den höchsten Auflagen. Die Mittelschicht bildet das ›Heer der Nationalen Idioten‹.«

Rottmann, wenn du das hören könntest! »Gut, ich verstehe Ihre Wut auf Fokidis. Aber warum haben Sie Kaplanis getötet? Er war kein Unternehmer, sondern Beamter.«

»Das war meine Idee, aber im Grunde hat er es provoziert«, sagt Efstathiou zu mir.

»Wieso?«

»Weil er immer herumjammerte, dass sein Sohn Schauspiel studiert und von einem Hungerlohn würde leben müssen. ›Er wird praktisch arbeitslos sein und mir und seiner Mutter auf der Tasche liegen‹, rief er. Im selben Atemzug erklärte er in seinen Statistiken alle zu Beschäftigten, die Hungerlöhne wie sein Sohn bekamen, den er doch eigentlich als arbeitslos bezeichnete. Seine Scheinheiligkeit hat mich auf die Palme gebracht.«

»Diese Heuchelei ist es auch, die uns zur Hinrichtung der drei weiteren Männer motiviert hat«, sagt Doukaris zu mir. »Sie hatten die Stirn, über den Anstieg des Bruttoinlandsprodukts und der Staatseinnahmen zu jubeln, obwohl sie ganz genau wussten, dass die Steigerung des BIP in die Taschen der Reichen wandert und die höheren Staatseinnahmen aus unseren immer leerer werdenden Taschen stammen. Fragen Sie meine Frau, die ihren Laden schließen musste und beim Finanzamt, den Banken und den Versicherungs- und Rentenkassen so viele Schulden hat wie Haare auf dem Kopf.«

Olga Triandi nickt bekräftigend dazu. »Ja, aber trotzdem war ich im Fall Lambraki nicht einverstanden.«

»Warum nicht?«, frage ich.

»Weil die Banken unverwundbar sind, Herr Kommissar. Von den Lehman Brothers bis zur Lambraki kann man den Banken nichts anhaben, und wer sich mit ihnen anlegt, zieht den Kürzeren. Auch wir haben den Kürzeren gezogen, aber wir wussten ja, worauf wir uns einlassen. Nur haben wir jetzt den Tod einer unbeteiligten Person auf dem Gewissen, die völlig unschuldig war.« Sie verstummt und hält beide Hände an die Schläfen vor Entsetzen.

»Deshalb sind wir hergekommen, um uns der Polizei zu stellen und zu zeigen, dass wir konsequent zu unserer Signatur stehen«, meint Doukaris.

»Was meinen Sie damit?«

»Wie alle ›Nationalen Idioten‹ müssen wir den Kopf hinhalten, weil wir es gewagt haben, uns mit einer hohen Bankbeamtin anzulegen«, sagt er mit einem schwachen Lächeln.

»Ihnen ist wohl klar, dass Sie dafür ins Gefängnis gehen«, bemerke ich.

Efstathiou und Valassis reagieren amüsiert.

»Herr Kommissar, ein Arbeitsloser kämpft um seinen täglichen Bissen Brot«, sagt Valassis zu mir. »Im Gefängnis haben wir diese Sorge nicht. Ein Teller warmes Essen ist uns dort sicher.«

»Und meine Frau kann aufatmen, dass sie einen Mund weniger stopfen muss«, fügt Efstathiou hinzu.

»Jedes Übel hat außerdem auch sein Gutes«, bemerkt Doukaris.

»Wie meinen Sie das?«

»Wenn wir jetzt in den Massenmedien und später beim Prozess im Mittelpunkt des Interesses stehen, wachen vielleicht ein paar der ›Nationalen Idioten‹ auf und begreifen, was ihnen bevorsteht«, erwidert er.

Dieses Statement bildet den Schlusspunkt der Vernehmung, und ich lasse alle von Dervisoglou zum Untersuchungsgefängnis bringen.

Indes kehre ich in mein Büro zurück und setze mich erst mal hin, um Atem zu holen. Ein solcher Fall ist mir – sowohl im Hinblick auf die Taten als auch auf die Täter – in all meinen Dienstjahren bei der Mordkommission noch nie untergekommen.

Als ich dem Vizepolizeipräsidenten vom Ausgang der Ermittlungen und von der Rechtfertigung der Täter erzähle, verschlägt es ihm kurz die Sprache. Dann meint er: »Bei Prozessbeginn werden wir den Wachschutz erhöhen. Die Aussage zum medialen Aufsehen stimmt. Man kann nicht ausschließen, dass es zu Sympathiebekundungen seitens der Mittelschicht kommt. Ich werde den Polizeipräsidenten informieren und Ihnen Bescheid geben, sobald der Termin mit dem Minister und den Botschaftern feststeht.«

Eine Viertelstunde später ruft er mich zurück: »Morgen Vormittag um elf.«

Ich überlege, sofort die Abteilungsleiter zu benachrichtigen, aber das hat auch morgen noch Zeit. Jetzt wünsche ich mir erst mal nichts sehnlicher, als meinen Enkel in den Arm zu nehmen.

Personenverzeichnis

Anna	Bewohnerin des Obdachlosenheims
Archontidis, Ehepaar	Nachbarn von Lasaros Kaplanis
Askalidis, Thanassis (Thanos)	Assistent von Kostas Charitos
Asteriadis	Security-Chef eines TV-Senders
Charitos, Kostas	Hauptkommissar bei der Mordkommission der Polizeidirektion Attika
Charitou, Adriani	Ehefrau von Kostas Charitos, Hausfrau
Charitou, Katerina	Tochter von Kostas und Adriani, Rechtsanwältin, betreibt ein Büro zusammen mit der mit ihr befreundeten Psychologin Mania Lagana, Schwerpunkt: Drogenabhängige und Asylbewerber
Christos	Parkwächter
Dermitsakis	Assistent von Kostas Charitos
Dervisoglou, Fotis	Assistent von Kostas Charitos
Dimitriou	Leiter der Spurensicherung
Doukaris, Jason	ehemaliger Personalchef der Fokidis-Hotels
Efstathiou, Manos	Freund von Lasaros Kaplanis, arbeitslos
Eleftheriou, Stratos	Direktor des Hotels Noufaro
Esperidis	Direktor der Paris-Fokidis-Stiftung
Fanis	s. Ousounidis, Fanis
Fedon	junger TV-Reporter
Ferlekis, Iordanis	ehemaliger Angestellter in den Fokidis-Hotels
Fokidis, Paris	Besitzer einer Hotelkette
Fotiadou, Koula (Angeliki)	Assistentin von Kostas Charitos
Gikas, Nikolaos	ehemaliger Leitender Kriminaldirektor an der Polizeidirektion Attika

Hendricks, John	offizieller Übersetzer der britischen Botschaft
Jannoukos	Mitarbeiter in der Direktion für Finanzpolitik
Jeralis, Manos	TV-Journalist
Kalojirou, Nelly	Kurierdienst-Mitarbeiterin
Kaplanis, Christos	Sohn von Lasaros Kaplanis
Kaplanis, Lasaros	Abteilungsleiter im Griechischen Statistikamt
Karabetsos, Vlassis	Leiter der Antiterrorabteilung
Kapelas	Leiter der Küstenwache
Kapsidis, Stefanos	Vizepolizeipräsident
Karafylli, Amalia	Sekretärin von Lasaros Kaplanis
Kelessidis, Pavlos	Geschäftsführer von Paris Fokidis' Hotelkette
Köhler, Uli	deutscher Ehemann von Mania, arbeitet in der IT-Branche
Kornaros	Manager von Paris Fokidis' Hotelkette
Koulakos, Ilias	Leiter der Abteilung für Wirtschaftskriminalität
Koulis, Achilleas	ehemaliger Angestellter in den Fokidis-Hotels
Lagana, Mania	ehemalige Polizeipsychologin, jetzt Partnerin in der Bürogemeinschaft mit Katerina
Lambraki, Chariklia	Leiterin der Bankenaufsicht bei der Bank von Griechenland
Lambros	Sohn von Katerina und Fanis
Leontidou	Leiterin des Studentenheims der Paris-Fokidis-Stiftung
Lytras, Themis	Abteilungsleiter in der Direktion für Finanzpolitik
Mania	s. Lagana, Mania
Melpo	Kinderfrau von Charitos' Enkel Lambros
Menetidis	Programmchef eines TV-Senders
Merikas, Grigoris	Journalist
Michaleas	Mitarbeiter in der Direktion für Finanzpolitik

Michalis	Arbeitsloser, Bewohner des Obdachlosenheims
Nakos, Dimitris	Abteilungsleiter in der Direktion für Finanzpolitik
Ousounidi, Sevasti	Ehefrau von Prodromos, Mutter von Fanis, Hausfrau
Ousounidis, Fanis	Ehemann von Katerina, Kardiologe am Allgemeinen Staatlichen Krankenhaus Athen
Ousounidis, Prodromos	Vater von Fanis, Besitzer eines kleinen Ladens in Volos
Pilavios, Kimon	Leiter der Generaldirektion Verbraucherpreisindex
Rokas, Apostolos (Lakis)	Parkwächter
Rottmann, Kurt	deutscher Verbindungsbeamter der EUROPOL
Safiratou, Loukia	Exfrau von Lasaros Kaplanis
Sissis, Lambros	Altkommunist, Kostas und er kennen sich aus der Juntazeit, als Kostas Gefängniswärter im Folterzentrum der Machthaber war, mittlerweile ist Sissis Teil der Familie
Sissopoulos, Vyron	Kollege von Dimitris Nakos
Sofianos, Dionyssis	Justiziar der Fokidis-Unternehmensgruppe
Sonaras	Leiter der Abteilung für interne Ermittlungen
Stamou	Nachrichtenchef eines TV-Senders
Stathis	Bewohner des Obdachlosenheims
Stavropoulos	Gerichtsmediziner
Stefanakos, Periklis	pensonierter Schuldirektor
Stella	Sekretärin von Gikas
Stergiou, Areti	Journalistin
Tebaldi, Fabrizio	italienischer IWF-Manager
Tremaine, Julie	Paris Fokidis' Exfrau
Uli	s. Köhler, Uli
Valassis, Renos	ehemaliger Angestellter in den Fokidis-Hotels
Valassis, Dimosthenis	verstorbener Vater von Renos Valassis

Vellidis	Leiter der Abteilung für Computerkriminalität
Westerman, Frank	belgischer EU-Funktionär aus Brüssel

Bitte beachten Sie
auch die folgenden Seiten

Petros Markaris im Diogenes Verlag

Petros Markaris, geboren 1937 in Istanbul, studierte Volkswirtschaft, bevor er zu schreiben begann. Er ist Verfasser von Theaterstücken, Schöpfer einer beliebten griechischen Fernsehserie, Übersetzer von vielen deutschen Dramatikern, u.a. von Brecht und Goethe, und er war Co-Autor des Filmemachers Theo Angelopoulos. Petros Markaris lebt in Athen.

Die Fälle für Kostas Charitos:

Hellas Channel
Roman. Aus dem Neugriechischen von Michaela Prinzinger

Nachtfalter
Roman. Deutsch von Michaela Prinzinger

Live!
Roman. Deutsch von Michaela Prinzinger

Der Großaktionär
Roman. Deutsch von Michaela Prinzinger

Die Kinderfrau
Roman. Deutsch von Michaela Prinzinger
Auch als Diogenes Hörbuch erschienen, gelesen von Tommi Piper

Faule Kredite
Roman. Deutsch von Michaela Prinzinger

Zahltag
Roman. Deutsch von Michaela Prinzinger

Abrechnung
Roman. Deutsch von Michaela Prinzinger

Zurück auf Start
Roman. Deutsch von Michaela Prinzinger

Offshore
Roman. Deutsch von Michaela Prinzinger

Drei Grazien
Roman. Deutsch von Michaela Prinzinger

Zeiten der Heuchelei
Roman. Deutsch von Michaela Prinzinger

Außerdem erschienen:

Balkan Blues
Geschichten. Deutsch von Michaela Prinzinger

Der Tod des Odysseus
Geschichten. Deutsch von Michaela Prinzinger

Wiederholungstäter
Ein Leben zwischen Istanbul, Wien und Athen. Deutsch von Michaela Prinzinger

Finstere Zeiten
Zur Krise in Griechenland

Quer durch Athen
Eine Reise von Piräus nach Kifissia. Deutsch von Michaela Prinzinger

Tagebuch einer Ewigkeit
Am Set mit Angelopoulos. Deutsch von Michaela Prinzinger. Mit einem Vorwort von Theo Angelopoulos

Martin Walker im Diogenes Verlag

»Martin Walker hat eine der schönsten Regionen Frankreichs, das Périgord, zum Krimiland erhoben und damit erst für die Literatur erschlossen.«
Die Welt, Berlin

Die Fälle für Bruno, Chef de police:

Alle *Bruno*-Romane in der Übersetzung
aus dem Englischen von Michael Windgassen
Sämtliche Hörbücher werden von Joachim Steck gelesen

Bruno, Chef de police
Auch als Diogenes E-Hörbuch

Grand Cru
Auch als Diogenes Hörbuch

Schwarze Diamanten
Auch als Diogenes Hörbuch

Delikatessen
Auch als Diogenes Hörbuch

Femme fatale
Auch als Diogenes Hörbuch

Reiner Wein
Auch als Diogenes Hörbuch

Provokateure
Auch als Diogenes Hörbuch

Eskapaden
Auch als Diogenes Hörbuch

Grand Prix
Auch als Diogenes Hörbuch

Revanche
Auch als Diogenes Hörbuch

Menu surprise
Auch als Diogenes Hörbuch

Connaisseur
Auch als Diogenes Hörbuch

Außerdem erschienen:

Schatten an der Wand
Roman. Deutsch von Michael Windgassen

Germany 2064
Roman. Deutsch von Michael Windgassen

Brunos Kochbuch
Rezepte und Geschichten aus dem Périgord
Deutsch von Michael Windgassen
Fotografiert von Klaus-Maria Einwanger

Martin Walker
und Julia Watson
Brunos Gartenkochbuch
Deutsch von Michael Windgassen
Fotografiert von Klaus-Maria Einwanger

Katrine Engberg im Diogenes Verlag

Katrine Engberg, geboren 1975 in Kopenhagen, arbeitete für Fernsehen und Theater und war als Tänzerin, Choreographin und Regisseurin landesweit bekannt, bevor sie sich dem Schreiben widmete. Mit *Krokodilwächter* hat sie in der Welt des skandinavischen Thrillers debütiert – mit großem Erfolg, auch international. Ihre Kopenhagen-Serie rund um Kørner und Werner wächst seither stetig an. Katrine Engberg lebt mit ihrer Familie in Kopenhagen.

»Katrine Engberg hat Wortwitz. Ich finde es großartig, dass man beim Lesen ihrer Krimis auch schmunzeln oder innehalten kann. Darin ist sie eine große Meisterin.« *Nele Neuhaus*

»Katrine Engbergs unvergessliche Figuren und die brillanten unerwarteten Wendungen im Plot werden die Leser von Spannungsliteratur packen.«
Kathy Reichs

»Katrine Engberg ist ein absoluter Star!«
Camilla Läckberg

Krokodilwächter
Thriller. Aus dem Dänischen
von Ulrich Sonnenberg

Blutmond
Thriller. Deutsch von
Ulrich Sonnenberg

Glasflügel
Thriller. Deutsch von
Ulrich Sonnenberg

Luca Ventura

Mitten im August

Der Capri-Krimi

Der Inselpolizist Enrico Rizzi hat es auf Capri zumeist mit kleineren Delikten zu tun und daher genügend Zeit, seinem Vater in den Obst- und Gemüsegärten hoch über dem Golf von Neapel zu helfen. Bis mitten im August ein Toter in einem Ruderboot an den felsigen Strand getrieben wird: Jack Milani, Spross einer Industriellenfamilie und Student der Ozeanologie. Es ist der erste Mordfall für den jungen Rizzi, ein Fall, bei dem es neben der Aufklärung eines Verbrechens auch um die Zukunft der Weltmeere geht.

«Der Auftakt einer stimmungsvollen Reihe, die alles bereithält, was Italien traditionell zu bieten hat.»
Barbara Hoppe / Frankfurter Allgemeine Zeitung

«Luca Ventura gelingt es fantastisch, Spannung mit italienischem Flair zu verbinden. Ein Genuss.»
Gala, Hamburg

Friedrich Dönhoff im Diogenes Verlag

Friedrich Dönhoff, geboren 1967 in Hamburg, ist in Kenia aufgewachsen. Er studierte Geschichte und Politik, verfasste Biographien und schrieb den Bestseller *Die Welt ist so, wie man sie sieht - Erinnerungen an Marion Dönhoff.* Seit 2008 schreibt er Kriminalromane um den jungen Kommissar Sebastian Fink. Friedrich Dönhoff lebt in Hamburg.

»Friedrich Dönhoff hat einen kristallklaren Stil. Mit Sebastian Fink hat er einen sehr zeitgeistigen Ermittler geschaffen, der in ungewöhnlichen ›Familienverhältnissen‹ lebt und Erfahrungen in der Single-Szene macht. Ein aufsteigender Stern!«
New Books in German, London

Die Welt ist so,
wie man sie sieht
Erinnerungen
an Marion Dönhoff
Auch als Diogenes Hörbuch erschienen,
gelesen von Friedrich Dönhoff

Ein gutes Leben
ist die beste Antwort
Die Geschichte des Jerry Rosenstein

Die Fälle für Sebastian Fink:
Savoy Blues
Roman

Der englische Tänzer
Roman

Seeluft
Roman

Heimliche Herrscher
Roman

Christian Schünemann im Diogenes Verlag

Christian Schünemann, geboren 1968 in Bremen, studierte Slawistik in Berlin und Sankt Petersburg, arbeitete in Moskau und Bosnien-Herzegowina und absolvierte die Evangelische Journalistenschule in Berlin. Eine Reportage in der *Süddeutschen Zeitung* wurde 2001 mit dem Helmut-Stegmann-Preis ausgezeichnet. Beim Internationalen Wettbewerb junger Autoren, dem Open Mike 2002, wurde ein Auszug aus dem Roman *Der Frisör* preisgekrönt. Christian Schünemann lebt in Berlin.

»Schünemann verwendet auf die sardonische Schilderung einschlägiger Milieus mindestens ebenso viel Liebe und Sorgfalt wie auf den jeweils aktuellen Casus.« *Hendrik Werner / Die Welt, Berlin*

Der Frisör
Roman

Der Bruder
Ein Fall für den Frisör
Roman

Die Studentin
Ein Fall für den Frisör
Roman

Daily Soap
Ein Fall für den Frisör
Roman

Außerdem erschienen:

Christian Schünemann & Jelena Volić

Kornblumenblau
Ein Fall für Milena Lukin
Roman

Pfingstrosenrot
Ein Fall für Milena Lukin
Roman

Maiglöckchenweiß
Ein Fall für Milena Lukin
Roman

Gefährliche Ferien - Griechenland

Mit W. Somerset Maugham, Vea Kaiser,
Petros Markaris und anderen
Ausgewählt von Silvia Zanovello

Was spielt sich in Griechenland hinter weißgetünchten Gemäuern und in unheimlichen Gassen ab? Dieses Buch erzählt von verhängnisvollen Geschehnissen etwa in Kreta, wo Nikos Kazantzakis' Alexis Sorbas lebt, der »das Leben liebt und den Tod nicht fürchtet«; oder von der liebreizenden Lady Betty, die auf Rhodos den Männern den Kopf verdreht, wie W. Somerset Maugham erzählt; schließlich von drei Obdachlosen in Athen, die in Petros Markaris' Exklusivgeschichte in den heruntergekommenen olympischen Sportanlagen ums Überleben kämpfen. Aber auch Vea Kaiser, Jeffrey Eugenides, Christos Ikonomou, Panos Karnezis, Nikos Panajotopoulos, Michaela Prinzinger, Urs Widmer und viele mehr erzählen von dunklen Abenteuern in sonnenverwöhnten Gefilden.